把论文写在大地上
——科技扶贫100个典型案例

中华人民共和国科学技术部

科学技术文献出版社
SCIENTIFIC AND TECHNICAL DOCUMENTATION PRESS
·北京·

图书在版编目（CIP）数据

把论文写在大地上：科技扶贫100个典型案例 / 中华人民共和国科学技术部编. —北京：科学技术文献出版社，2017.6
ISBN 978-7-5189-2464-6

Ⅰ.①把… Ⅱ.①中… Ⅲ.①农业技术—科技扶贫—案例—中国 Ⅳ.① F323.3

中国版本图书馆 CIP 数据核字（2017）第 049686 号

把论文写在大地上——科技扶贫100个典型案例

策划编辑：李卫东　责任编辑：李卫东　责任校对：张吲哚　责任出版：张志平

出 版 者	科学技术文献出版社
地　　　址	北京市复兴路15号　邮编　100038
编 务 部	（010）58882938，58882087（传真）
发 行 部	（010）58882868，58882874（传真）
邮 购 部	（010）58882873
官 方 网 址	www.stdp.com.cn
发 行 者	科学技术文献出版社发行　全国各地新华书店经销
印 刷 者	北京时尚印佳彩色印刷有限公司
版　　　次	2017年6月第1版　2017年6月第1次印刷
开　　　本	710×1000　1/16
字　　　数	368千
印　　　张	25.75
书　　　号	ISBN 978-7-5189-2464-6
定　　　价	198.00元

版权所有　违法必究

购买本社图书，凡字迹不清、缺页、倒页、脱页者，本社发行部负责调换

《把论文写在大地上
——科技扶贫100个典型案例》
编委会

顾　问：徐南平

主　编：兰玉杰　贾敬敦

副主编：侯立宏　黄圣彪　冷文生

成　员：（按姓氏笔画排序）

王伟楠　王静婷　刘　强　李卫东　李卓立

杨　如　何　亮　余　强　邹小伟　张　剑

陈　飞　陈　磊　郑吉澍　孟燕萍　赵宏波

胡熳华　谈　琳　韩士德　童志华　霍季春

戴泉玉

序
FORWORD

党的十八大以来，以习近平同志为核心的党中央把扶贫攻坚摆到治国理政的突出位置，以前所未有的力度推进精准扶贫方略，迎来了历史性的跨越和巨变。科技扶贫是国家扶贫开发战略的重要组成部分，科技界和广大科技工作者全面贯彻落实习近平总书记扶贫开发战略思想和党中央脱贫攻坚的重大决策部署，以高度的政治责任感和历史使命感，把精准扶贫与创新驱动发展紧密结合，依靠科技创新助力打赢脱贫攻坚战。

科技扶贫始于1986年。30年来，科技界和广大科技工作者紧紧围绕国家扶贫攻坚的目标，深入贫困地区，充分发挥科技支撑作用，着力解决人民群众生产生活实际问题，扶持壮大地方特色产业，大力推动先进适用技术成果的转移转化，广泛开展农民技能培训，培育一大批具备科技素养的新型农民，科技扶贫取得了丰硕成果，得到了贫困地区人民群众广泛认同。江西井冈山和湖北英山的茶产业，江西永新的蚕桑产业，陕西佳县的红枣产业和柞水的中药材产业，新疆马产业，西藏的青稞牦牛产业等一批各具特色的连片规模产业不断发展壮大，发挥了重要示范带动作用，在科技扶贫实践中创造出"大别山之路"、"太行山道路"和"陕北合力扶贫"等鲜活的经验，涌现出以李保国、赵亚夫等为代表的一大批科技人员扶贫帮贫先进典型，谱写了一首首"把论文写在大地上"的壮美诗篇。

按照习近平总书记"扶贫先扶志、扶贫必扶智、精准扶贫"的明确要求，2016年科技部会同有关部门共同实施科技扶贫行动，进一步创新科技扶贫方式，充分调动全社会科技力量和科技资源投身脱贫攻坚战，形成了科技扶贫精准脱贫的磅礴力量。坚持"纵向到底",部省市县科技管理部门"四级联动";坚持"横向到边",联合科字口部门、国务院扶贫办等部门共同推进。坚持目标导向和问题导向,把"扶志"和"扶智"相结合,增强贫困群众的拥有感和获得感,提高科技文化素质,不断积累和提高自我发展能力。科技扶贫精准脱贫首战告捷。继2012年科技部定点扶贫的陕西安塞县胜利脱贫之后,2017年2月26日,科技部定点扶贫县江西井冈山市,在全国592个贫困县中率先脱贫"摘帽"。

伴随着30年科技扶贫的光荣实践,在祖国大地上涌现出一大批科技扶贫先进典型。我们择优选取了100个典型案例,汇编形成《把论文写在大地上——科技扶贫100个典型案例》,讲好科技扶贫故事。这些案例具有"成果转化实、带动面广、精准性好、造血功能强"等鲜明特点,体现出科技扶贫的精准性、可持续性和有效性,对于深入开展科技扶贫精准脱贫将起到示范带动作用。

今后一个时期,科技系统将认真贯彻落实习近平总书记扶贫开发战略思想和党中央关于脱贫攻坚新要求,认真组织开展科技扶贫"百千万"工程:在贫困地区建设"100个"科技园区、星创天地等平台载体,动员组织高校、科研院所、科技园区与贫困地区建立"1000个"科技精准帮扶结对,实现"10000个"贫困村科技特派员全覆盖,切实把科技扶贫精准脱贫各项任务落实到基层一线,实现由"输血式"扶贫向"造血式"扶贫转变,为打赢脱贫攻坚战增添科技创新动力,以优异成绩迎接党的十九大胜利召开,为实现"两个一百年"奋斗目标和中华民族伟大复兴的中国梦作出新的贡献!

2017年6月19日

目 录
CONTENTS

001	小谷粒变成"金疙瘩"	1
002	武子生："陕北枣王"	5
003	灵芝仙草福泽西藏雪原贫困户	9
004	杨林栋：村民的"土豆书记"	13
005	长寿花"开" 朵朵香"满"农	17
006	江苏鑫缘：长长的蚕丝串起富民链	21
007	斯金平科技特派员团队：一株"仙草"的扶贫传奇	25
008	涂健：扎根大别山里的科技使者	29
009	井冈山科技扶贫团：咬定青山不放松 产业发展利民生	33
010	李玉杰：惠民博士	37
011	华中农大建始县科技扶贫团队：枸杞铺就扶贫路	41
012	王仁才："猕猴桃"扶贫记	45
013	李新超："授鱼"又"授渔" "输血"变"造血"	49
014	李洪海：从乡村教师到"姜"军	53
015	田孟良：民族地区科技扶贫领路人	57
016	勇做致富"领头雁" "毕节萝卜"进万家	61
017	余玉生：引蜂追花惠农家	64
018	"忘忧草"变"放心草"	68
019	徐世晓：高原牧民的"科技贴心人"	72
020	阿卜杜许库尔·牙合甫：他的讲座农民们都爱听	76
021	董建民：手把手教维吾尔族兄弟种菜	80

022	宁中华："鸡司令"的扶贫之路	84
023	姚淑娟：科技帮扶使者	87
024	袁瑞江：良种良法 "葱葱"脱贫	91
025	常明昌：把小蘑菇做成科技扶贫大产业	94
026	程永钢：播种科技就有希望	98
027	姚建民团队：旱地农业技术为农民增产增收	102
028	蒙清农业：山沟里创业的父子兵	106
029	贫困农民的"讲究"人	110
030	梁瑞萍：将科技"特派"至地头田间	114
031	陈申宽：论文写在贫土上	118
032	刘永海：扎根田间30年 农技推广助扶贫	122
033	李晓：一意"菇"行扶贫路	126
034	"鸡专家"的金鸡梦	129
035	田间地头的农民讲师	133
036	刘德江：小浆果为农民带来高收益	137
037	刘在民：村里来了个会给蔬菜瞧病的"小青年"	141
038	王世平：泥土地里的贫穷斗士"葡萄王"	145
039	黄瑞华：扎根刘老庄 情系苏淮猪	150
040	沙国栋：一条岭上芦蒿香	154
041	王友明：大山深处农民最欢迎的人	158
042	王朋成："瓜菜大王"	163
043	兰伟：做大农民"朋友圈"	167
044	束庆龙：研究做在大田里	171
045	高允旺："土专家"的竹荪情	175
046	徐代贵：情系大山菌菇飘香	179
047	永新恒龙林业公司：创新助力生态旺 产业扶贫展新篇	183
048	"一红一绿"映井冈——江西井冈山茶厂科技扶贫记	187
049	井祥送金草，春风暖井冈——井冈山市井祥菌草生态科技股份有限公司扶贫记	191

050	欧阳冬明：创业扶贫之路越走越宽广	195
051	赢泰农业公司："傻瓜技术"如何让贫困户多收入1500元	199
052	徐明举："互联网达人"的扶贫经	203
053	王新花：扶贫"五步法"　从欠账20万到盈余20万	208
054	陈明道：扶贫先扶志	212
055	金开美：带领村民打一场脱贫攻坚战	217
056	张春强：伏牛山来了"科特派"	221
057	李景柱：精准扶贫结硕果　科技服务见真情	225
058	杨军：扎根山区　服务清江土著鱼产业发展	229
059	徐永杰：心系大山　共谋保康核桃产业致富路	233
060	王云：独门野果"八月炸"致富记	237
061	魏林：治好了"寸三莲"的"腐败病"	241
062	郑兴洪：萝卜青菜保一方平安	245
063	覃榆茏：石头缝里长出了"金叶子"	249
064	唐荣华：一颗小花生　扶贫大效益	253
065	樊保宁：大苗山里撒下科技致富的种子	257
066	刘钊：为"黎家"脱贫致富插上科技的"翅膀"	261
067	富民千万的"橘子姐"——靠着橙子和大家一起致富的李良蓉	265
068	武陵山区的"大魔头"为什么受欢迎——重庆西南大学张盛林研究员的科技扶贫路	269
069	把农业工程蓝图绘就在西部大地上——重庆凯锐农业发展有限责任公司科技扶贫之路	273
070	农民一间闲置房年净挣1.2万元——重庆市中药研究院杨勇教授的神奇力量	277
071	西南民族大学青藏高原民族医药创新团队：在高原环境治理中"加一味传统药"	281
072	谢红江：跟农民同唱一首歌，共谱一首曲	285
073	刘刚：世上无难事　只怕有心人	289
074	张代金：让中药材成为乡亲们的"摇钱树"	293

075	杨正熙：苗乡侗寨里的"有牛哥"	296
076	宋乃敏：做给农民看　带领农民干	300
077	梁泉：奔波在"云药之乡"的教授	304
078	程志斌：把"山鸡"变"凤凰"	308
079	昌都市卡若区农牧（科技）局：一猪一牛一牧　精准扶贫三板斧	312
080	次旦：做藏区农民的贴心人	316
081	益西格顿：在定结大地播撒希望的"种子"	320
082	赵政阳：致富"果神"	324
083	《东方红》故乡有个"东方红"	329
084	何忠军：奔跑在脱贫一线的秦巴山区科技小兵	333
085	鲜花铺就致富路	337
086	王衍成和"陕茶1号"	341
087	给对症扶贫找到了"药方子"	345
088	李保的"甜蜜"事业	349
089	山塬百姓的呼唤	353
090	"护花使者"韩富军其人其事	358
091	樊永宏：勇谋创业"鸡头儿"	362
092	马克成：号脉开良方　上访村变上进村	366
093	赵顺山：庭院"金果"红透移民村	370
094	郑建宗：用心为牧民服务　把专业技术变成草地生产的利器	374
095	他是县里的"第三宝"：记喀什地区畜牧工作站推广研究员王军	378
096	阿布力孜·吾斯曼："羊博士"　亚克西！	382
097	张得丽：村民离不开的"张台合尼克"	386
098	祁成年：南疆农牧民的"祁连心"	390
099	王献礼：用青春和汗水浇灌"棉之花"	394
100	木塔里甫：为农民办实事是我最大的快乐	398

001 小谷粒变成"金疙瘩"

全国人大代表、科技特派员赵治海喜欢在全国"两会"上展示他的"宝贝"。

2012年,赵治海拎着瓶酒参加"两会",制酒的原料叫作"张杂谷"。2014年,他在会上亮出一个塑料袋,里面装着"张杂谷"磨成的谷草粉。作为饲料,这种粉末中的蛋白质、维生素、矿物质含量都比其他饲草高,可以替代进口苜蓿。2016年,他带了一包谷子面,"两会"期间每天冲二两糊糊当早餐,可以降血糖。

身为国家谷子体系岗位专家、河北省张家口市农科院总农艺师、谷子研究所所长,赵治海潜心钻研"张杂谷"30多年。这项成果以高产优质抗旱节水闻名于世,其系列品种一般比常规谷子增产30%,最高亩产突破810公

图1-1 赵治海开会也不忘带上"张杂谷"

图 1-2　赵治海（右 4）在巨鹿杂交谷子现场会

斤，创造了世界谷子高产纪录，已在全国推广 1500 多万亩，增产粮食 20 多亿公斤，为我国粮食安全和节约宝贵的地下水资源做出了贡献，并帮助许多农民脱离了贫困。让赵治海遗憾的是，作为"张杂谷"的发源地，张家口市部分贫困山区的老百姓却还没有从中受益。"一定要让我的科研成果为家乡人民造福。"他想。

2015 年科技部实施"三区"科技人员专项计划，赵治海认为"张杂谷"一定能在其中大有作为。他主动申请参加该项计划，与张家口市宣化县签订了协议，开展"三区"科技服务工作。

宣化县东望山乡是个重峦叠嶂的山区。乡间流传着这样一段民谣："黄沙地，板儿梁，种草草不长，种粮打不上，吃水如吃油，外出拉水忙"。由于这里严重缺水，造成了村民生活的极度困难，村民人均收入不足 300 元，是贫困县的贫困乡。

经过调查研究,赵治海将东望山乡选为科技扶贫突破口。他认为,该乡耕地虽然77%是旱坡地,但年平均降雨量达到360毫米左右,完全适合"张杂谷"生长需要。他为该乡规划了以大力开展"张杂谷"技术培训为突破口,因地制宜筛选"张杂谷"适宜品种,研究引进配套高产栽培措施为技术支撑,以试验探索谷子饲草饲料转化为主要抓手的"张杂谷"产业可持续发展道路。

由于封闭落后,当地农民对"张杂谷"并不了解。赵治海和县农牧局技术人员组成"农技专家咨询团",开展技术培训、现场观摩、专家指导、种植大户现身说法等多种形式的技术服务工作,使广大种植户对"张杂谷"品种特性、技术要求、经济效益有了直观的认识,提高了种植热情。为了把各项技术措施落实到位,他亲自组织先后开展各类技术培训7次,培训农民400人次,发放

图 1-3　传播推广

技术资料 1800 余份。

按照"典型示范、以点带面"的工作思路，赵治海在东望山乡青边口村、葛峪堡村建立 3600 亩"张杂谷"高产、高效示范田，引进"张杂谷"12 号等 4 个新品种，引进水肥一体化半膜覆盖技术 200 亩，旱坡地半膜覆盖种植技术 2400 亩，探索丘陵旱作区中低产田杂交谷子高产栽培技术新模式。全部实行艺机一体化先进技术，谷子生产过程的耕种、打药、除草、收割等工艺全部采用机械化统一管理。同时组织实施了地膜覆盖、精量播种、适度加密等一系列生产技术试验，探索积累了一整套适宜于当地的"张杂谷"高产高效栽培技术。

经过一年的努力，示范区"张杂谷"喜获丰收，平均亩产 350 公斤，最高亩产 560 公斤，特别是全程机械化种植技术，提到了劳动效率，提高了播种质量，节约了大量人工成本，为大面积集中连片种植"张杂谷"奠定了基础。

赵治海又联合多方力量，促成了与河北北方学院、河北巡天农业科技有限公司、东望山乡宣化禾美联合社等单位合作，共同开展牛、羊、鸡等多种畜禽日粮配方饲喂试验，积累了一系列谷子做饲草饲料的科学数据。目前东望山乡禾美联合社已累计完成投资 1 亿多元，建立高标准优质饲草基地 1 万亩，年产优质谷子饲草 1 万吨，为推动谷草饲料产业化发展奠定了基础。一颗颗小谷粒，成为当地农民脱贫致富的"金疙瘩"。

002
武子生：
"陕北枣王"

曾经的佳县农民歌手李有源编唱的《东方红》、李思命编唱的《天下黄河九十九道湾》，闻名天下。

科技特派员、"陕北枣王"武子生至今仍是佳县农村户口，农民身份，家里还有四十多亩红枣园子常年需要他坚持打理，他同时拥有两个正式头衔，一个是陕西省榆林市佳县朱家坬镇武家峁村支部书记，另一个是佳县正科级建制、配置有12名专职国家公职人员的事业单位——县"红枣办"主任。

图 2-1 武子生（中间站立者）在田间地头实地讲解枣树降高塑形

除了这些，武子生还是榆林市科技一等奖项获得者、第二届"榆林好人"、榆林"最美村官"、榆林劳模、佳县劳模、首届佳县十佳乡土人才、佳县红枣产业发展特别人才等，但他最出名的名号当属"陕北枣王"，在陕北枣农心中，他是出了名的能人，枣农们家家户户都认他。

武子生好似一位神奇的魔法师，挥舞手中的魔棒，用活生生的事实创造了令人难以置信的"奇迹"。他从小就生长在黄河岸边的佳县朱家坬镇武家峁村，和红枣结下了不解之缘。18 岁起至今他就担任本村干部，带领群众苦干实干大栽枣树，使全村 1600 多亩耕地变成了枣林地，成为远近闻名的红枣专业村。

只要发现有价值的红枣管理科技书籍和资料，武子生就如饥似渴，反复研读；遇到红枣专家下乡搞调研、搞培训，他就不失时机地提出好多问题。多年的刻苦钻研和反复实践，他总结出了红枣管理方面的许多小窍门，把自己家的 40 多亩枣园打理的井井有条，产量和质量总是好于大家，令乡亲们羡慕不已。同时他乐于将自己总结出的管理技巧无私地传授给群众，和大家一起分享、试验、推广，被群众亲切地称为"陕北枣王"。

近些年，陕北枣树春夏虫害增多难以挂果、秋季阴雨连绵容易裂果霉烂两

图 2-2 武子生培训枣农讲解老枣园强力降高塑形

大致命难题,令枣农伤透脑筋。武子生看在眼里、急在心上,仔细琢磨着应对的方法和措施。

2013 年初春,枣叶刚刚萌芽,谁也没有察觉到一场突如其来的虫害正悄然而至,一种当地新的害虫——绿盲蝽蓄势待发,威胁着红枣的安全。老武凭借仔细地观察和多年的实践经验,率先发现了这一虫害,并及时告知熟悉群众,动员大伙联防联治。他首先选择适合的农药和喷施方法及时进行示范防治,并挨门逐户手把手教会群众防治技术。乡亲们被支书的真诚所感动,按照他的方法纷纷投入防治。入秋以后,饱受病虫害肆虐的全县红枣大面积减产甚至绝收,而老武指导的武家峁村及周边村红枣却一枝独秀,获得了丰产丰收,被周边群众传为佳话。

2014 年春夏天气反常,病虫害猖獗,全县红枣挂果率普遍较低,秋季又遇连阴雨侵袭,红枣裂果严重,导致红枣再次大面积减产。老武没日没夜蹲守枣园仔细观察和研究,面对灾情他对症下药,以独创的修剪、防虫、施肥技术应对接二连三的自然灾害,并走村串户及时告知周边群众,与大家一起应对,最终战胜各种灾害挑战。当年武家峁及周边村的红枣取得了近年来少有的好收成，即使遭遇秋季连阴雨天气，红枣裂果率也远低于其他地区，平均亩产达到1000多斤。

面对竞争日趋激烈的红枣市场，武子生认识到片面追求规模和数量的粗放经营模式已难以为继，红枣不仅要实现丰产丰收，更重要的是生产出质量上乘的红枣才能卖出好价钱，必须依靠转变生产方式和创新管理技术才能实现提质增效。

针对老枣树管理劳动强度大、红枣品质退化、抗灾能力差等问题，武子生在实践中不断地研究总结、反复试验，主动改造传统技术。他采用降低树形、稀疏枝条、测产修剪的红枣管理方法，并配合适当的施肥和防虫管理，对老枣园进行技术改造，试验后收到了良好的效果。该项技术不仅方便了枣农修剪采摘等日常管理、减少了施肥成本、提高了坐果率，而且大大增强了红枣抗病虫、抗旱、防裂果能力，红枣优果率由原来的30%提高到70%，产值比原来翻了三番。并被命名为"强力降高塑形"技术，荣获2015年度榆林市科技成果奖。佳县枣区大力推广该项技术，在武家峁、大会坪、南河底等村建立多个技术示范点，依靠科技进步带动全县红枣产业和产品升级提高。

每遇农闲时节，佳县利用干部轮训、乡镇集中培训、枣区实地讲解等多种方式，邀请武子生对广大枣农和县乡村干部进行培训。武家峁村经常吸引着各地慕名而来的群众参观学习，老武总是不厌其烦地耐心讲解，他还受临近县区的邀请，多次培训当地枣农。他用农民特有的通俗易懂的语言、鲜活生动的事例，通过实地示范操作，培训各地干部群众近8000余人次，有效推广了红枣丰产管理技术，带动了枣农增收脱贫。

003
灵芝仙草福泽西藏雪原贫困户

西藏林芝红太阳栽培场,灵芝种养大棚内雾气氤氲。一个西藏牧民捧着一朵新奇的白肉灵芝,在清晨的阳光下就像一块珍宝。而他的身后,西藏林芝市的灵芝种植产业正在蓬勃发展。2011年至今,在广东省科技厅的大力支持下,经过吴清平院士团队长达5年的精心培育,林芝,这个人口只有20万人、土壤和气候严重不适宜生产的地区,灵芝种植从无到有,达到了年产60万袋的规模,直接产值达到1000余万元,带动建档立卡贫困户50多户,人均增收8000元以上。

提到中国工程院院士、广东省农业科技特派员吴清平教授,林芝市的同志们都交口称赞。吴清平院士先后5次前往林芝市指导工作,每年2~3名团队专业骨干派驻林芝,进入林芝市进行当地野生食药用菌的资源调查,工作时间从15天至100天不等。吴清平院士对于林芝市的灵芝产业的萌芽、形成及发展起到了不可替代的作用。

发现白肉灵芝新品种，带来致富新希望

白色，在西藏人民的心目中象征着吉祥高贵。从某种意义上来说，林芝市的灵芝产业发展，当初就是从这朵小小的白肉灵芝开始的。

2011年，吴清平院士率领科研团队进入西藏林芝市实施食药用菌援藏工作，首要的任务就是要寻找适合高原地区栽培的优良品种。为了寻找珍贵的野生灵芝菌株，科研人员常常在高寒缺氧、强紫外线的恶劣环境下连续工作。波密是适宜白肉灵芝生长的地区，到波密寻找种源一定要经过以险著称的318国道川藏线排龙天险段，这段路几乎每年都会被洪水冲垮，蜿蜒曲折的山间小路一边一直是万丈悬崖，山体滑坡也随时会发生。尽管如此，没有一个团队成员因为害怕危险而中途止步，大家想的都是节约时间多做工作，帮助当地淳朴的藏族百姓致富。

经过长期艰苦的搜寻和筛选，吴清平团队终于在波密县扎西岗村的密林中发现了白肉灵芝。"我们和科技局的技术团队这5年在林芝共采集了野生食药用菌标本2206份，分离获得珍

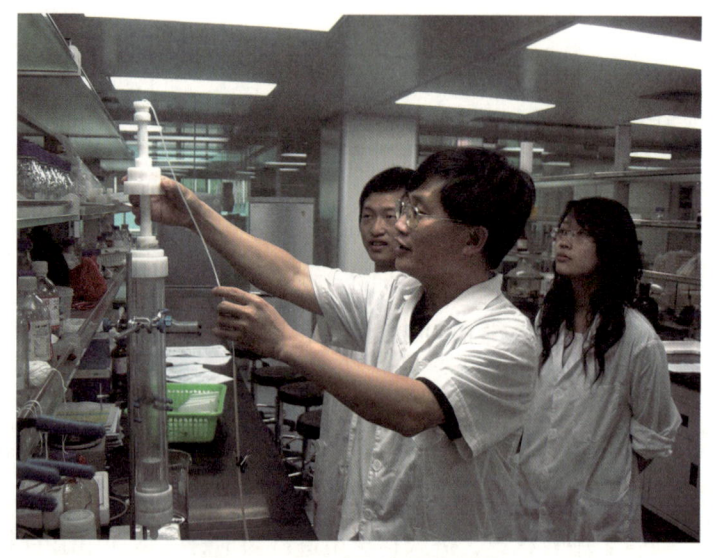

图3-1 实验室中的吴清平院士

图 3-2 白肉灵芝

贵的菌种 458 株。其中获得的白肉灵芝菌株共 26 株,从中优选的品种成就了如今林芝的白肉灵芝栽培。"吴清平院士在援藏工作交流会上用一连串的数字为林芝的灵芝之路作了一个注释。经研究比对,该品种是藏地特有的灵芝新品种,具有很高的经济价值和药用价值。该品种与普通灵芝相比,有效成分灵芝多糖的含量高 2～4 倍,灵芝三萜也达到普通品种 120% 以上,动物实验及细胞实验都表明其具有强烈的抑制肿瘤的作用,而且适宜高原的低温缺氧环境。该品种的发现等于从当地优选到了适合栽培的附加值较高的品种,成功叩开了发展白肉灵芝产业脱贫致富的大门。目前,白肉灵芝批发价每斤一般可达 200元,是内地普通灵芝价格的 6～8 倍,大大提高了贫困农牧民的收入。

科技特派员团队为灵芝产业健康发展保驾护航

2012 年,吴清平院士团队开始在林芝市的米林县开始试种白肉林芝,当年试种了半亩面积的一个大棚,产量非常可观。据估算,当年亩产产量高达 200～300 公斤,每亩产值可达 15 万～30 万元。在广东省科技厅和林芝市科技局的大力支持下,白肉灵芝迅速推广至全区栽培。

然而,新品种繁育常常出现的品种抗逆性差、易侵染等问题也发生在白肉灵芝栽培上。第二年试种出芝时，陆续发现出的是普通灵芝，普通灵芝不适宜在林芝出芝，也卖不起价钱。灵芝养殖户们担心风险不敢进行投资栽培，一个富有前景的产业陷入了困境。"在出芝的日子里，从局长到技术员几个月都无法安眠。"林芝科技局调研员陈蓉描述了当年的窘境。

为了解决新品种繁育过程中的问题，吴清平院士团队来到林芝菇棚寻找原因，综合种种现象及整个生产环节进行仔细分析，确定是由于菌种转接的环节出现疏漏，菌种的源头出错导致了这样的结果。问题是搞清楚了，可是怎么样能够确保往后的菌种不出问题呢？在吴清平院士的指导下，科研团队开发了白肉灵芝的特异性基因片段，并且在母种制作前后分别采用分子手段对菌株进行确定及抽查，在菌丝阶段就确保白肉灵芝菌种100%准确无误。

菌种稳定后，2014年及2015年相继进行了广泛的技术推广，大面积推广的县及地区包括巴宜区、米林县及波密县，其他地区包括朗县、工布江达县；在察隅县和墨脱县也进行了试验栽培。目前白肉灵芝年产量达60万袋，白肉灵芝特殊的外观及有效成分高的特点，其干品价格能够达到200元/500克以上。同时由于白肉灵芝栽培技术的稳定，其产量能够达到200～300公斤/亩，直接产生的经济效益达1000多万元，带动了当地食药用菌市场的发展，为当地藏族百姓增加收入开辟了新来源。

目前，在林芝市波密县扎西岗村发现的灵芝新品种在国际上已经发表，被命名为白肉灵芝 Ganoderma leucocontextum，并且已经成为林芝市的国家地理标志性产品。林芝市的灵芝仙草，正在为西藏雪原上的广大贫困户带去实实在在的脱贫致富实惠。

004
杨林栋：村民的"土豆书记"

46岁的杨林栋，是山西省科技特派员、省农业科学院技术推广处副处长，太原市娄烦县米峪镇乡柴厂村第一书记。他说："父亲本希望我能成为杨树林中的栋梁之材，建大功立伟业，光宗耀祖，结果我却成了一名像土豆一样普通的土豆科研人员。"

2014年，杨林栋加入了山西省农科院第27批农村工作队，进驻方山县赤坚岭村、娄烦县柴厂村开展产业扶贫，这两村既是革命老区，又是贫困山区，由于气候冷凉，没有灌溉设施，土豆是他们的主要农作物。

杨林栋出生在农民家庭，成长在晋北农村。他说也许是小时候生活困难常吃土豆的原因，也许是喜欢"山药蛋"派小说的原因，从小就对土豆情有独钟。高考志愿是农业大学，学的专业是薯芋类的蔬菜专业，工作后从事的职业是土豆研究。在晋北时因推广微型土豆，当地农民称他为"碎山药专家"，"碎山药"就是小土豆；援疆时因倾力指导兵团战士科学种植土豆，兵团战士亲切地叫他是"洋芋圪蛋蛋";担任农村第一书记期间,致力于帮助农民种植土豆脱贫,又被百姓称作"土豆书记"。

2015年数九寒天的一个早上,杨林栋与村支村第一次到移民搬迁自然村圪徐沟去走访。在这个仅存5户人家的小村落,眼前只见几孔旧窑洞散落在向阳山坡上。这里的村民一到冬天,就用塑料布把窗户封得严严实实,为了省煤省电,晚起早睡,一天吃两顿饭。杨林栋和他们聊生活、生产的间隙,淳朴的村民给他端来一碗饭。杨林栋说:"这是我人生中第一次吃到的下面土豆泥拌莜面,上面烤土豆,没有菜也没有油,上下通体的土豆饭。"杨林栋让村民在贫困户复核表上签字时,每户都不会写字,只会摁手印。

与农民攀谈,问:"土豆种什么品种?"答:"没个啥品种,大些的卖了,中间的吃了,小的留下种了。"可见他们还是传统的老方法,不懂科学的脱毒种

图4-1 杨林栋(左站立者)讲解土豆生产技术

薯。又问："怎么种？"他们说："一沟空犁一沟实犁，一步播一种子"，可见一亩株数最多1800株，产量也不会高。再问："怎么上肥？"他们回答："一袋碳铵一袋磷肥，养羊的上点羊粪"。可见他们不知道土豆不同于其他作物要上钾肥，这里是科学种薯的盲区。

返回的路途中，杨林栋心潮起伏、思绪万千，真真切切感到贫困地区农民生活确实贫困，他暗下决心，既然担任第一书记这个角色，就必须为他们做些实事，至少在种植土豆上为村民做些增收工作。

2015年春，杨林栋通过省农科院项目资金在村庄河畔整治出一片6亩试验田，引进早中晚及品质各异的6个土豆品种，改变土豆传统种植方式，采用宽窄垄、平播出苗后高起垄技术，在试验田大刀阔斧地做给农民看。2015年秋杨林栋筛选出适合当地种植的土豆品种晋薯16号，召集三乡五里群众实收测得最高亩产6518斤[①]，比当地历年平均亩产3000斤产量翻番。杨林栋通过包村领导专项扶贫资金，购置回成套土豆农机具，2016年全村土豆种植实现全程机械化，减轻了群众体力劳动，领着农民干，标准化生产土豆，减少玉米种植面积，土豆面积扩大一倍，土豆每亩纯收入2000元，是玉米收入的一倍还多。柴厂村全村172户495位建档立卡贫困人口，2016年底

图4-2 杨林栋（左2）同大家一起全程机械化种植土豆

---

① 1斤 = 500g = 0.5kg。

脱贫492人，集体经济通过农机具租赁收入破零，实现了整村脱贫。

新年伊始，杨林栋已经盘算好2017年的三项工作：在村南梁建50亩马铃薯原原种田，250亩马铃薯原种田，变马铃薯增产村为马铃薯种薯基地村，增加马铃薯使用价值，提高单价，让薯农增收；依托农科院建10栋香菇反季节生产大棚，驻村工作队出5人，村民出5人，成立香菇生产专业生产合作社，做给村民看，培养不走的土专家；依托市县扶贫资金，在村北梁建500亩西梅园，种好马铃薯，受益一年，种好一片经济林，受益十年甚至达百年，绿水青山就是金山银山。

杨林栋认为，一个好的产业就是在脱贫攻坚项目支持结束后，还能可持续发展，脱贫不返贫，经济林是个不错的项目，一年栽树，三年后年年摘果销售，既优化了生态，又可在植树过程中使贫困户以工代赈，增加收入。他们在村里种植俄罗斯大果沙棘500亩，近期通过农科院组织果树专家来村实地考察，全国李树首席专家刘威生的远程指导，组织乡镇领导赴尖草坪区向阳镇南翟村调研西梅采摘园后，计划发展种植西梅经济林1000亩。西梅是李子的一种，比杏树开花晚，不易受春季倒春寒冻落花朵，成熟期比普通李子晚，在中秋节国庆节两节才成熟，糖分多酸甜可口品质佳，耐贮藏，每株产量100斤，每亩75株，亩产西梅7500斤，采摘园售价每斤10元。杨林栋说："目前山西种植仅此一家，三年后以最不值钱1元计亩收入7500元，项目落地生根后500位贫困人口人均1亩大果沙棘、2亩西梅，展望未来娄烦，古有齐天大圣的花果山，今有柴厂村杏树、沙棘、西梅，游人观光，好一派杏粉李白的云顶山风光。"

杨林栋说："村民们称我为'土豆书记'，我喜欢这个称号。现在，全村崇拜我的粉丝很多，他们常说'土豆书记让我咋种我就咋种，听他的不会错！'今年全乡又有7个村的农民跟着我种土豆，我要和农民一起，通过科学种植土豆实现脱贫致富梦，实现中国梦。"

005
长寿花"开" 朵朵香"满"农

金秋十月,在辽宁省新宾县,菊花产业已有近万亩的规模,漫山遍野的各类菊花盛开着,信步其间,如入仙境,尽显乡村田园之美。

您瞧,出口切花菊基地种植的白色、黄色切花菊争奇斗艳,这些被誉为"四大切花"之首的长寿花,仿佛争先恐后讲述着一个故事。这个故事的主人公,让她们从"丑小鸭"变成了"白天鹅",也变成了"摇钱花""致富花"。

他就是农民的儿子屈连伟。他奉行的人生道理是:哪里最艰苦,就去哪里工作。一毕业,他没有选择生活、工作条件更好的沈阳总部,而投身于地级城市鲜切花生产一线基地,一干就是 14 年。

新宾满族自治县,属于中低山区地带。山地多,耕地少,决定了其要走高效农业的脱贫道路。近年来,鲜切花产业已成为其农业第二大支柱产业,是农民脱贫致富的希望。

2015 年,辽宁省农业科学院花卉所副研究员屈连伟如愿被选派为"三区"科技人才,服务新宾县。他奉行的扶贫理念是:"造血"扶贫才是真正能使农

图 5-1　自然成型盆栽菊花新品种"金朵"栽培技术推广——辽宁省电视台采访（屈连伟左）

民脱贫的方法，要让他们知道如何靠自己去挣钱，要给他们希望。

"'造血'扶贫的关键是扬长避短、因地制宜，要有个性化的扶贫方案。新宾县，山水秀丽，可以大力发展花卉产业并与休闲旅游产业相结合。"屈连伟说。

而彼时，主栽品种退化、农药化肥使用量过大、栽培技术落后……困扰着新宾县花卉产业往前走。

屈连伟团队立即组织技术培训。花农热情很高，争先恐后的提问题。但是，让人始料不及的是，花农担心新方法不管用不敢贸然采用，从事切花菊生产 10 多年的老王说："屈老师讲的单层网技术我试过，损失很大，后来才改用三层网的"。其他人也跟着议论："单层网不行""要是赔了怎么办？"

"农民很朴实，只要认准的道理，就会全身心的投入。但是，如果没有认准，就不会按照你说的去做。这也是农业技术推广工作中的难题之一。"屈连伟说。

为此，屈连伟种了一个温室的切花菊。他采用单层网移网技术生产出的菊花个个笔直，符合出口标准。单此一项，每亩就节约材料成本400元。

土专家和花农们看后心服口服："这效果太好了，以后要相信科学""明年我家也用单层网，请屈老师到我家大棚指导行吗？"

面对传统盆栽小菊品种费工、易染病等问题，屈连伟选育出2个新品种——"金朵"和"紫苑"。

花农崔艳俊激动地说："我生产传统盆栽小菊，每年都有10多万盆的量，每盆都需要人工修剪、摘心，费工费时，这回好了，这两个品种自然成型，真是宝贝啊！"

"'造血'扶贫的重点还要抓龙头企业，有了龙头企业就有了市场，农民就不用担心东西卖不掉。而龙头企业的发展，需要持续的技术支持，需要帮助培养出企业自己的技术骨干，这样企业才会有相应的创新能力。"屈连伟说。

当时，嫁接艺菊茎秆细弱、花色单一……这些难题困扰着双利花卉种植专业合作社社长王宪伟等花卉生产大户。

屈连伟就带领他们到花卉所选择中意的资源，大户们掩饰不住的喜悦之情

图5-2 花卉与旅游产业融合发展，图为屈连伟（右）在郁金香温室为游客讲解郁金香历史及栽培技术

从内心迸出,扎进了资源圃。王社长说:"这么多菊花品种,我还是头一次看到,能引进那个紫色的品种吗?还有那个绿色的株型真好看。"

就这样,"首席科学家+科技特派团+龙头企业+基地+农户"的产业发展模式和"观赏价值+生态价值+功能价值"的复合效益开发模式,成了屈连伟团队科技扶贫的"法宝"。

"以首席科学家带头的产业发展模式,使有限的技术人员为龙头企业提供了技术保障,再通过龙头企业将新方法、新技术推广到千家万户,实现了新技术的快速、高效推广。'复合效益开发模式'转变了传统思维方式,创造性地将花卉的观赏性、功能性和生态性融为一体,实现了一二三产业融合发展。"屈连伟说。

在屈连伟和他的团队努力下,新宾县的花卉产业有了跨越式发展。2016年,新宾县新增花卉生产面积1500亩,花卉生产温室150栋;新增生产盆栽小菊300万盆,16头菊1.2万盆,悬崖菊8300盆,实现销售额5800万元;建立了以榆树乡为核心的示范基地150亩,辐射带动3个乡镇的花农生产,辐射面积达到2000多亩,实现经济效益2000万元,户均年收入5万元。

006

江苏鑫缘：长长的蚕丝串起富民链

"春种一粒粟，秋收万颗子。"随着春天脚步的临近，在江苏海安县开发区热港村的鑫缘蚕业联社"热鑫"农场里，农场主和雇用的十几位村民正热火朝天地忙着栽植新桑……与此同时，在距热港村50多公里的海安县白甸镇邹冯蚕业家庭农场里，农场主吴同干一边忙碌着，一边还对年前36万多元桑园收益的幸福感意犹未尽。

对地处"中国茧丝绸之乡"的海安人来说，"户种一亩田，人养一张蚕"的栽桑养蚕，既是老祖宗留下来的谋生渠道，又是海安经济发展的重要"稻草"。但近年来，随着工业化和城镇化进程的加快、农村劳动力的转移、务农人员老龄化、养蚕比较效益的下降等，桑园面积逐年减少，桑蚕茧丝绸这个传统产业的根基受到了严峻的挑战。对同样出身农民的江苏鑫缘茧丝绸集团股份有限公司董事长储呈平亦是感同身受。传统养蚕模式既不能满足公司发展的要求，也未能让老百姓发家致富。

"好丝靠好蚕，好蚕靠科技"。抓住问题根源的储呈平带领团队确立了原料

图6-1 储呈平（右）向蚕农宣传新技术

基地化、品种优良化、养蚕省力化、生产智能化、资源利用多样化、茧丝绸精品化、品牌国际化及市场全球化的发展目标。推行"公司＋高校院所（科研平台）＋品牌＋基地（蚕业农场、蚕业合作社）＋农户"的产业化经营模式，践行以市场牵龙头企业、龙头企业带基地、基地连蚕农，集种养加、产供销为一体的运行机制。

今年50岁的吴同干家里世代种桑养蚕，过去单一的养蚕模式，不仅蚕丝的质量没有保障，价格上更是"天注定"，一年的收入徘徊在3万元左右，忽高忽低的市场行情让一家人的生活也处于忐忑不安的状态中。

2015年年初在鑫缘集团协同蚕桑专家指导下，他流转土地62.8亩，新栽桑园53亩，投资创办了白甸镇邹冯村的蚕业家庭农场，并集成蚕桑新技术引进新品种，采取多批次养殖方式，桑园效益更趋多元化。吴同干算了一笔账，2015

年农场养蚕收入12万余元,而桑园放养的4000只草鸡、500只鹅、500只鸭、40头山羊,以及套种的20多亩玉米、黄豆,加起来收入竟达到15万多元。

为确保蚕农的收益,鑫缘集团还与蚕农签订桑蚕鲜茧产销协议,对产业基地蚕农生产的蚕茧实行保护价收购。

以前蚕农都是以家庭为单位的自行出售蚕茧,零售市场上也常常为了每斤能多卖出个几毛钱斤斤计较,鑫缘集团的这一协议为蚕农省去了不少口水。公司以契约的形式向蚕农承诺:在行情正常时,以高于国家当期鲜茧收购指导价和国家规定的其他农副产品比价,不低于周边地区收购价格收购蚕茧;在行情低迷时以保护价收购蚕茧。这就相当于鑫缘通过加工增值每挣1元钱,就有0.45元补贴给了老百姓。2015年海安的蚕茧收购均价比全国高出6.31元/公斤。2016年订单基地采购额过10亿元,较好地保障了蚕农的收益,增强了蚕农应

图6-2 储呈平(左3)带领团队在数码车间进行技术指导

对市场行情波动、抵御和化解市场风险的能力，解决了蚕农的后顾之忧，调动了蚕农栽桑养蚕的积极性，有效地保护和利用好蚕茧资源。

培育新型经营主体、打造产业基地特色、扶持建设示范桑园、创新服务机制、强化管控机制……鑫缘集团用一项项科技创新举措"拯救"传统桑园。用3年时间，以不低于50亩为一个生产经营单位，将建成蚕业家庭农场400个，建立标准化优质茧丝基地5万亩，年产优质蚕茧6000吨。

一只蚕一生结一次茧，一般一只蚕茧抽丝600至700米，而海安茧一只可以抽丝1300米。沿着这条长长的蚕丝，鑫缘集团精心推进"一产接二连三"的融合发展，形成一产往后延，二产连两头的模式，创造性地设立蚕茧生产、缫丝、绢纺、丝织、服饰、丝绸家纺、丝绸文化、桑蚕茧丝副产物利用等上下游联动的茧丝绸一条龙产业链。形成了产业链完整、科技创新能力强、品牌质量优、带动农民增收多的优势产业集群，引领并带动了产业融合发展。

为响应国家"东桑西移"的号召，鑫缘集团将"公司＋基地＋农户＋工厂＋科研院所"的产业化经营体制成功复制到广西，让最新科技成果最大程度上惠及西南山区农民。目前，鑫缘集团已在广西环江培育蚕桑生产基地10万亩，带动农户8万多户增收。2016年，公司与广西平果县、德保县，安徽潜山县，江西永新县签订了产业发展科技合作协议，建立桑蚕茧丝生产基地。公司推行统一桑蚕品种、统一种养技术、统一蚕茧收烘、统一品牌销售的服务，形成"专家团队＋蚕技人员＋科技示范户"推广体系，建成国家科技园蚕业示范区和全国茧丝绸服装家纺知名品牌示范区，辐射带动了30万亩的高产优质桑园基地、22万农户增收和50家丝绸企业发展。

"昨日入城市，归来泪满巾。遍身罗绮者，不是养蚕人。"在"公司＋高校院所（科研平台）＋品牌＋基地（蚕业农场、蚕业合作社）＋农户"茧丝绸产业模式的发展下，鑫缘集团成为2016年全国农村一二三产业融合领军企业。如今的养蚕人既可以是"遍身罗绮者"，更能大声地称赞"我骄傲，我是养蚕人！"

007

斯金平科技特派员团队：一株"仙草"的扶贫传奇

2007年5月的一天晚上9点左右，浙江乐清市虹桥镇芙蓉村农民周伟气喘吁吁地在另一个村的一户农民家里找到了正在辅导的斯金平，他用袖子抹了一把汗说："斯老师，终于找到你了，快到我地里看看，我这地能不能种石斛，我急啊。"说完，拉着斯金平就出了大门。这里离周伟家有20多公里，当时满天星星，前面一片漆黑。开车半个多小时来到周伟家的地边，什么也看不见，让车开大灯照着地，斯金平和朱玉球老师打着手电一直忙到晚上10点多……

2007年冬天的一个晚上11点半，在乐清扶贫的斯金平刚睡下，又有人敲门。姓蔡的两个农民让斯金平去他们企业组培室看苗，他们的试管苗出了问题，苗长不出来。斯金平一个环节一个环节观察，一直忙到凌晨2点才找到原因……

斯金平，浙江农林大学教授，浙江省科技特派员。10年来，他的团队到乐清不下百次，每次最少3天，多则半月，每天工作至少10个小时。从当年30亩铁皮石斛发展到今天1万多亩，为农民建立15个组培室，种苗从原来一株1.5元降到0.5元，带动5万农民就业，年产值20个亿。还立足浙江辐射全国18个省市，为数以万计的贫困农民进行了精准扶贫。

图 7-1 斯金平（中）在进行科技扶贫培训

让"仙草"回归自然，不砍树每亩收入几万

石斛，1000多年前的《道藏》称之为"中华九大仙草"之首，曾在"天上"作为高档礼品，不入平常百姓家。斯金平科技创新团队以一株铁皮石斛精准扶贫，始于2006年时任浙江省委书记的习近平同志对铁皮石斛报道的批示。10年来，斯金平团队不负重托，精彩地演绎了"一株仙草的扶贫传奇"。

让"仙草"回归自然，让更多的贫困农民种得起铁皮石斛。

斯金平在扶贫中发现，大棚种植铁皮石斛成本高，贫困农民进不了这个产业。于是，他想到了在树上附生铁皮石斛，让更多贫困农民种得起铁皮石斛。

2008年的一天，斯金平在义乌一家企业开始了试验。他先是把石斛苗每隔3～4厘米1丛放在砍下来的树上，再用麻绳缠绕固定，然后横着放在大棚里。到了冬天，在成功基础上，斯金平又想：现在零下7～8度，放在野地里能不能过冬呢？于是，他放了两棵树在室外。第二年春天，竟然长出了铁皮石斛新条。

2010年3月的一天，乐清农民宋仙水在浙江农林大学找到了斯金平，提出要在活树上种铁皮。因为有了树上附生的研究，斯金平说："有希望。"听说有

007
斯金平科技特派员团队：一株"仙草"的扶贫传奇

希望，宋仙水很高兴。第二天，斯金平就和他来到了乐清，开始 20 亩活树种植试验。通过水和光的调控，活树附生种植获得成功，这在我国铁皮石斛种植史上是一个重大创新。现在，在浙江乐清等地，铁皮石斛种在山上。地上的大棚成了种苗培育室。

"一亩山林不砍树，每年收入几万元，多时可达 5 万～10 万元。"斯金平说，这是让铁皮石斛回归自然，让贫困山区不砍树也能富，这就是习总书记说的"绿水青山就是金山银山"。

创新永无止境，斯金平团队又成功地研究出在悬岩上附生石斛的技术。

800 米悬岩"盗仙草"，育出新品种

2010 年元旦那天，听说浙西大峡谷有野生铁皮石斛，斯金平按捺不住内心的激动，立马找了向导，带着团队的同事一起爬山，登上了大峡谷最高峰。这里海拔 800 米，山顶全是乱石堆。突然，斯金平发现，山顶悬岩下面 20 米处有一株铁皮石斛。"看见了吗，野生的。我要把它采下来。"斯金平找来绳子，一头捆在树上，一头捆在人身上，几个人用力慢慢地把人放下悬岩。当拿到这株野生石斛，斯金平如获至宝。下山时，全身是汗。他说："我这全是吓出来的。"那惊心动魄的场面，斯金平至今难忘。

正是悬岩上采来的这株野生石斛，斯金平团队培育出了耐零下 14.8 度的铁

图 7-2 铁皮石斛岩壁栽培点石成金

皮石斛新品种。当年一株苗，现在已育出100多万株苗，已在贵州等省山区推广。斯金平说，这样，我们的铁皮石斛技术和品种可在更多贫困地区推广，让更多贫困农民致富。

百问不烦，一年接待农民200～300批次

斯金平团队依托"浙江省铁皮石斛产业国家科技特派员创业链"大平台，组建了铁皮石斛全产业链、产学研结合的科技特派员团队。这个团队扶贫的一个新模式是：组建农民合作社，贫困户作为员工，土地入股，打工挣钱。目前，已组建100多个合作社。不仅种石斛还通过系列保健食品、化妆品、药品开发，延伸铁皮石斛产业链，培育精深加工企业，做强产业。斯金平还组建了铁皮石斛产业技术联盟，团队获得的专利技术，联盟成员可免费使用。目前，联盟有成员30多家。

"让高新技术简单化，平民化"，斯金平说，在贫困地区推广，技术一定要简单，我给农民上课，技术要点就六个字：通风、透气、漏水。农民一听就懂。一个初中文化的农民，到我这里学习几天就能掌握整套种植技术。斯金平团队扶贫最大的特色就是通过扶贫给农民装上一个"造血机制"。依托科技特派员大平台开展大服务，建立5个示范基地，接待全国各地参观学习者数以万计，培训农民、科技人员1万多人次。团队还被贵州省委组织部、科技厅特聘为贵州铁皮石斛科技特派员，在贵州黎平等革命老区、贫困地区建立了千亩铁皮石斛科技扶贫基地；团队科技援疆被新疆生产建设兵团领导和维吾尔族群众称为"浙江援疆科技含量最高的项目"。

2007年在乐清扶贫时，一位张姓企业家提出20万元请斯金平当顾问，条件是技术不外传，斯金平当场拒绝，他说："我的技术就是免费为贫困农民服务的。"

"我们团队6个成员的手机一年365天，天天24小时开机，随时为农民服务，百问不烦，电话解决不了的，第一时间派人到现场解决。" 2006年就担任省特派员的斯金平说，我们一年要接待农民200～300批次……

008
涂健：扎根大别山里的科技使者

安徽省宿松县地处大别山南麓，是国家级贫困县。在宿松县的农民畜禽养殖户中间，科技特派员、安徽农业大学副教授，硕士生导师涂健有着另外一个称号"俺们的小涂博士"。

宿松县生态环境得天独厚，国家鼓励和支持科技下乡，使得当地养殖业获得了快速发展，畜禽养殖户数量逐年增加，已成为当地脱贫致富的有效途径之一。但山区信息闭塞，养殖户缺乏畜禽养殖、疫病防控等方面的技术，经常会蒙受巨大经济损失。

2012年12月份的一天，涂健刚上完课，接到学校科技处的电话，说宿松县春润食品有限公司在养殖中遇到突发疫情，损失很大，急需兽医专家指导。

涂健二话没说，立刻带着两名研究生坐大巴赶往宿松县。到宿松县已是晚上6点多钟，涂健他们来不及休息吃晚饭，马不停蹄赶到养殖基地。

情况比想象的更严重：基地养殖的鸭子已经有200多只死亡，剩下的都是光秃秃的没毛，精神萎靡。养殖户夫妇俩瘫坐在地上急得说不出话来。养殖户是春润公司养殖合作社建档立卡贫困户帮扶对象。这家养殖户也是第一年养鸭子，鸭子是他们的血汗钱。

时值冬季，疫情如果不能得到及时控制，死亡率还会持续上升，而且会随着水域波及其他养殖户。刻不容缓，涂健带着两个研究生开始检查养殖水体，剖检死鸭、病鸭，了解病理状况。在快速确定病因后，迅速制定了治疗方案……当这一切都忙妥当后，已经是凌晨3点多钟了。放松下来，涂健问身边的学生："我晚上吃饭了吗？""老师，从中午到现在都没吃，早都饿过头了。"

5个小时车程，9个小时连续工作，换来的是疫情得到有效控制，为养殖户挽回了数万元的经济损失。

涂健同宿松当地很多养殖户建立了深厚的友谊和感情，养殖户遇到问题总会第一个想到他，而他也会第一时间帮助农户解决难题。

图 8-1 涂健（左）在宿松县顶帮禽业合作社向养殖户传授蛋鸡养殖技术

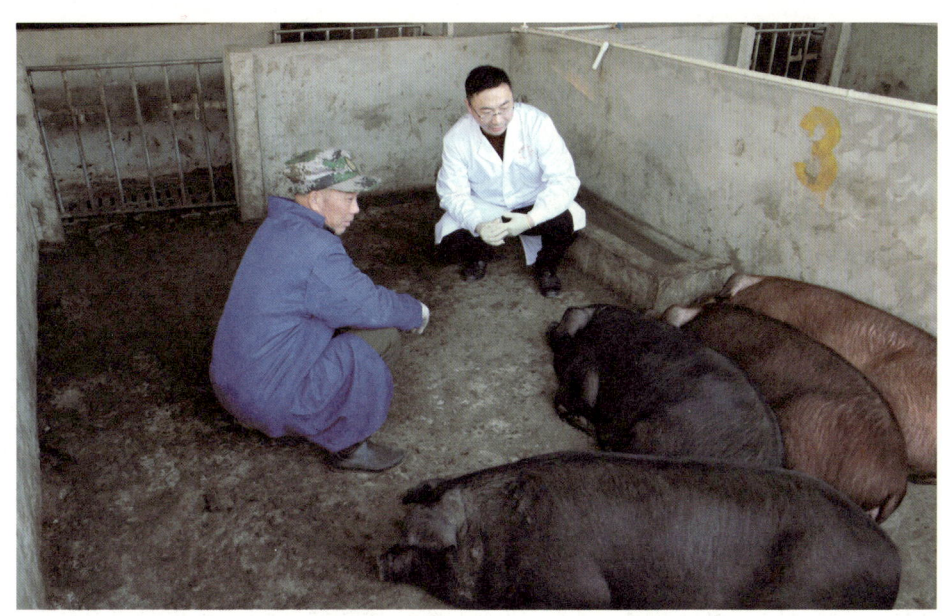

图 8-2　涂健（右）在宿松县生猪合作社向养殖户传授生猪养殖技术

张天宝是宿松县一个养殖户，一家六口从事蛋鸡养殖多年。但一直用的是农村世代传下来的"土方子"，养殖技术不过关，疫病防控不得法，每人年平均养殖收入不到 1 万元。涂健得知这一情况后，主动找到张天宝，帮他分析养殖技术问题，制订疫病防控方案，并不定期到家中指导。

在涂健的帮助下，张天宝家每人年平均养殖收入达到 3 万元。为了感谢涂健，张天宝拿出 5000 元钱硬塞给他，不拿不让走。涂健婉言谢绝："张大哥，帮你是应该的，钱我不能要，只要看到你通过养殖赚到钱，就是对我最大的感谢了。"张天宝还是硬把钱塞给他，涂健实在没办法，说道"好吧，我也就不推辞了，但钱我坚决不能要，我就拿上咱家鸡下的 10 个鸡蛋吧，这也算是我们的劳动成果。"张天宝一家人不住点头，热泪盈眶。

宿松县春润食品有限公司，是当地农业产业化扶贫龙头企业，但公司没有专职技术人员，技术力量薄弱，几乎没有技术开发和知识产权。2012 年，涂健和春润公司建立了长期的科技援助服务合作关系,带来安徽农业大学专家团队,援助服务和指导春润公司承担省级科技项目4项,编制养殖技术操作规程3个,制订企业标准6项,申报专利16项。并建立安徽省工程技术研究中心1个,安徽省循环经济示范基地1个,农业部水产健康养殖示范场1个,全国青少年农业科普示范基地1个,引进畜牧兽医、食品安全等专业技术人才20人,企业的科技经费投入由原来的几万元增长到几百万元,企业科技水平与创新能力迅速提升,科技扶贫覆盖面不断扩展。

针对宿松县当地畜禽疫病防控技术落后的问题,涂健和他的团队开发了"安徽省猪病远程诊断服务平台"及"安徽省禽病远程诊断服务平台",使得更多的养殖户通过手机就能方便地得到在线技术服务。

在宿松县开展科技扶贫工作的5年多时间,涂健和他的团队累计服务当地乡镇6个;服务专业合作社8家;以企业为载体帮扶建档立卡贫困户12户,带动养殖户300余户;举办技术培训会4次,累计培训120人;发放技术资料500余册;培养当地技术骨干20余人;加快了当地养殖户脱贫致富的步伐。

009
井冈山科技扶贫团：咬定青山不放松 产业发展利民生

2016年初，在科技扶贫执行团团员彭岚的劝说下，井冈山市鹅岭乡蕉陂村村民曾新花一咬牙一跺脚，把自家2亩多田并入井冈山瓯峰农业科技有限公司的种苗基地，一年后的今天，他说这是自己"最英明的决定"。如今他不仅是基地的员工，每个月3000多元工资，再加上土地流转一年能有3万多元收入，"比在外打工强多了！"。

这样的例子，在井冈山17个乡镇中不胜枚举。2016年以来，科技部创新科技扶贫团组团模式，组建起部、省、市、县四级科技部门联动的科技扶贫执行团，大力实施"公司+农户""产业+脱贫"的科技扶贫模式，以实施中央引导地方科技发展专项项目为抓手，把建档立卡贫困户脱贫数作为项目实施的重要内容和目标，通过定点扶贫、精准脱贫，引领广大山民在青山绿水间迈上丰衣足食的康庄大道，井冈山市2017年2月在全国592个贫困县（市）率先脱贫摘帽。

"三包"到户，茶香满园

以生产"井冈翠绿"而闻名的井冈山茶厂，面对经济新常态，如何在做大

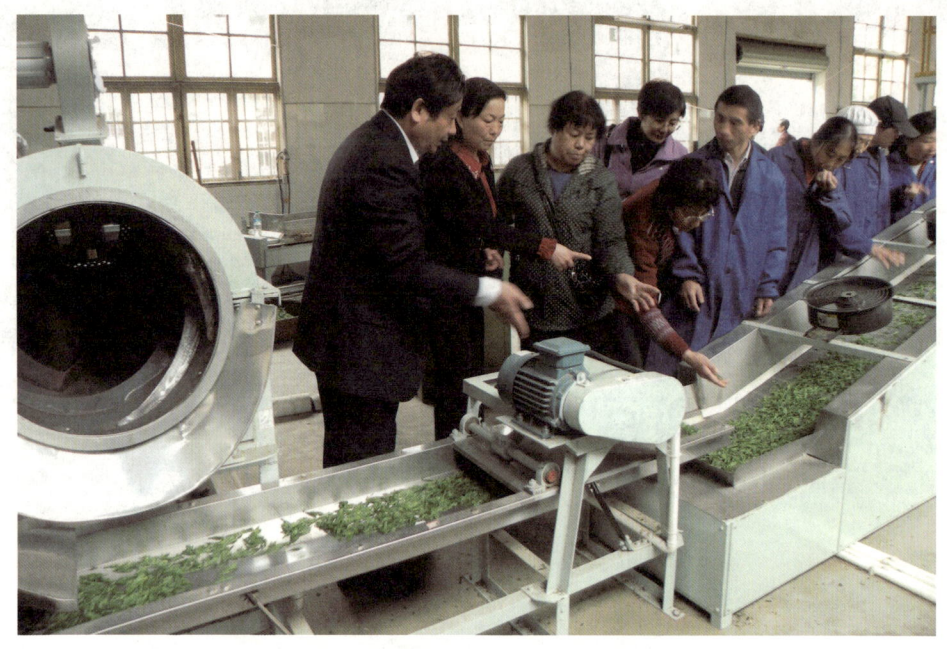

图 9-1　科技特派团的茶叶专家在制茶车间现场指导

做强的同时带动一方百姓脱贫致富,井冈山茶厂总经理王卫岗坦言,"万亩有机茶提升及加工""茶树品种改良及加工关键技术开发"等科技专项的实施提供了良好的契机。

据了解,在项目带动下,井冈山茶产业技术推广体系日趋完善,形成了以黄坳乡、下七乡、新城镇为茶叶主产区的高标准生态茶园集群及茨坪、自然保护区、黄洋界景区周边乡镇的高山生态有机茶园。与此同时,在科技部扶贫团的推动下,企业先后与江苏省茶研所、安徽农业大学等科研部门联姻,依循"以旅带茶,以茶促旅,茶旅互动,做出特色"的发展主线,构建茶叶综合网络交易平台,做优做强井冈山茶叶品牌,实现了茶业产值的倍增效益。

在井冈山茶农手中,通俗易懂的有机茶病虫害防治和生产技术规程几乎人手一册,不仅如此,为实现精准扶贫,在扶贫团的协调督促下,企业专门成立了精准扶贫领导小组,并抽调10名员工入村进户,"包种苗、包技术指导、包产品回收",帮助贫困户每人栽一亩茶,每亩每年免费供应50元的肥料款,连续扶持3年,确保按期脱贫。据统计,至2016年底,井冈山茶厂共培训茶农、贫困户、职工300多人次,扶持18名贫困大学生、青年创业,带动128户农民年增收30万元,带动54户贫困户年增收8万元,帮助450户贫困户实现就业,公益基金帮扶26户贫困户发展特色种养殖业,资助21户贫困学龄人口就学。通过以上举措,带动38户蓝卡户,16户红卡户脱贫。

定点定位,四季常青

在井冈山市鹅岭乡蕉陂村,占地230亩的245个标准化钢架大棚蔚为壮观,大棚内青翠的芦笋秧苗郁郁葱葱。从浙江温州来此投资的商人李秉谦深有感触

图9-2 井冈山芦笋基地贫困户正在挑选、分类芦笋

地说,当地政府和科技扶贫团给了他"全程无障碍的帮助和服务",从而实现了"公司+农户"的双赢。

芦笋属于一次栽培多年受益的经济作物,一次种植可以收益15年以上,平均亩产可达3000斤左右,收入约为水稻的8倍。井冈山瓯峰农业科技有限公司成立伊始,江西省农科院就在基地建立了芦笋种苗培育基地,并长期提供技术指导服务,公司定期向农户提供优质种苗,在经营管理上做到"六个统一",即统一购苗、统一收购、统一管理、统一采摘、统一包装、统一销售的生产模式。为进一步发展芦笋产业,提高当地农民生产技能,江西省蔬菜产业科技特派团定期来基地举办芦笋种植技术培训班,累计培训农户200余户。目前,已有86户贫困户通过土地入股、荒地折价、基地务工等不同形式参与芦笋种植产业,2016年发放贫困户土地租金21万元,入股分红14.40万元,务工工资110万元,人均收入1.60万元,实现了鹅岭乡一半以上贫困户脱贫致富。

"一花独放不是春,万紫千红春满园"。2016年,井冈山科技扶贫工作在科技部第28、29届扶贫团的具体指导和落实下,紧紧围绕"科教立市,旅游兴市"发展战略,以科技创新为动力,以精准扶贫为重点,通过科技创新示范项目的实施,辐射带动9个乡镇360户建档立卡贫困户参与茶叶和食用菌等绿色有机产品的种植,其中310户已脱贫致富,人均年增收3146元。井冈山贫困人口由"十二五"初期的31 145人降至现在的7537人,减幅达75.8%,贫困发生率由28.3%降至现在的1.5%,走出了一条山区县(市)农户脱贫致富的可持续发展道路。

010
李玉杰：惠民博士

"我们家也是世世代代的农民，但从来没有见过这么贫病交加的农民。"两年多过去了，30岁刚出头的李玉杰博士仍然忘不了他第一次走进周书欣家的一幕。

2014年10月，河南省漯河市科技情报所所长李玉杰，被漯河市委组织部派往舞阳县文峰乡城角杨村担任第一书记。他的第一项任务，就是走村串户，摸清底数，为乡亲们寻找科技扶贫、精准脱贫的门路。当他来到50多岁的周书欣家时，他一下子震惊了，从来没有过的心酸涌上心头。

这是一个什么样的家啊？外表看起来也是一座不错的瓦房，但推开房门，呈现的是家徒四壁，连一件像样的家具都没有。周书欣为他开门的时候，他清楚地看见，周书欣的双手伸开十分困难，伸开后还是哆哆嗦嗦的。"怎么回事？""怪病。十多年了。""谁呀？"暗影里传来一句有气无力的问话："村里新来的李书记来看我们了。"周书欣说，他的老婆偏瘫、脑血栓后遗症，好几年了，一直卧床。女儿出嫁了，儿子在东北上大学，要不是国家补助，他们两口子连吃药都吃不起。

图 10-1　李玉杰（左）查看香菇种植大棚

那一天，虽然秋阳高照，万里无云，但李玉杰的心里却是秋风秋雨愁煞人。他放下随身带来的米、面、油等慰问品，又特意留下 300 元钱。两年多过去了，他每年都要来看望周书欣两三次，每次都要给他带些慰问品。

但这终究不是长法啊！怎样增加周书欣这样的贫困家庭的"造血"功能，成了李玉杰苦苦思索的难题。这样的人，不仅没有一点本钱和技能，身有残疾，连体能也不是太行。怎么办呢？

苦苦思索中，他引资在舞阳县建设了一个 500 亩的现代化食用菌种植基地，把 150 多户像周书欣这样的农民请进基地，手把手地教他们种植香菇，一年下来能拿到五六千的工资。"这点钱，虽然还不足以让他们脱贫，但家庭状况因就业扶贫大大改善。"李玉杰说。

李玉杰说，这两年让他觉得最有成就感的是，在全县开展的产业合作扶贫。文峰乡李斌庄村有 20 多年的香菇种植历史，但因缺乏深加工，销路时好时坏，一斤鲜菇成本大致需要1.5元，好的时候能卖到4元钱，差的时候1元钱一斤也没人要，只能烂掉。李玉杰2014年招商引资成立的漯河市桂馥农业科技开发有限公司，与这个村签订包销协议，2.6元一斤保底收购。如今，这个村年产香菇，由过去的1万多斤猛增到20多万斤，有的种植大户一年就能净挣20多万元，成了舞阳县响当当的富裕村。

对于那些没有资金的贫困户，李玉杰与县扶贫办联系，使用无息扶贫资金，桂馥公司担保，向银行贷款，扶持300家这样的农户建香菇种植大棚。原材料、菌种等由桂馥公司先期提供，赚钱后扣除；桂馥公司免费提供技术服务；产品保底收购。辛安镇后吴村吴改卫一家四口人，一年只有3000多元的种地收入，还要供养儿子读大专，根本没有资金投资项目。2015年秋天，他就通过李玉杰的产业带动模式，向银行贷到10万元钱，建起了2个菇棚，不到一年，已经赚到了5万元。

就像一团星星之火，短短两年多，李玉杰引进的"食用菌等产品综合开

图10-2 李玉杰博士在食用菌加工车间检查工作

发生产项目",由小小一个城角杨村烧遍整个舞阳县。2016年,全县食用菌出口创汇4000多万美元,位居漯河市第一,河南省单向出口第七位,缴纳税金1200多万元。由于他科技扶贫做出的突出贡献,李玉杰本人也被评为第七届"漯河市十大杰出青年"、连续两年被漯河市政府评为"招商引资先进个人"、被漯河市委组织部评为"驻村之星"、被舞阳县委组织部评为优秀共产党员。

011
华中农大建始县科技扶贫团队：枸杞铺就扶贫路

提起枸杞，人们会想到这是宁夏等西部地区的特产。那南方能种枸杞吗？在偏僻的鄂西山区能成为农民的"致富果"吗？

湖北枸杞珍公司创始人朱和平和华中农业大学的专家团队做出了肯定的回答，他们创新实践正在书写新篇章。

创业造福乡亲，发展枸杞遇挫

朱和平今年48岁，他曾是湖北建始县供销系统职工，20世纪90年代，一次偶然的机会，他到湖北农学院学习园林技术，协助马爱茹教授搞科研。马爱茹课题组将宁夏枸杞与长江流域野生枸杞杂交，成功培育出果肉多、籽少、口感好、营养价值高、产量高的湖北杂交枸杞新品种，适宜在南方地区种植。

后来因单位改制，朱和平成了一名下岗职工，他只好外出务工经商。有了一点积蓄后，朱和平想到了回乡创业，把早年萌生的在家乡发展枸杞造福乡亲的想法付诸行动。

这个时候，马爱茹教授已经调到湖南农业大学工作。2008年，朱和平多方辗转找到了马教授。经与湖南农业大学协商，朱和平花30万元获得了"杂交枸杞"在湖北的繁殖与建园推广权。

经过推广，朱和平动员附近村民发展了150亩枸杞树，亩产可达千斤。但收获的枸杞怎么利用，却遇到难题。

南方杂交枸杞水分多，晾干过程中会产生霉变，无法制成干果销售。枸杞虽然可以鲜食，但不如水果香甜，朱和平把枸杞当水果卖也以失败告终。朱和平还想到了枸杞泡酒，但这样的酒无包装，难以进入市场大批量销售。

当初朱和平发动家乡村民种枸杞，承诺包回收。朱和平白天硬着头皮数着现金将村民的枸杞收回来，深夜又偷偷找个隐蔽的地方倒掉，两年时间损失近10万元。

农大教授接力，打造枸杞珍品

2010年，朱和平再次走出大山，寻找华中农业大学将枸杞研制成枸杞原浆酒的技术。

图 11-1　刘睿（左2）团队深入枸杞酒酿制车间指导生产

有了原浆酒的技术，朱和平创建了枸杞酒厂。朱和平的产品成为中国国内唯一的枸杞原浆酒。

订单虽然在不断的增多，但靠单一的产品如何立足市场？在人才匮乏的鄂西山区又怎样做大做强？这成了朱和平的一块心病。

2014年，建始县枸杞产业作为华中农业大学精准扶贫的13个重点产业之一，围绕这一产业，华中农业大学食品科技学院教授刘睿带领枸杞加工团队与华中农业大学植物科技学院王沫教授的药用植物团队一起，围绕建始县枸杞特色产业，组建了枸杞种植与加工的专家团队，申报获批学校建始县扶贫专项——"建始县特色枸杞资源挖掘、规范化种植及精深加工产品开发"。湖北枸杞珍酒业有限公司成为重点支持龙头企业。

华农食品科技学院的实验室和食品加工试制生产线成了湖北枸杞珍公司的研发试验中心。

枸杞珍酒内容物丰富，具有很好的保健作用，但对人体有益成分有哪些？含量是多少？过去并不清楚。这些谜底，在专家们的手里一一被解开。

枸杞是个宝，如何把它"吃干用尽"，这是食品加工专家们的长项。枸杞饮料、枸杞含片、枸杞色素……一系列的新产品正在开发之中。随着新产品研发的深入，华农的专家团队由最初的两个专家参与，增加到了现在的十多位。从枸杞新品种繁育、规范化种植、病虫害绿色防治、枸杞精深加工产品研发，副产品综合利用的全产业链出发，促进产学研资源的深度融合，精准培植枸杞产业的发展壮大。

创新科技扶贫模式，深受贫困户欢迎

华中农业大学探索形成"六个一"产业扶贫模式，既"围绕一个特色产业，组建一个专家团队，设立一个攻关项目，支持一个龙头企业，带动一批专业合作社，助推一方百姓脱贫致富"。

湖北枸杞珍公司设计能力年产1000吨发酵酒，配套的种植基地得上万亩。

图 11-2 刘睿（站立者）开展建始县新型农民职业培训

公司自建基地只有 500 亩，为扩大种植面积，他们采取"公司＋专业合作社＋基地＋农户"的模式扶持带动山区群众种植枸杞。

华农专家团队协助帮扶企业每年筛选出一定数量的贫困户，实施"交钥匙"工程，公司掏钱，租用贫困户的土地，建好枸杞园后，再"还"给农户。

业州镇杉木村有特困户 60 户，枸杞珍公司为每户选地两亩建枸杞园，按每亩每年 300 元付给贫困户土地租金，免费提供种苗、基肥、生物农药，枸杞栽植后，交给贫困户在专业技术员指导下进行管理，公司还另给贫困户管田的工钱。枸杞收获后，公司按每斤 5 元包回收，销售收入全部归贫困户所有。60 户贫困户从此可获得 35 年左右的长期稳定收入，不再返贫。

这种扶贫模式已在全县 22 个村实施，目前全县枸杞种植面积达到 5000 余亩，枸杞合作社社员扩大到 3200 多户，推动建档立卡的贫困户 1200 多户，每年稳定增收 500 余万元，重点帮扶的龙头企业成为建始县精准扶贫明星企业，年产值达到 3000 多万元。

012

王仁才："猕猴桃"扶贫记

　　武陵山片区，是我国 14 个集中连片特困地区之一。片区中心的湖南湘西土家族苗族自治州，积聚着 85 万贫困人口，是有名的"老、少、边、山、穷"区域。为了"脱贫"，不少有劳力的年轻人，选择了外出务工。"空心"村在这里，并不鲜见。

　　近年来，随着科技特派员王仁才和他引入的改种"红心"猕猴桃，这里的村落又渐渐有了人气。他定点帮扶的土家族聚居村落——凤凰县廖家桥镇菖蒲塘村，更是人丁兴旺，成了凤凰县优质水果引种、示范、推广、服务基地。2013 年，来此调研的中共中央总书记习近平也点赞了这颗"红心"的好口感及高附加值。

大学教授首下乡：只种树　不说话

　　王仁才，湖南农业大学教授，我国最早从事猕猴桃良种选育及其产业化研究的科研工作者，有着三十多年的丰产优质栽培技术。2006 年，他被选为科技特派员派往廖家桥镇。

　　这个镇是湖南最早的猕猴桃生产基地之一。算是有较好的种植基础。不

图 12-1 特派员王仁才（右）在果园为果农指导猕猴桃种植和病虫害防治技术

过，当地种植猕猴桃的品种单一，仅"米良一号"品种。加之技术体系不配套、果园管理较粗放，导致果品无法提质，效益较差。每个不足1元钱的便宜价格，还时常滞销。因此，当地村户种植猕猴桃的热情也并不高。自然，对这位猕猴桃专家，也不感冒。

初来乍到的王仁才，也并没有急着和大家沟通宣讲。自个儿选了块试验田，开始忙活起他引自四川的"红阳"猕猴桃优良品种试验与示范种植。一年后，到了见证科技"奇迹"的时刻：王仁才的试点果园里，红心猕猴桃挂果了。剖开果子，果心红红的，果肉金黄黄的，闻起来香香的。这才刚种植一年，平均亩产就达1500公斤，产量比普通果树高出50%！果品糖度，还由原来的11%提高到15%以上。

这下，果农开始激情"燃烧"了。一时间，要果苗的，要学技术的果农，几乎打爆了他的电话。由此，红心猕猴桃在这里扎根了。

在他的技术指导下，这里的猕猴桃种植走上了新的标准化种植和管理之路。原有的"米粮一号"种植,现在也可以卖出 2 元一斤的批发价,不再愁销。这里种植的红心猕猴桃,能卖出 20 元左右一斤的好价格,还供不应求。

如今,廖家桥镇包括红心猕猴桃在内的猕猴桃种植面积达 1.16 万亩,产值过亿元,为当地老百姓带来了可观的经济收益。

更让人欣喜的还有,这里从事农业的农民,不再是妇女与老人为主,而是壮汉们。"原来,我们就是种点水稻吃饭,种点玉米、黄豆卖。收益低、劳动量大。青壮年纷纷外出找活打工。现在,一亩红心猕猴桃地收益就是 3 万元左右,还外出打什么工。"当地落潮井村村民、红心猕猴桃示范户王太富说。

图 12-2　特派员王仁才(中)在猕猴桃基地向果农现场讲课

十年一剑　摸索出"6+1"科特派服务新模式

王仁才和他的助手们，花了充分的时间，熟悉当地地理、人文、旅游等基本情况，协助当地政府制订了果树生产发展的中长期规划"南长城旅游观光水果带建设"项目。结合南长城独特的旅游优势和其自身掌握的技术优势，申报并实施了"猕猴桃优质高效产业化生产技术体系的建立与示范推广"项目，力推猕猴桃的品改与提质，建立了优质高效猕猴桃标准化栽培技术体系，开展了"米良一号"品改和低改试验与示范。

点面结合，也是探索致富新路上的一个特色。为带动廖家桥镇水果产业发展，王仁才设计了突出重点、以点带面，加强项目实施的方案。以当地鸭堡洞和菖蒲塘二个村为重点，以"红阳"和"米良一号"两个猕猴桃品种为主题，以标准化栽培为目标，选取猕猴桃种植户作为示范重点，进行猕猴桃优质高效标准化生产栽培技术研究与示范。同时，摸索建立了"主管部门＋科技特派员＋龙头企业＋产业基地＋协会＋农户"加"一个项目"的"6+1"科技特派员服务工作新模式，建立起了一条完整的产、供、销产业链，从而提升产业的竞争力，最终带领农民走产业发展脱贫致富的道路。

013
李新超:"授鱼"又"授渔" "输血"变"造血"

"扶贫是一件件实实在在的小事,要完成脱贫攻坚任务,就要实实在在做好群众身边的实事。"这是驻村以来,广西贵港市科技局驻平南县思旺镇六桂村第一书记李新超的真实体会,也是他在第一书记岗位上一以贯之的行事准则。

把小事做实,把实事做好。李新超带领六桂村的老百姓依靠科技扶贫、科学种养,大力发展皇帝柑种植、肉鸡和生猪养殖等特色产业,在这些产业的支撑和带动下,六桂村的贫困群众逐渐甩掉贫困帽子走上致富奔小康的道路。

从"授鱼"到"授渔"

"李书记,这是刚成熟的皇帝柑,拿点过来给你们尝尝。"在六桂村委,皇帝柑种植户袁紫林笑呵呵地拿了一袋皇帝柑分给李新超和几位村干部。

平南县桔利贡柑种植专业合作社,是2016年年初在李新超的指导下成立的以种植砂糖橘和皇帝柑为主的农民专业合作社,种植面积达250亩,合作社一直受一个技术难题困扰,那就是皇帝柑挂果后果皮有黑斑。李新超知道情况

图13-1 李新超（左2）陪同贵港市科技局领导走访贫困户并讲解雨露计划扶贫政策

后，通过多方渠道求教了华南农业大学的一个教授，在教授的指导下，2016年合作社的皇帝柑迎来大丰收，且果皮色泽光亮无黑斑，良品率大大提高，市场竞争力增强。

"授人以鱼不如授人以渔"。看到村民的种养技术和观念陈旧落后，李新超利用后盾单位贵港市科技局的资源优势，精心挑选经验丰富的技术专家前来为村民授课，举办了生猪养殖、肉鸡养殖、砂糖橘（皇帝柑）种植、葡萄种植等培训班5期，培训农民近200人次。

在肉鸡养殖技术培训班上，看到群众热情高涨，且了解到部分贫困户因缺乏资金无法扩大养殖规模，李新超多次跑市科技局、财政局等后援单位，争取到扶贫资金8.5万元，购买了近3000羽中鸡苗免费发放给20户贫困户，为每户贫困户平均增加年收入1.2万元，对贫困户脱贫摘帽起到了至关重要的作用。李新超还利用其他扶贫资金扶持贫困户发展生产，为贫困户免费发放牛仔李新超:"授鱼"又"授渔" "输血"变"造血"

3头,猪苗32头,鸡苗500羽,化肥8.5吨,饲料1.35吨,增加了一大批贫困户的收入。六桂村建档立卡贫困户有60户,经过精准帮扶,2016年成功脱贫21户。

从"输血"到"造血"

产业是贫困村脱贫致富的关键,没有产业的带动,贫困群众脱贫致富无从谈起。随着脱贫攻坚工作的深入,必须将过去"输血"式扶贫转变为"造血"式扶贫,必须因地制宜发展产业,李新超深谙这个道理。

从驻村伊始,李新超就开始大力开展招商引资工作,为引进企业和项目前后奔波。2016年年初,李新超了解到广西红心食品有限公司有意在思旺镇境内寻找合适的地方种植黄金罗汉果,扩大公司的种植规模,他知道这是一个经济

图 13-2 李新超(右2)到贫困户家了解经济状况

效益很高且很需要种植和管理技术的项目，对贫困户脱贫致富带动性强。他主动联系并邀请该公司的负责人到六桂村实地查看，陪同该负责人穿梭于山岭和田间地头，找寻合适的罗汉果种植场地，经过一天的查看、筛选和比对，最终选中一个小山冲地带，末了老板说还需要安排专家对此地的气候、阳光、土壤和水质等指标进行综合评估，李新超刚安定下来的心又悬起来了。经过专家的评估，认为该小山冲地带阳光太足，不适宜罗汉果的生长。李新超极力挽留该公司，提议再多看看，然而强扭的瓜不甜，虽不舍，也只能作罢。招商引资失败的例子，还有紫色淮山药和凉粉草等项目，然而李新超并没有气馁，继续找寻项目。

"功夫不负有心人"。李新超于2016年9月份引进了一个投资4000万元的生猪养殖项目。从项目投资人表示出投资意向，到项目10月份开工建设，前后不到2个月时间。李新超和六桂村全体村干部拿出了足够的诚意，不到一个星期时间，协助投资人租赁了20多亩土地，不到1个月时间，协调办理了藤子山源牧生猪养殖专业合作社的营业执照，落实水、电、路等基础设施建设。合作社年底完成第一期建设并投产，边建设边养殖边扩大规模，项目完成后肉猪年出栏量可达到2.5万头，将通过"合作社+基地+贫困户"的经营模式，带动本村贫困户脱贫致富。

"群众脱贫致富，是我最大的心愿，我要利用有限的驻村时间，为六桂村留下一个带不走的工作队——产业"。李新超在驻村工作日记中写道。

014
李洪海：从乡村教师到"姜"军

重庆市永川区黄瓜山村有着种植生姜的传统，是远近闻名的"姜乡"。过去，对当地农民来说，种姜最大的风险就是"姜瘟病"，俗称"烂姜"。生姜一旦染上此病，收成至少减三成，即使是种姜"老把式"，碰上"姜瘟病"也是干挠头。

破解"姜瘟病"，成了摆在派驻永川的科技特派员李洪海面前的头等大事。生于重庆市秀山土家族苗族自治县的李洪海，深知农民耕种的不易。1992年，他考入重庆高等师范专科学校（现重庆文理学院）生物系，毕业后回到家乡，做了一名普通的中学教师。

然而，怀揣科技强农梦想的李洪海，从来就没有放慢自己逐梦的脚步。两年后，他考入西南农业大学（现西南大学）植物保护学院攻读硕士。毕业后他没有选择体制内稳定的"铁饭碗"工作，毅然选择了科技创业，在农资和农业科技领域精耕细作。

重庆文理学院教授刘奕清是李洪海在西南大学的同门师兄。2009年，得知刘奕清的植物组培工程实验室取得突破性进展，通过脱毒组培苗工厂化繁育技

图14-1 脱毒生姜助农脱贫增收（右2为李洪海）

术体系,可成功破解"姜瘟病"等长期困扰姜农增产增收的"心病"的信息,李洪海兴奋不已——何不利用脱毒组培苗工厂化繁育技术,走"产学研用"相结合的路子,推动脱毒种姜产业化?

两人一拍即合。2010年,李洪海与刘奕清共同组建重庆市天沛农业科技有限公司。历经数年研发,李洪海、刘奕清带领团队,建立了"脱毒种姜试管苗—原原种—原种—生产种"三级繁育技术体系,实现生姜脱毒组培种苗工厂化生产与产业化,品种复壮率100%、纯度99%以上,抗姜瘟病能力显著增强。商品姜单产提高30%,亩产达7000～8000斤,从种源上破解"姜瘟病"制约产业发展难题。

为了让研发成果服务于生产实际,整体推动生姜产业水平提升,必须推动行业标准建立和优良品种选育。李洪海带领天沛公司与重庆文理学院创新团队一起,从上万份竹根抗性种质中培选"渝姜1号"新品种,并通过了重庆市品种审定,起草竹根姜有关质量标准和规范规程3项。天沛公司成了竹根姜脱毒种姜繁育技术国家标准起草单位、国家竹根姜脱毒种姜标准化繁育示范基地，累计推广脱毒生姜 10 万亩以上，真正引领了中国生姜产业的转型升级。在推动竹根姜脱毒组培种苗工厂化生产的同时，李洪海团队还实现了猕猴桃、蓝莓等种苗工厂化繁育。

秉承"做给农民看、带着农民干、领着农民赚"的科技特派员服务精神，李洪海还创建了永川鑫沛蔬菜合作社。近年来，他走遍永川五间、大安、南大街等 13 个镇、街道，与专业合作社、生姜种植大户、农业企业等进行了数十场交流。为了让姜农迅速掌握生姜种植新技术，李洪海联手黄健坤等科技特派员，共同编写了永川竹根姜高产栽培技术实用手册，成为姜农看得懂、用得上的生姜种植技术"口袋书"。

2015 年以来，他又创新了"资金众筹+技术入股"与"固定收益+销售分红"两种激励机制，以利益共同体的方式带动科技特派员开展技术服务，每年培训、指导农民 600 多人次，公司提供就业岗位 1 万人次以上，直接或间接示范带动 1 万户以上，实现农民年增收 1.8 万元以上。

图 14-2　李洪海（左 1）指导生姜种苗工厂化生产

多年的"科特派"经历，让李洪海对科技研发人员与企业合作激励机制、科技成果转化应用等有了更深的理解。作为"科特派"里的"老把式"，他也积极与同行们分享经验。在李洪海的帮助下，科技特派员中国农科院柑橘研究所冉春博士在忠县成功开展了农村创新创业实践，武隆王茂林从蓝莓种植大户成功发展为当地的农业龙头企业。

如今的李洪海，已是国家级创新创业人才、国家级创业型科技特派员、国家科技专家，在"大众创业、万众创新"的引领下，李洪海和他的天沛公司又站在了科技扶贫新的起点，着手打造种苗云港星创天地，并成为国家星创天地首批（试点）单位，踏上新的征程。面对未来，李洪海激情满怀。正如他在自己创作的《种苗云港赋》中所云："扬鞭奋蹄笃致远，创新创业报乾坤；云港种苗强农梦，天沛知慧桑梓魂！"

015

田孟良：民族地区科技扶贫领路人

两年来，他的科技扶贫之路累积超过20万公里，他的足迹踏遍四川省贫困"四大片区"。他从产业模式、技术指导等各个环节深度参与精准扶贫，取得了巨大效益。哪里有中药材种植，哪里有扶贫需要，哪里就有他的身影，他就是科技特派员、四川农业大学新农村发展研究院副院长田孟良。

作为扶贫先锋，田孟良的生活不像大多数大学教授那样清闲。"既然选择从事了这份职业，就得实实在在为老百姓做一点东西。"这是田孟良对朋友说的原话，事实上他为老百姓做的远不止"一点"。对此，四川省阿坝州金川县卡拉足乡玛目都村村民也许有最深刻的体会。这是个高原藏区特困村，人均年收入仅2000元左右。当地政府组织农户进行中药材种植，但苦于没有技术支撑，田孟良的到来，让这里的科技扶贫迎来春天。无论是精细种植，还是田间管理，每一个环节，他都亲自制定方案、指导实施。这仅一年间，田孟良就带领研究生15次到基地进行技术指导，有两次遇到雨后塌方，飞石差点砸中汽车，幸好都化险为夷。

不止玛目都村，大小凉山的会理、布拖，高原藏区的理塘、巴塘等地方，也都留下了他的身影。在达川区申家乡青竹村，田孟良帮助"回乡创业女工"

图 15-1　田孟良（右 1）在调研药材资源（牛膝）

程玲成立农民合作社引进金银花新品种，通过肥水运筹延长开花期，在他的精心指导下，金银花为青竹村带来了真金白银；在世界高城理塘，田孟良指导当地牧民种植川贝母、大黄等中药材，悄然改变着藏民们靠"养牦牛、挖虫草"为生的传统生活方式……田孟良成了村民的老朋友，这里也形成了以高原汉藏药材人工栽培及野生抚育示范基地、"农旅结合"特色花卉示范带等为龙头的扶贫产业集群，带动了 50 户以上农户脱贫，户均增收 8000 元。

"要发展，必须得因地制宜！"田孟良也为其曾任副县长的宝兴县带去了财富。2009 年，田孟良率先展开了中药材种植调研，发现宝兴县具有种植濒危重要中药材重楼得天独厚的条件，随即请农业局代为联系开展重楼种植试验示范试点。情系药农的他，之后每个月坚持上山指导种植技术和规范，山上吃住条件非常艰苦，住的是简易帐篷，吃的仅仅是土豆和白菜。即便如此，他也是一待三四天。从服务于重楼生产的种子萌发调节手段研究，到川牛膝新品种的选育和真伪品的区分、鉴定,再到白芨种苗繁育、病虫害防治,无一不解决了困扰当地老百姓实际生产的重大难题。在宝兴,作为科技副县长他带领完成了对劣质伪品头花杯苋的淘汰,重新恢复了原品川牛膝的种植,大大提升了宝兴县产川牛膝的市场认可度,收购价格和药农种植收益都比原来高了几乎一倍,全县川牛膝种植户都因此受益,基本完成了脱贫致富。

除了无偿扶持中药材种植,在项目落实方面田孟良也义不容辞。不但促进校企合作,成立中药材专家大院,提供科技支撑,还帮助引进龙头企业,带动宝兴县中药材产业化道路。在田孟良看来,宝兴县中药材产业以原料销售和一家一户的粗加工为主,只有引进龙头企业才能发展壮大,只要引进龙头企业就能做大做强。从带领科技、农业等部门跑遍川内知名中医药企业,经常凌晨二三点还在路上奔走,到达成合作,取得可喜成绩,科技扶贫的这条道路上,

图 15-2　田孟良调研药材资源(厚朴)

洒满了他的汗水。在他的努力下,如今,宝兴县已与多家公司建立了合作关系,组建了以集中药材生产、粗加工、销售一条龙服务的生态农业发展有限公司,也提前实现了从崛起到跨越式的发展。"没有田县长,就没有宝兴县中药材的今天!"宝兴县人大财经委主任李文光感慨地说。

金杯银杯不如老百姓的口碑,金奖银奖不如老百姓的夸奖。"扶贫首先得扶精神",田孟良如自己所说、所做,他用自己的行动践行着立足研究、不怕苦累的扶贫精神。搭建校企县合作平台,立足生产科技研究,从技术提供到项目落实,这个具有奉献情怀的科技工作者,一直在为老百姓脱贫致富而努力。

016

勇做致富"领头雁" "毕节萝卜"进万家

扎根基层农业服务中心多年来,犹如一名土生土长的农民,她成天惦念的是地种的好不好、收成咋样;潜心蔬菜高产高效种植试验,推广示范无公害蔬菜栽培技术,她对于蔬菜种植的执着和热爱一如当初;看到老百姓种出好东西、收成卖到好价钱时,那种将论文写在大地上的喜悦油然而生……

她就是贵州省毕节市首批科技特派员、七星关区农牧局农业科学研究所高级农艺师余慧明。在推广示范农业技术的同时,她创办七星关区碧秀佳蔬菜种植专业合作社,带动当地群众走上产业脱贫、精准脱贫的道路。

20多年来,余慧明一直扎根蔬菜基地建设,大力推广应用特色蔬菜无公害和反季节栽培技术。从2002年至今,每年开展万元田建设技术示范2000亩以上,同时开展与市场对接的产销技术指导,有效促进生产与市场的衔接。

如今走出大山、走向全国的"毕节白萝卜",是余慧明一手引进、试验并筛选成功后,推广为七星关区的主栽品种。通过品牌创建和宣传推介,继而发展为家喻户晓的优质农产品"毕节白萝卜"。2001—2006年,从零星种植发展为

图 16-1 余慧明（中）指导农户种植优质大白萝卜

千亩连片种植的优质大白萝卜基地。2007 年 2 月 7 日，在贵阳举办的全省特色农产品展销暨农产品加工推介会上，"毕节白萝卜"成为最受欢迎的农产品之一，5000 多公斤参展萝卜很快被抢购一空。

尝到萝卜的"甜头"后，当地群众成立萝卜种植合作社，种植面积进一步扩大。自此，每年进入冬季时，这种半截翠绿半截乳白的大白萝卜成为毕节街边独有的风景，也成了市民竞相购买的特殊果蔬。

面对眼前的收获和农民的认可，余慧明并未停下闯荡的脚步。为抓好种植业结构调整和农业产业化经营工作，她大胆创新和尝试"合作社＋基地＋农技部门＋农户"的农业产业化发展模式。2009 年，余慧明组建毕节市碧秀佳蔬菜种植专业合作社，将多年辛勤研究和培植的"毕节优质大白萝卜"优势产业发展壮大。

2012 年，对余慧明来说是锐意创新且收获颇丰的一年。全区推广种植白萝卜 4 万多亩，生产优质萝卜产品 15 万吨，创产值 2 亿多元。与此同时，合作社与魏家屯村签订515亩的土地流转合同,发展标准化蔬菜基地185亩,优质大白萝卜示范基地330亩。在毕节大白萝卜生产基地建设中,吸纳了大量农村劳动力,使基地及周边1000多农户实现了在家就近就业,每人每年创收1.8万元以上。

作为种了20多年萝卜的市级农艺师,余慧明深切体会到特色、规模、质量带来的效益和巨变。余慧明种的萝卜,个头均匀、水分充足、甘甜香脆,深受顾客喜爱。随着种植规模的不断扩大,经济效益日渐可观。2014年,在"乌蒙山宝·毕节珍好"生态农产品展销中,余慧明的萝卜价格涨到5元1斤,30万斤还在地里的萝卜就全部有了订单。

萝卜通过块茎吸收养料,如果施用化肥,有毒物质就会聚集在块茎里,人食用后就会中毒。因此,执意打造品牌的余慧明从不施用化肥,这样种出来的萝卜既环保又好吃。2013年,合作社被认定为第十二批农业产业化经营市级重点龙头企业,两年后,成功取得"碧秀佳"商标证书。

值得一提的是,自2009—2014年间,毕节市碧秀佳蔬菜种植专业合作社社员从20人增至162人,同时聘请农业技术推广研究员4人、高级农艺师3人。

图16-2 余慧明在农业产业化技能培训班授课

余玉生：引蜂追花惠农家

51岁的科技特派员余玉生是云南省农业科学院蚕桑蜂蜜研究所的副研究员，主要从事蜜蜂育种和饲养管理技术研究以及中蜂科学养殖推广工作。2014年9月科技部启动的"三区"服务项目，让他与300多公里外的罗平县结了缘，让那个漫山遍野开满油菜花的地方，成了他的牵挂。

罗平县是云南油菜花种植面积最大的县，面积已到达80万亩，是全国油菜生产基地县，也是蜜蜂春繁和蜂产品加工基地，罗平的油菜花花期长、流蜜好，早于其他油菜籽主产区，每逢二三月间，全国各地的几百户养蜂大户，携几万多蜂群集中于罗平春繁，追花逐蜜，推动罗平的蜂产业成为产值过亿的产业。

然而，距离县城80公里外的旧屋基彝族乡，却没有因为养蜂而脱贫。2015年5月14日，余玉生第一次来到这里时感慨万千：群山连绵，青山翠绿，山花次第开放，蜜源丰富，真是个养蜂的风水宝地。现实状况是，当地多石少水，经济作物产量低，农民经济收入较差。余玉生了解到，其实该乡已有上百年养蜂历史，现有中蜂1059群，养殖户166户。再一调研，发现，养蜂户大多是旧法饲养，少部分是新法饲养，产品产量低和质量差，虽然乡上已对当地蜂蜜注

余玉生：引蜂追花惠农家

册了商标，但仍是有名少蜜。

余玉成的专业知识有了用武之地。

在乡政府的支持下，他在旧屋基彝族乡举办了中蜂科学饲养现场培训会，选出 23 户作为重点户，以点带面发展。

2015 年 8 月，余玉生再次来到旧屋基彝族乡，为 23 户重点户发放中蜂巢基，2015 年 10 月又来，跋山涉水，对尹存红、周华先、喻牛生等 10 多户贫困户手把手教中蜂过箱、巢础安装，为他们解决养蜂中遇到的种种疑难问题。

两年过去，当时的养蜂户，每户的蜂群由 10 多群发展到 50～60 群，蜂蜜产量多在 200～300 公斤，而每公斤价格在 150 元左右，蜂农逐步摆脱了贫困。

其实，余玉生来趟罗平并不容易。云南省农业科学院桑蚕蜂蜜研究所远在 300 多公里外的红河州蒙自市，每次来罗平，他要么得花一天的时间坐班车，

图 17-1　余玉生（右 1）到旧屋基彝族乡现场培训蜂农

要么坐火车到昆明,然后第二天又坐火车到罗平。而他负责帮扶的不单是一个旧屋基彝族乡,而是整个罗平县。罗平县有13个乡镇办事处,项目实施的2015年和2016年,余玉生在罗平走村串寨,引蜂追花。

还是用他的日程来说话:

2015年6月10—14日,由云南省农业科学院蚕桑蜜蜂研究所主办,"三区"人才服务项目经费承担的"中蜂人工育王培训班"在罗平县举行。对来自旧屋基彝族乡、九龙镇、老厂乡等地的20人进行了中蜂基础理论和人工育王实际操作培训。

2015年7月10—15日,到罗平县钟山乡、老厂乡等地开展"三区"服务,进行了中蜂科学养殖实地指导。

2015年10月22—29日到罗平县钟山乡狗街、马街镇耐支必村、富乐镇桃园村及罗雄街道办事处幸多禄村等地对13户中蜂养殖户进行现场调研和实地指导。

图17-2 开展"中蜂人工育王"培训

2015 年 11 月 19 — 25 日到罗平县大水井乡小红石岩村、板桥镇大法郎村、长底乡小发达村及九龙镇启乐村等乡镇对中蜂养殖户进行实用技术培训现场指导。此次培训指导的重点是培训养殖户结合中蜂人工育王发展蜂群，培育适龄越冬蜂和让蜂群储足越冬饲料，为来年春繁饲养强群、优质高产打下坚实的基础。

2016 年 5 月到罗平县九龙街道、旧屋基乡等乡镇调研中蜂科学养殖情况与建档立卡贫困户摸底走访。通过调研，2015 年参加"中蜂人工育王"培训的 6 户中蜂养殖户有 4 户成绩突出，蜂群数量和蜂蜜产量、质量都有明显提升，产生了较大的经济效益。其中走访了 4 户 2015 年参加"中蜂人工育王"培训学员，他们饲养的 70～80 群蜂蜜产量在 400 公斤左右，单价在 150～170 元。

2016 年 7 月 21 — 27 日再到罗平县富乐镇、旧屋基乡调研中蜂旧法饲养户过箱成活框饲养的情况，现场操作和指导养殖户安装巢础及讲解适时加础技术。到旧屋基现场调查中蜂旧法饲养蜂群的过箱情况及为建档立卡贫困户如何帮扶献计献策。

余玉生在罗平县进行"三区"科技服务工作，他无私地用自己的专业知识指导蜂农进行中蜂科学养殖，手把手教农民方法，面对面支招金点子，心贴心地为农民想办法，用实际行动诠释了"三区服务"的真正内涵，把论文写在云岭大地。

今年，他仍然穿梭在罗平金黄色的田野间。

018 "忘忧草"变"放心草"

当遍地"忘忧草"再次灿烂开放,宁夏盐池县花马池镇盈德村群众终于能放心地笑起来。

从2009年开始种植,连续三年,村民们面对的都是一年比一年严重的亏损,直到2012年才开始真正发展并获利。在经历了种植"不给力""赔本赚吆喝"的痛苦之后,今天的收益显得越发珍贵。

2012年,盈德村发生了什么?你若到村里打听,村民们会告诉你,因为那一年村里来了一个"厉害的科学家",他就是科技特派员、宁夏大学研究员陈卫民。

在芸芸众生中,陈卫民是一个平凡的科研工作者,互联网上除了能看到他在种植、养殖方面发表的一些学术论文,看不到任何跟他相关的信息。但对盈德村的村民来说,陈卫民却是他们的"救星"。

018 "忘忧草"变"放心草"

萱草,又名"忘忧草",俗称黄花菜。黄花产业是盐池县重点发展的特色产业之一。2009年在当地政府的大力支持下,盈德村种植黄花680亩,但由于种植经验不足,在随后的两年多时间里,农户投入多、收益低,黄花在该村成了赔本赚吆喝的产业。开花的季节,看着灿烂的黄花,农户笑得苦涩。

2012年,陈卫民被下派到该村担任科技脱贫致富指导员。他来到盈德村发现村民们不仅没有从种植黄花菜上获得大的收益,甚至连种黄花菜的信心都已经寥寥。他决定第一件事就是要重树群众种植黄花菜的信心。他先是组织种植户去惠安堡镇现场考察学习,然后自己精心编写、发放无公害黄花菜科学种植技术手册,并且多次举办学习班和组织现场培训。从黄花菜的种植、除草、疏土、施肥、灌水、病虫害防治到采摘的每个关键环节,陈卫民对村民们进行手把手地细致指导。

他还联系投入科技扶贫专项资金11.63万元为种植户购买有机肥料、灌溉

图18-1 陈卫民(左)夜间指导黄花采摘

水和初加工设备。通过这些措施，2013年，盈德村的黄花菜变样了——黄花箭长、花蕾肥大、菜条丰润、色泽鲜亮、质量优异。产量也增加了——47户178亩黄花菜平均亩产由2012年的206.01公斤增加到2013年的919.5公斤（最高的亩产1400公斤），平均增长了346%。平均亩收入（两年的销售价格一样）由2012年的494.4元增加到2013年的2206.8元（最高的亩收入达到3360元），平均增长了346%。连续几年的稳步增长，让"忘忧草"成了村民们致富的"放心草"。

图18-2 陈卫民（左）指导病虫害防治

除了从黄花菜上下功夫，陈卫民琢磨着还能让村民再干点什么发家致富。

养殖业是盈德村的传统产业，全村70%的农户养羊，但是受场地限制，养殖规模始终上不去。针对这种情况，陈卫民抓住自治区扶贫办公室董玲主任下村视察扶贫工作的机遇，争取扶贫专项资金在五六队集中建设滩羊养殖园区2个、圈舍81座（养殖规模可达4000只）、草料间81间，投资91.4万元。

除了要搞基地建设，陈卫民还想着要让现有的资源用起来、好用起来。他带领村民对现有的养殖设施进行改造。陈卫民到村里两年，盈德村先后改造羊棚70座（30只规模），新提供种公羊100只（800元/只）、种母羊480只（200元/只）。在他的争取下，2012年，农资农技双到户13户补贴3.25万元、2013年17.6万元；建设了黄贮窖8个（300立方），投入补贴资金1.5万元。

此外，陈卫民还在村里推广种植优质玉米优质牧草4204.9亩，保证了优质饲草料的供应。两年共投入种子肥料补贴资金80万元。为了进一步增加农民收入，陈卫民积极争取资金，为该村建设了1个育肥300头肉牛的养殖园区，并成立了"盐池县盈德肉牛养殖专业合作社"，利用邻村闲置多年的温棚，发展肉牛育肥产业，目前养殖规模已达到170头。

六年过去了，村民看到了实实在在的收益，全村农民人均纯收入由2011年的2361元，提高到了5200元，年均增长了20%以上。盈德村的种植、养殖产业获得了快速发展，几年来，陈卫民先后培育种养示范户35户、致富带头人25人；建立科技示范基地6个、养殖园区3个；编写实用技术资料5套，这些都成了村民们永久的宝贵财富。

019

徐世晓：高原牧民的"科技贴心人"

"徐博士第一次来我们村是2011年，当时我们村只有6户牧户参加了合作社，2012年做测试后，村里人都相信科学养殖了，现在我们的合作社有50多户社员。"提到来自中国科学院西北高原生物研究所的徐世晓博士，仁青塔有说不完的话。虽然仁青塔的汉语表达不算太流利，但显然，对于徐博士的推崇之情完全发自内心。

仁青塔是青海省海南藏族自治州贵南县森多镇加尚村的一位牧民，也是当地嘉仓生态畜牧业合作社的理事长。虽说合作社成立时间比较早，但是村民入社积极性普遍不高，到2011年，全村300多户牧户，入社的也只有6户，还都是村里的贫困户。由于牧民传统粗放的游牧观念并未改变，无论是加入合作社的村民，还是家境相对富裕不愿加入合作社的村民，都固守着传统粗放的畜牧生产方式。一方面是数量相对庞大的牛羊资产，使得当地天然草场因超载放牧不堪重负。而另一方面，牛羊全年放养过程中因冷—暖两季营养不均衡，形成夏季长膘冬季掉膘的循环往复，牧民经济收益也没有得到显著提高。

2011年，仁青塔说的徐博士，也就是中国科学院西北高原生物研究所的徐世晓：高原牧民的"科技贴心人"

徐世晓研究员，来到了距离省会西宁214公里之外的加尚村，走上科技扶贫之路，推广由他研发和集成的"天然草地合理放牧—因地制宜的人工草地建植—饲草料加工—牦牛和藏系绵羊冷季补饲"生态畜牧业技术体系。

"青藏高原这种特殊的气候环境特征下，畜牧业存在暖季和冷季的两季不均衡。夏季的时候草产量也够，营养品质也够，但到了冬季，草产量和品质都不及夏季的一半，这就叫畜牧业冷—暖两季的营养不均衡。我们通过科技手段促进或优化传统的畜牧业生产方式，来达到冷季和暖季的均衡营养状态。"听起来徐世晓研究员这套理论很简单，但其实其中包括了通过减畜实现天然草地的合理放牧，人工草地建植实现草产量及其蛋白含量水平的提升，饲草青贮技术提高牛羊采食的适口性，以及夏季放牧冬季补饲缩短牛羊存栏周期，提高牧民经济收益，进而实现对天然草地的生态保护。

图19-1　徐世晓在向牧民讲解高寒牧区草地生态畜牧业技术

图19-2 徐世晓（后排左1）开展生态畜牧业关键技术培训

用徐世晓的话来说，过去，科研人员都是针对其中的某一单项技术做工作，但畜牧业是一个事关生态环境的大产业链。以徐世晓在贵南县推广这套系统为例，禾豆混播的草地资源置换模式也就是人工草地建植工作成效非常显著。利用高寒牧区燕麦或小黑麦和箭筈豌豆混播后，1亩人工建植草地牧草产量相当于20亩天然草地的牧草产量。和过去人工建植披碱草、中华羊茅不同，禾豆混播技术不仅大大提高了单位面积产草量，同时也提升了牧草的粗蛋白含量，解决了制约青藏高原畜牧业发展中牧草蛋白含量过低的问题。

这些牧草再通过饲草青贮技术加工后，到了冬季补饲期，牛羊不仅可以吃到青贮后的绿草，提高了牛羊采食的适口性。同时，饲草中的粗蛋白含量依然保持在9%左右的水平，解决了牛羊夏季长膘冬季掉膘的问题。通过冷季补饲，牛羊存栏周期被大大缩短了，牛饲养周期缩短了2.5年，而羊饲养周期也缩短了近 1.4 年，既杜绝了牧草资源的浪费，也提高了牧民经济收入，同时也达到了草场减畜、合理放牧的生态效益。

"以前 12 个月大的羊羔只能卖 400～500 元，今年一只 5 个月大的羊羔卖了 560 元。牛羊的数量是少了，但是经济收入增加了。我们现在都相信科学养殖了。"仁青塔所在的嘉仓生态畜牧业合作社 2016 年共出栏羊 960 只，出栏牛 120 头，社员们各个欢喜的合不拢嘴。而贵南县禾豆混播模式下的人工草地建植面积也已经达到了近 2 万亩，这些人工草地不仅解决了冬季补饲问题，也促进了对天然草地的生态保护，达到了经济和生态的双收益。

从 1999 年读硕士研究生往返牧区算起，徐世晓从事畜牧业研究工作已经近 19 年了，这 19 年，他奔波于牧区各个村落。从单纯推广冷季补饲技术、人工草地建植到集成推广生态畜牧业技术体系，成了广受牧区群众欢迎的科技贴心人。

020
阿卜杜许库尔·牙合甫：
他的讲座农民们都爱听

"养奶牛要产奶子，是不是要给好饲料喂；同样核桃树要正常的开花结果也一样需要肥料补充能量。"

"不结果的核桃树就像不下蛋的鸡，鸡的品种不好肯定下不了蛋，同样核桃树需要优良品种嫁接，不然下一个就是你们家的核桃树也下不了蛋。"

核桃地旁，围成一圈，哈哈哈，不时传出阵阵笑声。几十名，有时甚至多达 200 多名种植核桃的维吾尔族农民，认真听着科技特派员阿卜杜许库尔·牙合甫的讲解。

每年到了南疆核桃等果树田间管理的关键时期，在农民的核桃园里，都有他声情并茂、诙谐幽默的向农民传授核桃田间管理措施的身影。这种场景，对新疆林业科学院经济林所核桃研究室副主任、副研究员阿卜杜许库尔·牙合甫来说，司空见惯。

2012 年至 2016 年，连续参与南疆四地州实施低产核桃园品种改良、丰产栽培技术科技推广项目的他，不忘为果农开展技术服务。5年间，举办这样的田间地头讲座有多少次，他自己也记不清了。但服务过的县出具的证明累加显示：举办技术培训128场次，培训果农人数14 510人。在技术服务中，他用"包谷馕"式的农民语言，深入浅出总结编写了《核桃优质、丰产栽培实用技术》手册，以纸质和电子版形式毫无保留地与果农分享。

结合实地培训和调研，他针对在核桃栽培中普遍存在的问题，为服务的区域对症下药提出了解决方案及提议，赢得了当地政府部门的高度评价，先后被和田县、于田县、民丰县、乌什县和兵团第十三师聘为技术顾问及科技特派员。

和田县巴格其镇吐完休玛村村民阿曼努拉·萨迪说："他的讲座非常幽默，通俗易懂，我们农民都爱听，都能听懂。"

图20-1　阿卜杜许库尔·牙合甫（右2）2016年现场示范和指导核桃移栽后管理方法

图 20-2　阿卜杜许库尔·牙合甫（右 1）2016 年现场示范核桃腐烂病防治技术

"技术上的问题直接按书本上的讲，农民听不懂。在田间地头用农民爱听、容易听懂的土话讲，农民喜欢，易接受，便于记住。"阿卜杜许库尔·牙合甫说。

阿曼努拉·萨迪是这种技术服务的众多受益者之一，去年核桃收获的季节，特意给阿卜杜许库尔·牙合甫寄了 3 公斤新核桃，表示感谢。

2015 年 6 月 18 日，在吐完休玛村的一次培训中，他发现阿曼努拉·萨迪家的核桃树又高又大就是结果少，这一现象在南疆较为普遍。他专门把全村的技术骨干聚集到阿曼努拉·萨迪家，进行大树嫁接后标准化管理技术培训及示范。他不顾自身安全，爬上高大的核桃树上，亲手示范如何修剪高位嫁接核桃树。

通过培训相识后，阿曼努拉·萨迪经常给他打电话咨询相关问题。在他的指导下，阿曼努拉·萨迪精心管理经过嫁接的平均树龄 12 年生的核桃树，家里的核桃树由原来的每棵产 2～10 个核桃，到 2016 年每棵嫁接改良核桃树均产达 80 个核桃。

去年,阿卜杜许库尔·牙合甫报名参加自治区林业厅第三批"访惠聚"驻村工作队,成为驻乌什县奥特贝希乡尤喀克墩其格村工作队一名既能翻译又能技术指导的"特殊"成员。

工作队要组建一支对林果栽培管理有兴趣、具有一定文化水平的村民、人数为 30 人组成的林果技术服务队。他主动请缨,担起培训的任务。每次培训后,他要求每个队员进行实际操作,并一一点评,耐心指导,直到每个队员完全掌握操作技能。

兼任村委会副主任的他,工作再忙,可村民谁家核桃地有啥事,他随叫随到。

2016 年 5 月 23 日中午,一阵急迫的敲门声叫醒午休的他。

"村长,我家的核桃树病了,你给看看。"村民买买提·艾尔肯心急如焚地说。

对这位贫困户来说,核桃树是家里的命根子。家里的 5 亩核桃园,新移栽的 30 棵 10 年左右的大核桃树开始出现腐烂病。

走,快走。到了地里,发现移栽树伤口较大,个别核桃树基部伤口已腐烂,阿卜杜许库尔·牙合甫拿出平时备好的工具包,边聊边清除伤口、涂抹愈合剂,边给买买提·艾尔肯解释防治腐烂病的方法及大树移栽管理注意事项。

由于防治及时,避免了买买提家以及周边邻居家移栽核桃树因伤口较大易发生腐烂病的隐患。

7 月底,看到自家核桃树没有一棵死亡的,买买提·艾尔肯万分感激。8 月中旬,买买提·艾尔肯不知用啥感谢他才好,端来一大盆还没有完全成熟的青皮核桃送给他。不想让农民兄弟失望,阿卜杜许库尔·牙合甫破例收下了这一份特殊的礼物。

临别时,他把自己买的红苹果作为礼物给买买提·艾尔肯装了一大盆。买买提·艾尔肯幽默地笑着说:"我好想来这里,核桃换苹果吃,哈哈。"

021

董建民：手把手教维吾尔族兄弟种菜

看着手机图片上那些干枯的辣椒苗，董建民内心久久不能平静。

作为新疆生产建设兵团石河子蔬菜研究所的一名农艺师，2014年10月，董建民来到离家2000多公里的和田市墨玉县，一待就是两年。两年的科技扶贫，她只干了一件事，教当地维吾尔族群众种菜。

对，就是种菜，普通人会觉得很简单，但在那个以沙土为主的地方，种菜似乎变得很不简单，其中的艰辛，也许只有董建民才能体会。

"我虽然生在新疆、长在新疆，但从来没去过那么远的地方，驱车整整行驶了两天，要穿过整个塔克拉玛干大沙漠，浮尘、扬沙天气可谓家常便饭。"董建民说。

恶劣的不只是天气，关键是育苗，育出适合沙土地生长的好苗，切实提高当地群众收入。

去过新疆的人都知道，当地群众非常喜欢吃辣椒、炒羊肉、大盘鸡、拉条

021
董建民：手把手教维吾尔族兄弟种菜

子里面都会放。"可当地种植辣椒亩产只有 200～500 公斤。"董建民说，我们的兵地融合设施农业项目就是在千古沙漠上新建 600 亩日光温室，由我们承担育苗任务，带领和培训 5 名维吾尔族和汉族职工学习育苗技术，为整个蔬菜种植提供技术指导。

然而，尽管带去的是其最新培育的天椒系列品种，但当地维吾尔族群众都说不行，不能种，种不成。"我就说服他们，并带领他们亲自育苗。招来的维吾尔族群众从来没有种过温室蔬菜，更没有干过先进的穴盘和基质育苗这种工作，从种子到穴盘、基质、叶面肥、生物菌等。我边示范，他们边学习，如何拌基质、装盘、摆盘，如何播种，语言不通就用手比画。"董建民说，最大的障碍就是语言不通，感觉比在国外都难。

辣椒苗好不容易长大了，但由于没有土壤，全是纯细沙，还有盐碱，苗子栽下去 10 多天都不见长，大家都很着急。经过科学分析和多次尝试，董建民终于找到了解决的办法——配制专效营养液，但这种营养液需要一株一株灌根，

图 21-1　董建民（中）正向维吾尔族群众指导辣椒种植的管理技术

图 21-2　董建民（右 1）在 47 团给维吾尔族群众讲解温室番茄后期管理技术

每亩接近 4000 穴，这么大的工作量如何实施？

"我就亲自给他们配，所有的称量都采用电子秤或量杯，示范如何打孔、怎么灌液、灌多少。一个叫乌布里的维吾尔族群众，眼睛还不太好，当他看到按我们的办法灌根后，辣椒植株长势非常好，就急着找我帮他配制营养液并指导他灌根，他一天就灌完了 1 万多穴。"董建民说。

就这样，辣椒终于种植成功，第一批 40 多亩地的辣椒大多亩产都可达 3 吨以上。技术终于被认可，董建民和当地群众都笑了。

又要育苗，又要进行种植技术指导，董建民至少半年多没有离开四十七团，每天坚持上班。不在育苗温室的时候，她就到种植温室去巡查，从 A 区到 B 区再到 C 区每天要走 1 万多步。一旦职工们听说或者看到她来了，就会站到自己的温室门口像迎接贵宾一样等着她，都要拉她进自己种植的温室去看一看。只要董建民说句"亚克西"，他们就放心了。

记得有年冬天遇到一场大雪，许多温室的番茄等蔬菜受冻害了，她与同事

021
董建民：手把手教维吾尔族兄弟种菜

一起利用两天时间硬是走访了全部的受灾温室和维吾尔族汉族职工群众。"这些事不做完，心里老惦记着，放不下。"董建民说。

两年间，她们先后培育了番茄、辣椒、茄子、西瓜、甜瓜、黄瓜、葫芦近150万株（穴）壮苗，为几百座温室实现首次、快速种植。为没有种植经验的维吾尔族职工初步种植成功打下了坚实的基础。

有数字为证，2015年秋季投入生产233座（171.5亩）温室大棚，实现销售收入196.4万元。2016年重点培养示范户，一茬（半年）的平均亩产可达4吨以上，如D149-150号温室番茄由阿卜杜海比尔·哈力克管理，半年一季平均亩产7.5吨。

董建民是一个科技工作者，但更是一位母亲。看到有些人孩子病了，她会主动给点钱；到温室巡回服务她也从来不空着手，给孩子们带些糖果；有的人买不起手机，她就把家里人和朋友不用的苹果手机送给他们。而对自己的女儿，她却心存愧疚。"女儿去年怀孕一直吐了七个月，我都没在身边照顾她一天。"说起这些，董建民心里很不是滋味。

扶贫也要有方法。"他们很忌讳，我就从不说他们贫困，也不说扶贫，只是教给他们技术，让他们通过自己的劳动改善自己的生活。"董建民说。

宁中华："鸡司令"的扶贫之路

"军队里千军万马都听司令的,我们这些养鸡农户都听宁教授的,他就是我们的'鸡司令'。"谈到宁中华教授,吴军伶说。

2006年末,北京市科学技术委员会在中国农业大学开展科技协调员的经验交流会,宁中华作为发言代表参加了会议。

会议的间隙,来自京郊怀柔的残疾农民吴军伶同坐在身边的宁中华攀谈:"去年我养鸡,别提多倒霉了,刚养就遇上了禽流感,全赔了。"

"我这有个新品种鸡,吃得少,产蛋量高。你要是还想养鸡,我送你1500只。"说话间,宁中华就把自己的电话号码写给了吴军伶。

新世纪之初,北京郊区开展农业产业规划,房山、怀柔、延庆等地纷纷进行了退耕还林,"树还未长起来的时候,还能在空隙处种点花生、大豆;树长起来之后,种啥啥不长。"部分无地可种的农民陷入"失业"的困境,吴军伶是其中之一——她与丈夫一起耕种了3亩菜地,要供养两个孩子,还欠下3万元的外债,全家仅能维持温饱。

待宁中华上台发言时,吴军伶才知道,身边这个看起来很随和的"大哥"就是来自中国农业大学动物科技学院,曾成功培育出"农大3号"节粮蛋鸡的宁中华教授。

022
宁中华："鸡司令"的扶贫之路

就在会后的三个月，宁中华为吴军伶送来了1000只母鸡，500只公鸡。为了便于她掌握科学养鸡技术，宁中华把整个养鸡过程制作成一张挂图，嘱咐她对照鸡的日龄进行操作，并在关键点上亲自或派技术人员进行把关，保证了鸡群的健康和鸡蛋的品质。一年下来，吴军伶不仅收回了全部建鸡舍和购置设备的投资成本，还净赚十多万元，摆脱了债务的压力。

"一人富不叫富，大家富才算数"。怎么能惠及更多人呢？宁中华发现，以点带面，扶植当地有头脑、有一定文化水平的勤劳带头人，带动周边贫困户脱贫致富，是个好办法。他先后扶持吴军伶组建的林生泽种养殖合作社和内蒙古自治区乌兰察布市的秀华山庄等组织与企业，带动周边贫困户进行"农大3号"节粮蛋鸡的放养，并定期巡查指导。

在科技扶贫过程中，技术指导是养鸡最为重要的一环，但一个人浑身是铁，又能打几根钉？起初，宁中华联合京郊各地科委开展公益性林下养鸡技术培训，一年10余场，每场30人左右。为了使技术、防病、管理等更快深入人心，宁中华延续了之前"以点带面"的工作思路，"我培训十个人，这十个人再去培训十个，这就是一百个人，要动员更广泛的力量，要织成一张培训网。"

图22-1 宁中华（左1）2016年8月进行电视养鸡节目录制

图22-2　宁中华（左1）在云南红河州石漠化地区指导养鸡脱贫

他首先培训自己的学生和团队的技术骨干，由他们在全国各地进行技术讲座。2005年，宁中华在山东、江苏、河南、河北等省份直接培训人数达2万余人，多的时候每天进行3场培训，一周需要出差3天。累计至今，宁中华平均每年进行40多场技术培训，直接培训人数达10余万人次。

为了保证培训内容不走样，宁中华还组织编写了《节粮型蛋鸡饲养管理技术》《高产蛋鸡放养技术指南》等书籍，并在养殖农户中进行免费发放。

技术惠及全国，对生于斯、长于斯的土地，宁中华更是倾注了深情。宁中华的家乡在河北省衡水市景县内的一个小村庄，全村50户村民，近三分之一依靠养殖宁中华的"农大3号"节粮蛋鸡实现了致富，年收入可达到十万元以上。村民宁书勤，未养鸡之前，连孩子上学的书本钱还要靠亲戚资助，自2003年开始养鸡，每年可实现平均15万元的收入，2016年，养鸡数量达5000只，不仅有可观的收入，还供出了两个大学生。

"农业、畜牧业是人民离不了的产业，也是最辛苦的产业，我们要在辛苦中找寻科学研究的意义和价值，让科技为百姓做更多的实事。"宁中华这样总结自己的科技扶贫经历。截至2017年初，他培育的"农大3号"节粮蛋鸡已经覆盖全国30多个省份，累计推广量近10亿只，10万多养殖户受益，平均每年实现经济效益9亿元，"鸡司令"的名号更响了。

023

姚淑娟：科技帮扶使者

在天津市蓟州区菜农心中有个亲切和熟悉的名字，她叫姚淑娟。1994年大学毕业的她在蓟州从事蔬菜技术推广，一干就是20多年，足迹遍布蓟州100多个蔬菜种植村，摸清了每个村的地形地貌、耕地面积、水资源情况。2014年，她参加了天津市科委开展的科技帮扶活动，并被选为天津市科技特派员，为此，一些菜农又给了她一个"科技帮扶使者"的称号。

领着农民干 做给农民看

长期坚守在农业技术推广第一线的姚淑娟，对如何依靠科技帮助农户脱贫致富有着自己的切身体会。她说：搞好科技帮扶就要领着农民干，做给农民看。为了帮助农民选到蔬菜优良品种，他们蔬菜技术服务站在别山镇大官场村包了100亩地，建了一个设施蔬菜基地。姚淑娟说，建这个基地一是通过自己试种，选出适合本地的优良种子，向菜农推荐；二是通过自己干，找出一些科学栽培的途径和办法，向菜农们示范展示，带动更多的菜农脱贫致富。

2014年她在桑梓镇桑梓村建立了西瓜生产示范园区。每天上午7点到基地，晚上七八点钟回家，推广冷棚多层覆盖技术、推广滴灌节水灌溉技术、推广"两蔓一绳"吊秧技术、推广配方施肥技术。当年西瓜亩产达3000公斤，亩效益比普通西瓜种植增效30%。2016年这些新品种在辛撞村、马坊村、红旗庄等村推广，种植面积已达到1000亩。

有人做过统计，近3年来，姚淑娟累计推广农业新技术20多项，直接为农民创造效益5000多万元。

热心帮扶办法多　穿针引线助民乐

蓟州的菜农们都说姚淑娟是个热心人，把农民的事当作自己的事。2015年的冬天蓟州地区出现了近一个月的雾霾天，由于缺少阳光，菜农种植的番茄出现了植株萎蔫的情况，怎么办？姚淑娟急忙查资料请教专家并结合自己的实践知识和经验，很快拿出了一套办法：增加补光灯、加大保温措施、浇小水等。

图23-1　姚淑娟（站立者）在别山镇举办蔬菜技术培训班上讲课

姚淑娟：科技帮扶使者

图 23-2　姚淑娟（右）手把手、面对面地教农民黄瓜嫁接技术

尽管年根底下各种事情比较多，她还是亲自跑到种植番茄较多的村里，挨家挨户地查看指导。

2015 年上仓镇蔬菜园区番茄滞销，价格低迷，番茄就要烂在地里。她看在眼里，急在心头，连续几天在互联网上和微信群发布信息，找到自己认识的蔬菜批发商请他们帮忙，在姚淑娟的帮助下，那里的番茄很快找到了买家。

姚淑娟作为一名农业技术帮扶人员，经常深入田间地头，深入农户大棚，为此，农民哪块地种啥，收成怎样她都知道。见到收成好的菜农她不仅自己虚心请教，还及时组织更多的菜农去看、去学。泗溜镇安定庄方忠老汉是个种菜能手，他通过稀植等办法种出的番茄不仅果大、产量高，而且成色好。姚淑娟就组织大家去看、去学。

作为一名农业技术帮扶人员，姚淑娟不仅在技术上有一套，而且还善于观察市场。市区哪个市场什么畅销，市民喜欢吃什么，今年哪些种子卖的少，市场要缺，价格自然贵，她就建议农民种。头年什么畅销她就建议农民避开不种，否则有一缺就有一多。她的这套对市场的判断常常还很灵，为此，许多农民又把她当作市场判断的好参谋。

抛家舍业下乡忙　精心授课传真经

姚淑娟一年中大约有三分之一的时间在乡下，脚印遍布蓟州这块土地。一次女儿在家发高烧，她约定好了要到乡下去讲课，没办法，只能将孩子托付给公婆。没想到那次来听课的菜农真不少，讲完课还不走，问了一个问题又一个问题，等她回到家天已经黑了。对此，姚淑娟一直觉得愧对孩子和家庭，并庆幸自己有个好公婆。

一次一个大雨天，姚淑娟约好了下乡去讲课，原本想下雨天可能来的人不会多，没想到屋子坐得满满的。对此，姚淑娟说："农民对技术的渴望让我很感动。为此，每一次授课前我都要精心准备，不敢懈怠。给农民讲课不仅要将原理讲通、讲明白，而且更要结合实际，有具体的实例。"为此，每次讲课她都需要做好演示幻灯片。近两年来，她组织 6 个村各类蔬菜技术培训班 30 场次，累积培训农民 1500 人次，发放技术资料 3000 多份，培养了科技示范户 20 户，技术咨询人数达 500 人次，解决各类蔬菜技术难题 30 个。

姚淑娟扎根基层为农民服务，赢得了当地农民交口称赞，授课现场、技术指导多次被蓟州区新闻中心报道，经她帮扶的设施蔬菜大棚年亩增效益 3000 元，设施蔬菜种植的困难村总面积 6330 亩，实现增加总效益 1.9 亿元。她先后被推选为"天津市农技推广骨干"和"三八红旗手"；2015 年获五一劳动奖章先进个人和十大杰出青年等荣誉；2016 年获天津市结对帮扶困难村优秀技术帮扶工作者称号。

024

袁瑞江：良种良法 "葱葱"脱贫

刚刚过去的农历春节前后，河北省石家庄市赞皇县的万亩大葱种植基地内车来车往一片丰收的景象。农户们忙着收获，一捆捆大葱被经销商从地头直接拉走。石家庄市农科院驻赞皇县齐家庄村工作组组长袁瑞江感慨地对科技日报记者说："看着村民脸上洋溢着丰收的喜悦，说明我们距离脱贫又近了一步。"

今年，市农科院驻赞皇县齐家庄村工作组在精准扶贫、精准脱贫工作中，与自身科研优势相结合。工作组深入田间地头、农户家中，详细了解农户的需求、建议和意见，针对村民反映的种植效益差的问题，与村"两委"班子认真研究，广泛征求村民代表、党员意见，决定结合工作组自身优势和该村实际，发展大葱种植，以良种良法配合进一步增加群众收入，确保精准扶贫工作取得成效。

齐家庄村，是国家级贫困村，多年来，以种植粮食作物和果树为主，人均收入不足两千元。千根村，是赞皇县山区一个大葱种植专业村，由于种植茬口单一、品种杂乱，多年来大葱种植亩效益只有两千多元。这两个村存在的共性问题是缺乏经济效益高的支柱产业，当地农民对创新发展之路感到迷茫，没有抓手，找不到精准的发展之路。

图24-1　袁瑞江（左1）2016年3月18日，到千根村对出现死苗严重的大葱育苗田进行指导

　　2014年，袁瑞江来到千根村，进农家，到地头，在深入调查的基础上，针对该村大葱产业的现状，结合自己最新的达国际先进水平的科研成果——三系杂交大葱新品种"青杂2号"，提出了良种良法配套发展大葱产业的思路，并帮助成立广林大葱专业合作社，推动了当地大葱产业的高效发展。

　　两年来，袁瑞江以"创新驱动发展"为引领，将齐家庄村作为他科技扶贫的第二个"阵地"。他入驻该村后，大葱种植迅速在该村得到了推广，使该村有了新的经济增长点。为了进一步带动当地农民致富，促进种植结构调整，在他的精心谋划下，该村成立了产业化发展的龙头——赞皇县慧培园农业科技有限公司这一集高效农业生产试验示范、农产品销售于一体的综合性服务平台。

　　"最初通过入户走访，村民们普遍反映现在种植的收益太低，大家宁可荒了地，也不愿意再种玉米。我们本身就是农业科研院所，有责任和义务为大家提供好的农业科技辅导和优良品种。"袁瑞江说，有了在赞皇县其他地方大葱种植的经验，他决定将好的模式复制到齐家庄村，让这里的农民也能够尽快脱贫致富。

　　"工作组带领村民到其他村庄参观学习，实地了解种植大葱的优势，并为村里免费提供了蔬菜所最新研究的品种"青杂2号"的种子，让村民种植大葱。"齐家庄村委会主任王金国说，工作组不光帮村民免费种上了大葱，还经常到地头进行技术指导。虽然今年下大雨冲了一些葱苗，可是收获起来1亩地也有1万斤。

几年来,他在赞皇县推广大葱新品种、新技术8700多亩,新增经济效益达两千多万元。他的目标是将赞皇县打造成万亩大葱基地县,用科技之手为赞皇县农业发展提供新的经济增长点,辐射带动周边县市大葱产业发展。

袁瑞江以"创新驱动发展"为引领,使千根村这个大葱种植效益低的生产专业村突破了技术瓶颈的束缚,大葱种植由原来一年一收,种植冬葱为主,变为两年五种五收,实现了大葱高效种植,周年生产,成为远近闻名的青葱生产基地。大葱种植平均亩效益由不足2000元上升到5000余元,种植面积由原来的300多亩发展到2000亩,辐射周边三个乡镇16个村。在帮扶工作中,他带领的团队完成的"大葱周年生产栽培技术集成与推广"获得了2016年度河北省农业技术推广三等奖;"大葱三系杂交新品种'青杂2号'的选育及配套技术研究"获2015年度石家庄市科技进步一等奖。他本人入选河北省"三三三"人才工程,获"石家庄市有突出贡献的中青年专家"。

丰收的喜悦给齐家庄村农民带来了脱贫希望。袁瑞江说,现在村民们认识到种植大葱是一条不错的致富路,纷纷找到工作组联系种子。工作组也帮助村里成立公司,规模种植后发展产业链,让大葱种植成为村里脱贫致富的一把钥匙。

图24-2 袁瑞江(左4)在赞皇县青葱核心产区千根村指导大葱田间管理

025

常明昌：把小蘑菇做成科技扶贫大产业

2017年2月11日，也就是正月十五上午，常明昌受邀参加山西省广灵县委县政府召开的"广灵发展"座谈会。与会者是山西省内外的知名专家教授，常明昌发言提议："做大做强广灵蘑菇产业，依靠产业带动农民就业创业，把小蘑菇做成广灵县科技扶贫的支柱型产业。"

常明昌是山西农业大学教授，山西省委联系的高级专家、中国食用菌协会副会长、山西省食用菌协会会长、山西省食用菌产业技术体系首席专家，31年致力于食用菌教学、科研和成果转化，先后获"全国五一劳动奖章""中国科技扶贫十五年杰出贡献者""中国小蘑菇新农村行动突出贡献者""第五届山西省敬业奉献道德模范"等荣誉。

广灵县是国家级贫困县。2010年至今，常明昌被广灵县委县政府聘请为食用菌产业技术总顾问。他指导北野食用菌业开发有限责任公司反季节生产香菇。当地农民不出一分钱，根据能力承包出菇大棚。每户承包一个800平方米出菇棚,年纯收入为2.82万元。通过几年的发展,广灵县已成为"中国食用菌优秀主产基地县",发展日光温室大棚3000多栋,露地黑木耳3000余亩,菌袋年生产能力8000万袋,认证有机食用菌产品4个,绿色食用菌产品2个,无公害食用菌产品2个,食用菌年总产量2万吨,带动农户5000户,户均年增收近万元。2010年被中国食用菌协会评为山西省首家"全国食用菌行业优秀基地县"。

广灵县只是常明昌技术服务的一个缩影。

对如今已经声名鹊起的常明昌,同伴们依然记得其当初起步时的艰难与坚持。刚走上工作岗位的常明昌就觉得应该做点什么才符合自己农大教师的身份。那时,白手起家,缺乏设备,为了做发菌试验,常明昌自己推着小平车,顶着烈日,冒着严寒,走街串巷收购罐头瓶,饿了就啃一包3毛8分钱的方便面;为了早日生产出蘑菇,他因陋就简,找了一块空地,挖了几条地沟,盖上塑料布,这便是他原创的"常氏"菇棚。在又潮、又闷、又热的菇棚中,烧火

图25-1 常明昌指导杏鲍菇工厂化高效生产

图25-2 常明昌指导银耳工厂化生产

加热、喷水增湿,常明昌比照顾刚出生的婴儿都上心。经过无数次试验,他终于获得成功,培育出了优质蘑菇。常明昌这样形容自己当时的兴奋之情:一串串洁白、鲜嫩的蘑菇,多么像将要远行的海船桅杆上蓄势待发的船帆啊!这一语双关的话,既是对蘑菇的形象比喻,也暗含着常明昌自己在食用菌栽培事业上的"野心"。

1999年至2000年间,他到国家级贫困县——临汾市安泽县蹲点扶贫。在这个山区县,他发现了这里独特的气候条件和林地资源,适于大规模产业发展蘑菇种植,于是他每天手把手教农民陆续建成30个大型食用菌生产基地。两年间,他100多次去安泽,行程6万多公里,累计工作9个多月。赤日炎炎的夏天,穿着背心站在河滩、大棚、树林为农民朋友讲课;为了解决产业化生产消毒问题,他用了一个多月的时间,比较国内所有设计方案和方法,探索出一套连体式双保险灭菌新方法。他独创的方法,使昔日被用来烧火的树木枝条、玉米芯、秸秆、锯末等,变成了农民发家致富的财源,两年为全县新增产值4000

万元。为此安泽县政府当年奖励他一部汽车,成为当时轰动一时的新闻。

31年间,常明昌先后在山西省40多个县区开展食用菌科技服务,在实践中发明了抹泥墙栽培灵芝、香菇、猴头菇新模式,创立了黄土高原代料栽培香菇新模式;先后培训农民4万多人次,推广优良品种300多个,在高平、广灵、左云、泽州、清徐、尧都区、太谷等地建立了山西省最大的香菇、木耳、白灵菇、绣球菌、杏鲍菇、灵芝、猴头菇、北冬虫夏草等基地,社会经济效益约31亿元。

面对现代食用菌产业的发展新趋势,针对农民朋友一下子学不会技术,又无资金、更怕风险、也闯不了市场,常明昌致力于引领愿意发展农业的煤、焦、铁企业家实现产业转型。他把企业家、专家、农民有机结合,按照市场化运作,培育龙头企业,建立大型基地,让农民朋友积极参与,从而实现产业扶贫。山西金田农业科技发展有限公司实行"统一制种、工业化制棒、工厂化发菌、智能转色、分散出菇、产品回收、品牌销售"的经营模式,公司为农民提供"保姆式"服务。每户菇农只需承包一个标准化的大棚,负责出菇管理和采收,一年栽培2次,每次栽培香菇2万袋,平均每袋可产鲜香菇1公斤,按每公斤10元计算,每户毛收入40万元,去除购买菌袋的成本5元/袋,大棚租赁费1万元,实际纯收入为19万元,远高于从事其他传统农业产业的收益,从而实现了农民和企业的利益共享。

2005年至今,他率团队先后帮助31家企业建立了食用菌工厂化生产基地,其中年产值过亿的有6家,上市企业1家。2010年建立了省现代农业食用菌产业技术体系,引领产业快速发展。山西全省由2009年的总产量9万吨,产值5个亿发展到2015年的总产量27万吨,产值突破20亿元,5年增加了3倍多。并使食用菌工厂化发展水平走到了全国前列。

善不为名而为,功不为利所动。30多年来执着追梦,破茧化蝶,常明昌铸就了科技扶贫道路上的传奇,用小蘑菇撑起大产业大事业,在广阔的田野里放飞农民致富的梦想!

程永钢：播种科技就有希望

2017年2月13日上午，程永钢一进王宁村，迎面碰到72岁的常振华大爷。大爷拉住程永钢的手就说："听说农科院的玉米种子又好又便宜，能不能给我联系几十斤？"程永钢热情回答："没问题，把全村村民今春的种子需求品种和数量汇总到村委，咱们统一提前给大家拉来。"常大爷拉着的手始终不放开，脸上乐开了花，连连说："好好好！"

山西省农科院资源环境所副所长程永钢，是山西晋中市榆社县郝北镇王宁村的第一书记和扶贫队长。2014年年底任职到岗。"那时，我也是刚当村长。"王宁村村长常占军说："王宁村是垃圾遍地飞、脏水到处流，村里致富路子差，小农思想严重，意识不够开放，支部又没能及时为群众致富当好引路人，集体经济连个空架子也没有。"

困难面前，程永钢没有低头退缩，靠着他长期的农业技术推广工作经验和对三农工作饱满的热情以及积极探索的精神，从与村民交朋友起步，开始了扎实深入的工作。他挨门串户走访村民，通过认真、细致地调研摸底，很快掌握了全村的基本情况、经济发展现状，尤其是村民脱贫的愿望。他和村委班子反

026
程永钢：播种科技就有希望

复酝酿，多次召开村民代表会议，找准致贫原因和制约农村经济发展的主要矛盾，确立了王宁村扶贫开发工作思路，制定出台"王宁村委扶贫规划"，确定王宁村扶贫工作目标、规模、重点。王宁村共有贫困户60户、贫困人口155人，通过建档立卡，计划"发展生产脱贫一批"39户、"发展教育脱贫一批"12户、"社会保障兜底一批"9户。

程永钢注重探索扶贫脱贫思路，力求走出扶贫的新路子。他认识到，扶贫需先扶志，治穷需先治愚。多年来，地处偏僻山区的王宁村，农户习惯于只种玉米谷子来维持生活，传统的种子，传统的种植方法。虽然户均20多亩耕地，但仍然摆脱不了年年打粮，年年贫困的日子。增加收入，必须从引进优良品种，学习科学种植方法入手。程永钢为村里跑回来2个科技项目：一个是晋中市科技扶贫项目"玉露香梨推广栽培"，另一个是山西省科技厅"旱田高效农业栽培技术"。为了鼓励农户发展梨树产业，他邀请专家到地头指导，并自己学习掌握管理技术，他带领农户一起栽种梨树，一起挖坑、栽种、挑水浇水、修剪，保证了第一批梨树的成活，身体力行带动感染着村民们。

他积极奔走有关部门和单位，用他的信心和热情先后争取到村容村貌治理资金4万元，谷子产业发展资金4万元，落实村委阵地建设90余平方米。他积极发挥农业科研单位的优势，为

图26-1　程永钢（左1）为村里安装刚购置回来的谷子播种机

图 26-2　程永钢（中）为村民示范新栽玉露香梨的冬季管理技术

王宁村引进谷子、玉米新品种 30 个，引进土豆、大豆、绿豆、小豆等 17 个品种试验示范，引进畅销的梨树新品种树苗 1200 株，示范种植 16.8 亩，对农民进行了高粱、谷子、玉米、梨树栽培修剪等栽培技术培训，解决了他们在生产中存在的问题；两年来为村民免费提供价值 11 万元的优良种苗、肥料、农业机械等农资；农闲时间积极跑外联系农产品销路，为农户的谷子及杂粮签订订单销售合同，为农户农产品销售打开了门路。

有了前两年的发展基础，王宁村村民脱贫致富的信心大增。常占军说"去年，程永钢在村里试验的谷子新品种都获得丰收，一斤谷子 4 元钱已经全部销售。今年，我们将新发展 50 亩玉露香梨，新建农田灌溉水塔一座，连网 100 亩水浇地管网，大面积推广谷子、玉米新品种，连续举办几次新品种科学栽培技术培训。"

2017年，郝北镇政府决定以王宁村为中心建设杂粮及林果基地，并邀请程永钢为联络员，帮助周围村庄的杂粮及林果种植业发展。眼下，程永钢正在积极筹划王宁村成立榆社犀牛杂粮种植专业合作社，计划组织农户通过技术培训方式帮助贫困户发展生产活动，以合作社为纽带，建立绿色杂粮及水果种植基地，为农户搭建一条产销一体的科技扶贫、脱贫致富之路。

"王宁村的发展基础薄弱，但发展潜力巨大。"程永钢说："这里人均土地宽裕，自然环境优异，尤其没有任何工业和空气污染，具有发展优质小杂粮和优质玉露香梨的独特优势，只要村民们掌握了栽培技术、管理技术，就一定能走上依靠科学技术脱贫致富的可持续发展之路。"

027 姚建民团队：旱地农业技术为农民增产增收

2017年2月14日上午，姚建民接到科技部在陕西佳县扶贫队员打来的电话，16日早上约他一起去佳县，为今年在佳县推广200亩降解渗水膜波浪形旱地全覆盖精密穴播免间苗谷子高产技术试验示范做科技扶贫技术指导。

姚建民是山西省农科院农业资源与经济研究所研究员，一直从事农业资源开发和旱地农业增产技术研究。他主持完成的国家和省科研项目30多项，获得国家和省科技成果奖励9项，其中获省科技成果一等奖3项，获国家发明专利6项，研究出渗水地膜、降解渗水地膜、气调果蔬保鲜袋、微通气食用菌栽培袋、2MBJ-1/3和2MB-1/4铺膜播种机等新技术产品7个，研究出降解渗水膜波浪形旱地全覆盖精密穴播免间苗谷子（玉米等）高产技术一套。这些科技成果以市场化专利转化方式和示范推广方式在社会上广泛应用，取得了显著的社会经济效益。其中渗水地膜全覆盖旱作高产技术在全国累计推广300多万亩，平均增产幅度30%以上，新增加社会经济效益近10亿元。

是日，在姚建民办公室的案头，有一份刚被山西省领导批复的2017年特色农业产业扶贫"渗水地膜谷子穴播技术示范推广"实施方案。方案提出，今年全省各县累加完成50万亩渗水膜谷子与扶贫对接。其中有详细的各项指标：地膜每亩农业厅补60元，每亩4公斤，厚度0.01毫米。每公斤15元，共832吨；播种机每300亩到350亩一台，由扶贫办出资，共600台；贫困户每亩补贴40元播种费；技术培训和实战培训、播种指导和千亩对比。

2016年，姚建民团队在山西省山阴县35个村和神池县20个村集中连片实施3.5万亩谷子机械穴播免间苗渗水膜波浪形全覆盖栽培示范田，4月中旬和下旬在山阴县和神池县组织开展了两次大型规模田间播种实战培训会。姚建民带领技术人员深入田间指导，手把手进行农机手的技术操作培训。与贫困户、种植户、合作社、机手等技术环节的关键人员积极沟通，重点培训农机手田间实战操作一膜四行渗水地膜播种机，一批机械师和播种技术能手参与工作，对核心试验示范点蹲点指导，顺利完成了示范推广播种任务。谷子出苗后，又多次巡回检查，指导谷子田间管理，如科学喷药防虫、及时除草等。

图27-1　2014年春，姚建民（前者）在沁县推广谷子渗水地膜波浪形覆盖穴播高产栽培技术

把论文写在大地上 科技扶贫100个典型案例

图 27-2 姚建民（右 1）在农机厂指导工人们进一步改进他研发的渗水地膜宽幅穴播机

据山阴县农委调查，全县示范推广种植的渗水地膜覆盖谷子亩产在 800 斤左右，比传统方法种植的谷子每亩增产 50% 以上；神池县示范区亩产量达到 1000 斤以上。

姚建民为这次大面积实施的"宽幅渗水地膜波浪形全覆盖机械化精量穴播技术"制订的技术要领是：旱地谷子机械整地、测土配方施肥、优选良种、种子处理、机械覆膜精量穴播一次作业。此项技术保水增温性好可以提早播种，不需要人工放苗，也不需要人工间苗，积聚雨水的功能好，对小雨资源利用率高，成本低，作业效率高。缺点是要求地块面积大、整地质量好，地面平整。

姚建民与"杂交谷之父"——全国人大代表赵治海合作，用他发明的渗水地膜覆盖技术加赵治海的谷子品种，在山西北部、陕西北部、河北北部长城沿线的旱地成功示范推广了数万亩渗水地膜覆盖谷子示范，旱地谷子亩产量超千斤，农民实现了产量收入双翻番，为精准脱贫提供了产业化的技术支撑。河北省和内蒙古赤峰市都进行了推广。姚建民提出，如果在长城沿线冷凉干旱地区发展 2 亿亩这样的技术，建成长城沿线谷牧产业带，可以为国家年增产 1000 亿斤粮食，为国家确保粮食安全再次保持粮食连年增创造了机会，作为全国人大代表，姚建民在 2016 年"两会"上提出了建议。

神池县长畛乡红崖子村是姚建民发明的"渗水地膜波浪形全覆盖机械化穴播谷子旱作高产技术"第一个示范区。之前，红崖子村还是个贫困村，2009 年，姚建民带着他的技术来到这里，从几十亩试验开始，到后来 2012 年前后全村建立 3000 亩谷子连片示范区，全村连年实现旱地谷子高产稳产，亩均产量超 600 公斤的谷子，比传统栽培方法增产 50% 以上，亩收入超过了 3000 元。这个村人均种谷子 5 亩，户均纯收入可达 5 万元到 10 万元。就连村里的孤寡老人，只要有地，就可以实现谷子从种到收全程自动化，坐收利润。这个村由此成为远近闻名的富裕村。

2016 年，在山阴县北周庄镇郑庄村正泰农民专业合作社，姚建民为他们示范玉米宽幅渗水地膜波浪形覆盖穴播高产栽培技术 3000 亩，玉米亩产量达到 750 公斤以上，增产 20% 以上，增收 75 万元；协助山阴县农委在山阴县的西部山区和边山区，示范旱地谷子宽幅渗水地膜波浪形覆盖穴播高产栽培技术 1.2 万亩，谷子亩产量达到了 450 公斤以上，增产 40% 以上，增收 750 万元；培训新技术农机手 30 名，培训农民 500 人次；推荐和示范玉米新品种 2～3 个，应用 3000 公斤，面积 3000 亩；推荐和示范了谷子新品种 2 个，应用 1500 公斤，面积 1 万亩；推荐了新型地膜 2 个，应用渗水地膜 50 吨，面积 1.3 万亩；累计为山阴县新创经济效益 825 万元。

028 蒙清农业：山沟里创业的父子兵

内蒙古呼和浩特市清水河县地处黄土高原丘陵沟壑干旱区，年积温不足，只能种植小米、黑豆、黄豆等杂粮作物，产量低，收入自然不高。

蒙清乡高茂泉村农民种植能手刘三堂拉着同济大学国际贸易专业毕业的儿子刘俊辰，共同创办蒙清公司，过去亩产 200 公斤，标准化种植后，亩产 350 公斤；过去不足 3 元 1 公斤的小米，华丽转身后，卖到了 19.6 元 1 公斤！

67 岁的刘三堂当过走村串户的村医、农民技术员、村党支部书记。为村民把脉治病同时，大讲科学种田，尝试改变农民观念。他经常问村民："你肯下辛苦，为啥富不起来？"问的次数多了，农民烦了反问道："你说科学种田能致富，你为啥不种地去当医生呢？"刘三堂憋了一股劲，非种给你们看看不可。

1989 年，当时地膜白给没人用，刘三堂种了 3 亩西瓜，在铺的地膜上又用地膜搭个小拱棚，这样西瓜出苗后不会受冻，提前 1 个月上市，每公斤卖了 1 元钱，3 亩西瓜就当上万元户，村民们种的西瓜上市时，市场上每公斤只有 0.16

蒙清农业：山沟里创业的父子兵

图 28-1　刘俊辰（右 1）与种植户沟通秋收黑豆品质，组织收购事宜

元。刘三堂医生职业没丢，增加了个科技示范户的头衔。

刘三堂一心想着改变山村面貌，时刻不忘科技扶贫，时刻不忘帮助周边贫困户采用新技术，1994 年当上了村党支部书记，领着党员扶贫助困。善于思考、头脑灵活的刘三堂 1996 年领着村民种植小米新品种小香米，村民们把小香米中的沙粒一粒粒拣出来，小香米分装成 5 公斤 1 袋，印上标签卖 50 元。

小米升值了，几年下来在呼和浩特市也有了知名度，可是产量、销量都有限，作坊式生产难有大发展。力不从心的刘三堂想到了在上海外资企业工作的儿子刘俊辰，动员儿子放弃高薪工作，报效家乡。2005 年底，刘俊辰带着在上海的妻子回到了穷山沟。2006 年内蒙古蒙清农业科技开发有限责任公司在高茂泉村注册开张，刘俊辰任董事长，刘三堂任总经理。

刘俊辰说："山区贫困主要是人才太少，只有建立适宜的人才体系，才能摆

图28-2 刘三堂(右1)指导贫困户杨换女等农户通过小香米谷叶面分析识别补充对应的肥料

脱贫困实现发展"。2015年,身兼公司人才中心主任的刘俊辰到内蒙古自治区各高校招学生进山沟里的创客空间,以他人格的魅力,还真先后吸引了20多名大学生。公司腾出部分办公场所做为"蒙清创优乡村创客中心"。学生到这里又上了一堂课,刘俊辰亲自讲理想抱负、创业创新、团队意识、市场意识、道德意识。还帮助学生们找创业目标。

乡村有满山坡的海红果树,果实落在地里无人要,4名学生收集海红果开发出果丹皮,味道真不错,钙的含量高于其他水果产品。部分学生学会了制作小香米酒,部分学生酿出了小香米醋……学生们在这里实施了8个创业项目,如今先来的12名大学生中毕业的已经留在这里创业,在校学习的成了股东。

028
蒙清农业：山沟里创业的父子兵

在刘俊辰的组织下，公司先后创立了"内蒙古合利农牧业专业合作社""蒙清科技富民及农村党员培训中心""谷之味"有机绿色餐饮服务连锁店等生产加工经营机构，形成了"公司联基地、基地带农户、农户搞科普、科普促发展、乡村人才孵化"科技产业化格局。同时建成了以种植优质特色、有机绿色小香米谷子等杂粮为主的标准化科普示范基地和精品示范区，引导带动全县及周边地区1万多户农民进行产业化经营。

父子俩对科技的感触都体现在行动上，公司成立不久，便聘请专家集成了"旱地膜下打窝穴播""集雨聚水、滴灌、微喷节水灌溉技术""机械化播种""有机绿色标准化栽培"等现代农业技术。

父子俩在扶贫上态度鲜明，因懒而贫的不扶，因病返贫的免费提供种子、有机肥等。60岁的杨换女丈夫因病去世欠了10多万债务。刘三堂说"过去她家可是肥油蛋蛋的家庭，每年七八万收入。2016年公司把她种的小香米、马铃薯全收了，这女人勤快就安排在公司工作。""村里因病返贫的村民，公司都安排进了合作社。"刘俊辰说。

刘俊辰介绍，目前公司已发展正式会员1362名，其中60%以上是贫困地区的农户。通过采取提供优质良种、订单种植、有机生产标准、技术服务、保护价收购、加工包装销售"六统一"，小香米种植面积稳定在3万亩以上，种植纯增效益达3000万元以上，其中建档立卡贫困户52户，每户平均种植优质小香米10亩以上，仅此一项户均纯收入达到万元以上。

029 贫困农民的"讲究"人

"庞哥：今年我想种点水果玉米"，"不行，你不是贫困户。"正月十六，科技特派员内蒙古扎兰屯市龙翔现代农业科技发展有限公司总经理庞龙不断接到内蒙古扎兰屯市楠木鄂伦春民族乡各村村民来的电话。

今年54岁的庞龙读过中央农业广播学校，2013年在大兴村牵头成立了龙翔现代农业科技发展有限公司，下设4个农民专业合作社，以"公司+合作社+基地+贫困户"为经营模式，先后引进和推广了地膜玉米、地膜土豆、杂交油葵、杂交食葵、高产玉米、水果玉米、南瓜、红辣椒、万寿菊等作物和花卉品种，实施了秸秆转化及综合利用项目，推广了新能源节能环保锅炉。

生长在农村的庞龙，经营企业心系贫困户，企业发展产业首先想着贫困户，企业用工首选本村贫困户，企业所用原料，贫困户优先。企业与农业科技专家合作组建了农业高产高效示范种植研发团队，为全乡贫困户发展生产、脱贫致富送新品种、新技术、送用工岗位、送生产订单。全乡农民鲜有不认识庞龙的，贫困户更是把庞龙当作他们脱贫致富的领路人。

贫困农民的"讲究"人

2017年的正月十六,扎兰屯市科技局负责人下乡调研科技扶贫工作,随行的庞龙顺便给贫困户返还收购玉米秸秆的钱,一进双北村六组村民丁海军家院门,出来迎接的丁海军说"庞哥贼啦讲究了,上回让俺们种南瓜,俺们赚啦,庞哥赔大了。"

2014年,庞龙与一商家签订了南瓜购销合同后,按面积把种南瓜的任务交给乡里各村的部分贫困户,南瓜熟了,商家跑路了。庞龙还是按与村民签的订单全额付款。这一年庞龙为南瓜赔了80万!赔的是钱,赚的是诚信,赚的是全乡农民的心。庞龙说,现在公司推广农业新品种、新技术农民不带犹豫的,用农民的话说,"你说咋干俺咋干。"

在丁海军家60平方米的新房里,庞龙把收丁海军家的水果玉米秸秆款2236元交到丁海军手上。2016年庞龙与丁海军签订了30亩水果玉米的合同,水果玉米加秸秆,丁海军纯收入3万元,而丁海军另外种植的40亩普通玉米只收入了1.3万元。丁海军信心满满地说:"有庞哥的支持,今年一定能脱贫!"

图29-1 庞龙(左)把收水果玉米秸秆的钱交到丁海军手中

双北村五组的王辉院里停放着比亚迪轿车,王辉说:"全家4口人,当时穷的就差要饭去了,全凭庞老板把我们带出了贫困。"

王辉介绍,种子、秧子、农药、化肥等都是庞龙赊给贫困户,并亲自指导种植栽培,还请来农业科技专家给我们办讲座培训,到田间地头为我们解决疑难杂症。2016年王辉家脱贫了,全家现金收入4.4万元,种的5亩红尖椒,收入1.63万元。目前家里还有价值7万元的家畜和玉米。

双北村贫困户赵福生2016年种红尖椒,1亩收获了5600元,成了该乡的"辣椒王";道北村赵国君2016年按庞龙下的订单种水果玉米和南瓜一举脱贫,今年他希望庞龙多下些订单帮助脑瘫的哥哥、年迈的姐姐两家摆脱贫困。

2016年,庞龙与全乡400多户农户签订了种植特色水果玉米、南瓜、红辣椒等的合同,这些农户大部分依靠订单农业迅速脱贫致富。其中双北村、道南村、东窑村、大兴村四个村84户贫困户,种植水果玉米2160亩,仅此一项就为贫困户增收130多万元。

庞龙的公司在经营设施农业、秸秆转化、玉米烘干仓储等用工方面,每年季节性用工5000多人次,仅为工人开支就达60多万元,帮助贫困户3000多人

图29-2 庞龙查看加工出来的燃料颗粒

次增收。

玉米秸秆焚烧污染严重，在科技局的提示下，庞龙为自己的公司引进玉米秸秆打捆机、黄储机、制粒机等设备以及家用新能源节能环保锅炉。玉米秸秆颗粒一部分做饲料，一部分做燃料。2016年庞龙筹集资金12.6万元，为大兴村28户贫困户每户免费安装一台新能源节能环保锅炉，每户冬季取暖减少支出1500元，改善了贫困户的室内环境，深受村民的赞誉。

在十分耕地七分坡、靠天打粮的土地上，庞龙取得了可圈可点的成果，荣誉也接踵而来。2010年，庞龙牵头承担的优质葵花新品种引进与推广项目获呼伦贝尔市科技进步三等奖，同年被扎兰屯市评为"十佳农村致富示范户"；2011年被评为"内蒙古全区优秀科技特派员"；2013年被评为"呼伦贝尔英才"，同年获内蒙古自治区"农牧业丰收二等奖"；2014年被呼伦贝尔市科协评为"优秀科普带头人"。连续多年被扎兰屯市科技局评为"优秀科技特派员"，2015年，企业获得扎兰屯市"科技进步三等奖"。

2017年春节过后，庞龙开始谋划实施和启动循环农业，实现一二三产业融合，在扶贫攻坚的征程上再立新功。

030

梁瑞萍：将科技"特派"至地头田间

"以前没做科技特派员时，我更多关注的是科研，关注自己那一小片试验地，对于农民的状况了解不算多。做了科技特派员之后，与农民的沟通交流比较多，更接地气了。"回顾自己的科技特派员经历时，梁瑞萍感慨道。

梁瑞萍是内蒙古自治区包头市农业科学研究所的一名高级农艺师，早在1998年就与马铃薯结下不解之缘。十多年以来，梁瑞萍一直专注于马铃薯的科研工作。然而，随着梁瑞萍在2013年被选派为服务"三区"的科技特派员后，她平静的生活被打破了。

在接受了这个任务后，梁瑞萍协同所里其他同志组成专家团队，到包头市固阳县对口的两家合作社、五个乡镇、三家农业公司进行调研，"询问他们有什么需求，需要解决的问题，回来后积极想办法。"这个扶贫的专家团队当时有六名成员，他们的研究领域包括了特色农作物、蔬菜大棚以及育苗技术等诸多应用范围。

固阳县位于内蒙古自治区中西部，气候冷凉，昼夜温差大，常年少雨干

030
梁瑞萍：将科技"特派"至地头田间

图30-1　梁瑞萍（左4）和服务团队调查马铃薯的病害情况

旱。对于这样不利大多数农作物生长的条件，却非常适宜马铃薯的生长，优势凸显。随着固阳县马铃薯种植面积的扩大，轮作倒茬成为生产中很难解决的矛盾，造成疮痂病、黑痣病的发病率日益增高。为了解决这一难题，梁瑞萍随即组建马铃薯服务团队，协同科研团队、植保土化团队从中国农大、中农绿康公司引入微生物抗重茬菌剂，连续三年在固阳开展了抗重茬菌剂对马铃薯疮痂病和黑痣病的防效试验，并进行实地测产和病害的调查。结果表明，微生物菌剂对马铃薯的这两大病害具有很好的防效，商品薯率提高10%以上；施用10公斤每亩抗重茬菌剂，疮痂病的发生率为20%，比不施用菌剂的大大降低，同时黑痣病的发病率也显著下降。

梁瑞萍与其他的专家先后为五个乡镇免费提供了玉米种子500斤，马铃薯脱毒种薯3吨，微生物菌剂500公斤，并且发放了各种栽培技术和病虫害防治技术手册 1000 余册，举办各类专业技术讲座 22 次，参加技术培训的人数达到 1000 余人次，而且取得了显著的成效。

然而，事情的发展并非一帆风顺。"农业的成效具有一定的延迟性，必须过一段时间才能显现出来，这就使得当地有的人觉得我们的效果不明显。"梁瑞萍介绍说，在他们刚开始试验的时候，当地的农民对此不认可，认为菌剂的价格比较高，所以很难找到试验地。"在我们的耐心解说下，把菌剂的防治原理一点一点地分析给他们，最后他们决定把病害最严重的一块地拿给我们做试验。"

抱着死马当活马医的态度，梁瑞萍认为即使没效果也不会有太大的损失，结果当年 10 月份收获的时候，效果就很明显：用过菌剂的马铃薯生长期长，产量高，病情指数明显降低，商品薯率提高 40% 以上。"到了第二年，当地的农民主动联系我们要购买菌剂，主动提供土地让我们开展试验，认为我们是真心为他们着想，为他们解决问题的。"

扶贫期间，梁瑞萍与其他成员深入田间地头，为农户出谋划策，一起劳

图 30-2　梁瑞萍（右 1）在马铃薯肥料增效剂应用种植现场

作，向种植户讲解推广使用"二增五推"、水肥一体、一垄双行、膜下滴灌、抗重茬菌剂等技术的好处。梁瑞萍积极为固阳县马铃薯产业发展提供技术服务，在固阳县马铃薯生产中大力推广滴灌、水肥一体化技术的应用，使种植户提高了认识。通过这些技术的使用，种植户普遍增产 15% 以上。在实施的马铃薯高产创建示范项目中，万亩示范片平均亩产 3095 公斤，超目标 3.2%，较常规种植田提高 52.6%，亩增收 466.8 元，在固阳县起到了很大的引领和带头作用。这些进一步加快了固阳县通过马铃薯扶贫的步伐。

"70 后"的梁瑞萍早已为人母，家住离固阳县约一个小时车程的包头市区。在将科技"特派"至固阳的这几年里，梁瑞萍总是早出晚归，有时太忙了当天就住在固阳。"这段时间我对于家庭照顾相对较少，不过爱人比较支持我的工作。"梁瑞萍平静地说。

031

陈申宽：论文写在贫土上

2016年，内蒙古扎兰屯市气候反常，该下雨时不下，不该下雨时下个没完。坡多平地少、基本没有水浇地的全市农民普遍减产。楠木鄂伦春民族乡长发村贫困户杨富东一家5口人，地还是50多亩地，种的还是玉米，收入由人均1000元提高到人均5000元。

杨富东感激地说："多亏陈老师的帮助，要不今年日子真不知咋过。"

61岁陈老师——扎兰屯市职业学院研究员、科研处处长陈申宽几十年如一日，在呼伦贝尔的贫瘠土地上开展科研、成果推广、技术服务，手把手教贫困户种植栽培技术。当陈申宽得知杨富东患有强直性脊柱炎、老人经常住院、孩子上学，家境十分贫困时，联系自己的学生办的涉农企业，免费提供优良品种屯玉188和玉米专用肥，自己亲自指导栽培技术，利用赤眼蜂免费防治玉米螟。杨富东在气候反常之年喜获丰收。

莫力达瓦达斡尔族自治旗阿尔拉乡拉力浅村贫困户敖宝英一家4口人60亩地，2016年陈申宽为其引种玉米、大豆新品种，还帮助联系在村里销售蔬菜，

图 31-1　陈申宽指导贫困户种植高产玉米现场采集数据

当年人均收入达到 8000 元。自 2014 年开始，陈申宽在这个村通过科技扶贫帮助 10 户顺利脱贫。

陈申宽用自己的博学精准扶贫，在大兴安岭岭东岭西 6 个旗（县）市都留下了足迹，他还通过帮助农业科技企业实现间接扶贫。自治区扶贫龙头企业——呼伦贝尔金沃工贸公司在扎兰屯长发村建了个科技生态园。总经理郭伟说"陈老师帮老忙了，种植园温室作物遇到问题，一个电话就来了"。自从有了科技生态园，周边 4 个村 200 多贫困户都得到实惠，其中 40 人长期在这里打工，50 人打短工。

多年来，陈申宽从 1997 年开始参与主持学校扶贫和科技特派员工作，当时阿荣旗、扎兰屯市农民的人均收入不足 1000 元，当地病虫害严重，大豆产量不足 125 公斤，玉米产量不足 400 公斤，陈申宽肩负重任走村串户讲授新品种栽培技术和农作物病虫害防治技术，当地农作物的产量和农户的收入成倍提高。几年来，在陈申宽的指导下 6 个旗市 230 多户农牧民告别贫困。

陈申宽每到一处，身先士卒，摸底调查，把课堂搬到田间地头、牧场草原，一年有100多天活跃在田野中，有的放矢地开展各项工作，在贫瘠的土地上汲取实践经验、在自治区内外高校充实理论知识，他的教学和论文体现了厚重的理论功底和浓郁的乡土气息。先后主持或参加完成了内蒙古自治区和呼伦贝尔市科研推广课题20余项，有效解决了农牧业生产中的难题。

在课题研究经费没有保障的前提下，陈申宽利用业余时间，自研课题。每一个试验，每一个数据，每一步管理基本都是自己动手完成。他完成的"大豆根潜蝇的发生危害与防治研究"课题，前后历经了12年。最终选出较好的品种和药剂，探明了药剂防治的最佳时期，并在农业生产中得到广泛应用，通过推广种衣剂，每亩增收15公斤左右。1984年，当地向日葵菌核病大面积发生，为了掌握病害的发生规律，摸清菌核萌发的条件，他在家里开展试验，利用冬季室内温度的不同，研究出了病害萌发的生态条件，为田间预测打下良好基础；针对呼伦贝尔市广阔的天然草地和人工草场，他开展了"呼伦贝尔市草地

图31-2 陈申宽（前排右2）现场培训农民

有害生物的研究"课题研究,并将研究成果和呼伦贝尔市草原站合作编成《呼伦贝尔市草地有害生物防治》一书,并由中国农业出版社出版发行。陈申宽利用多年在田间地头的积累编著的《中国呼伦贝尔大豆》,即将由中国农业出版社出版发行,《大兴安岭东麓玉米产业与发展》也将由中国农业科技出版社出版,现正在做最后修改。

为了让科技成果在大兴安岭地区生根、发芽、结果,为了更好地解决生产中的层出不穷的难题,陈申宽组织呼伦贝尔市的农业专家于2013年成立了"呼伦贝尔申宽生物技术研究所"。2015年研究所有14名种养殖专业人员参加了呼伦贝尔市"三区"科技扶贫工作;2016年有9名专业人员参加了全市"三区"科技扶贫工作,实地现场指导生产400余人次。

2015年8月2日,扎兰屯市大风过后又是暴雨,部分农民种植的一个玉米品种一日之间全部倒伏。突发灾害使农民面临返贫,出现不稳苗头。专家组及时到各村调查,陈申宽现场指导农民采取挽救措施,把灾情降到最低限度,农民减少了损失,政府没了担忧。

陈申宽在田野上,用心血服务"三区"农牧民,书写的论文专著充满泥土汗水味道,充分体现了科技人员的自身价值。2007年被评为全国优秀教师;2008年被评为内蒙古自治区有突出贡献的中青年专家;2009年被评为全国首届职业院校名师和全国农业职业院校名师,并入围中国职教人物;2010年被选全国农业教材两个组的委员,2011年被内蒙古自治区教育厅选为中专教材审定委员会委员。曾经获得农业部和内蒙古自治区科技进步二等奖各1项,内蒙古自治区科技进步三等奖2项,呼伦贝尔市科技进步奖15项。主、参编教材10余本,在国家级刊物发表论文52篇,省级刊物98篇,还有10余篇论文被国内外文献刊物刊摘。

032
刘永海：扎根田间30年 农技推广助扶贫

冬季种植无公害草莓，春季采摘酸甜可口的大樱桃，夏季打理新品种葡萄，秋季收获硕果累累的花生……在辽宁省阜新市的乡镇村屯，这里的农民一年四季不空闲，种植的各种特色蔬菜瓜果分布在各个村落。"春节期间，我家的无公害草莓特别受欢迎，供不应求，仅这个百米棚的收入就有4万多元，与草莓套种的新品种葡萄去年收入也1万多元，今年产量还能再提高些"，哈尔套镇富有村农民徐财说。

草莓地旁边种植的葡萄架上刚刚冒出小小的果实，地里间或还有大蒜苗穿插其中。"这样不仅可以预防病虫害，而且收获的大蒜也有拳头大小，农民自己吃也方便。"到农户走访的阜新市科技局国家农技推广研究员刘永海边说边

刘永海：扎根田间 30 年　农技推广助扶贫

图 32-1　刘永海（前排右 1）在小清沟葡萄基地给前来考察的阜蒙县农户做讲解

随手把套种的葡萄架上结出的小果实摘掉，"老徐，你该抹芽定梢了，像这个果要早点掐掉，葡萄也要快点绑上直杆，让它底部能直溜溜地向上长，这样你家今年的葡萄还会有增产"，刘永海一边查看着葡萄的长势，一边不停地告诉老徐该注意的事项。"多亏有他的指导，要不俺们哪懂得套种、哪敢引进这些新品种啊"，老徐说道。

刘永海从 1985 年 11 月调任到阜新市科技开发中心工作以来，一直从事农业科技技术推广工作。他围绕着阜新市林果、蔬菜、花生、玉米发展状况，多次赴山东、河北等地考察，与农业专家沟通交流，学习先进农业科学技术和栽培模式。为了使山东寿光先进的管理技术和栽培模式能在阜新得到迅速推广，刘永海提出了组建农业技术服务站和流动技术服务点，亲自带领技术人员走访农户，扎根在农业科技成果转化一线。

在彰武县哈尔套镇科技示范基地,刘永海从2003年开始,为镇里相继引进了15个果树新品种、25个蔬菜新品种和6项新技术。截至目前,哈尔套镇设施农业总面积已达1.6万亩,茄子、青椒、番茄、香瓜4种产品获得辽宁省绿办颁发的A级绿色食品证书,组建的科技示范基地被认证为国家级无公害蔬菜生产基地,基地所种植的香瓜、西瓜、茄子、青椒、黄瓜、番茄被认证为国家级无公害蔬菜产品。目前,该镇已发展成为全国闻名的农副产品集散地和远近闻名的特色棚菜水果生产基地。

为了掌握当地农业发展中存在的问题,刘永海长年深入阜新的乡镇村屯,有计划、有针对性地引进农业新品种,及时解决当地农民生产中遇到的技术难题,使山东的设施农业模式、技术和人才迅速落地阜新各乡镇,让当地农户迅速脱贫致富,并引导一批种植大户发展农家乐旅游项目。

一株葡萄的藤蔓就铺满了整个温室大棚,在大冷镇程沟村占地200多亩的特色葡萄新品种示范基地,刘永海培植的"东北葡萄王"吸引着邻近城市的人们纷至沓来,这株葡萄枝条长40多米,宽10多米,结有300多串口感香甜的葡萄。在哈尔套镇平安村华夏之星草莓种植示范基地,国内最长的日光温室大棚——长达500米的草莓采摘基地,全部采用无公害种植方法,使用的是辽宁恒辉新能源科技有限公司用玉米

图 32-2　刘永海(右)在大棚里查看青椒长势

叶和秸秆为原料制作的碳基物有机肥和木醋酸液叶面喷肥,"今年头两个月,草莓采摘收入有40多万元,农家乐餐饮也有10多万元的收入,在这工作的村民每月能有2000多元的收入。每到年底,入股的村民也都有分红。"当地草莓种植大户王宝成说。在刘永海的帮助下,通过调整土壤相关指标并采用绿色无公害种植方式,形成了独具特色的阜新草莓新品种,让草莓可以在冬季提前上市,元旦前便走进人们的家中。

2007年,辽宁省实施以科技体制和运行机制改革为动力,以农业增效、农民增收、农村发展为宗旨的科技特派活动。刘永海紧紧围绕阜新市农业发展,依托特派团和高校院所,发挥科技特派员作用,加快推进了阜新市现代化农业进程。他帮助哈尔套、王府、大冷等乡镇建立了多处科技示范基地,先后在阜新市25个乡镇组织科技专业技术人员开展大小技术培训班150多次,培育农民技术骨干1万多人(次)。其中,花生高产栽培示范项目已推广种植面积30多万亩,阜蒙县阜花花生种植专业合作社的4000多户会员先后受益,直接增加农户收入1.5亿多元,辐射带动了周边的康平、黑山、义县、通辽、赤峰等地花生种植业的发展。

30多年的农业技术推广工作中,刘永海共引进葡萄、苹果、花生、草莓、马铃薯、甘薯等140多个农业新品种,农业新技术29项,实施农业科技项目23项,带领阜新市的32个乡镇、3.5万多户农民共同致富,近1万户农民实现脱贫,直接增加农户收入近3亿元。如今的刘永海,依然不忘初心,活跃在科技基地的田间地头、农村乡镇的科技讲堂。

033

李晓：一意"菇"行扶贫路

成语"一意孤行"是指不听劝告，固执地按照自己的意志行事。然而，李晓老师利用谐音化贬为褒，且加入了厚重深刻的含义，他说，"我的网名就叫一意'菇'行"，以示其用自己的科研成果——菇（食用菌）来扶贫的志向和恒心。

扶贫的路有多长？李晓说，从省城农大到扶贫点的距离是1千多里地，往返一趟就是两千多里地。一年内他和他的学生要往返40多趟，就是8万多里地！

近年，李晓老师带领10余名硕士生几乎走遍了东北地区的山山水水，把科研"论文"写在了"黑土地"上。他们风餐露宿，披荆斩棘……寻找到优良的野生木耳种质资源100余份，收集全国木耳栽培资源58份，建立了中国最全的木耳种质资源库，并杂交选育优质高产菌株10个，审定新品种5个。这些新品种符合我国消费者的习惯，普遍具有存得住、运得出、卖得了的特点，尤其适于偏

李晓：一意"菇"行扶贫路

远贫困山区种植。

吉林省白城市洮南县那金镇好田村是吉林农业大学的扶贫点，贫困人数比例较大，是省级贫困村。该村地处科尔沁草原边缘，交通不便（距省城长春市两千多里地），气候十年九旱；当地农民从未有种植食用菌的经验，从原材料到食用菌大棚，一切都是空白。李晓根据当地气候条件及农业资源优势，将自己培育了5年的木耳新品种"玉木耳"引种到了该村。在成功引种后，李晓带领5名研究生，一年内从省城到好田村来来回回跑了8万里路，一年扶贫8万里，常驻村屯四五个月。从平整场地、大棚搭建、覆膜、吊袋、出菇管理、采收晾晒……每一个种植环节李教授和研究生们都亲自指导农民操作，领着农民干、做给农民看。李晓说，他的一个学生长期忙于辛苦工作，胡子好长时间顾不上刮，衣服顾不上洗，某天拿着编织袋到县城买材料，正赶上吃午饭去饭店，竟然被当成"要饭的"给赶了出来。

图33-1　李晓博士在野外采集

天道酬勤，功夫不负有心人。收获季节，好田村的"玉木耳"喜获丰收！其产量高、品质优、销路好，去年新建的4栋玉木耳大棚销售收入达60余万元，全村贫困户每人年均分红1000～2000元。在2016年第15届长春国际农产品博览会上，好田村洁白如玉晶莹剔透的"玉木耳"受到了广大消费者的青睐。吉林省委书记巴音朝鲁了解后，赞不绝口，对木耳栽培给贫困户带来的经济收益表示非常满意，并推荐给俄罗斯商人说："把李晓老师的木耳带回俄罗斯吧，加强经贸合作，让俄罗斯人民品尝下来自中国的木耳。"

图 33-2 李晓博士在观察玉木耳的生长情况

吉林省白城地区，由过去从未种植过木耳，到现在拥有9个大棚共计22.5万袋玉木耳，平均产量达到每袋60克玉木耳干品，共计产出玉木耳干品1.35万公斤。2016年玉木耳价格到达每公斤120元，共计产值达到162万元，销售收入将全部用于明年规模扩建及贫困户分红。如今，白城地区已成为玉木耳主产区。

李晓老师的科技扶贫足迹踏遍全省，他在国家级贫困县——靖宇县"科技下乡"给当地农民进行技术培训讲课时，一位菇农专业户提出自己种的木耳不知为什么产量总是上不来。李教授对他的问题逐一进行分析，发现他在配方、装袋、品种、栽培上都存在问题，针对这些问题李教授为他制定了解决方案，使这位菇农的木耳平均每袋产量增加2～4钱。后来，这位菇农给白山市委组织部写信，感谢李晓教授，信中写道："认识李教授之前，我每年的木耳产量平均每袋8钱左右，李教授来之后，他给我们讲课培训、现场指导，每袋平均产量1.2两，一年种植10万袋，一年增产4000斤，每年可多收入了12万元，要是早认识李教授，我们家轿车、楼房早都有了。"2016年白山市委组织部授予李晓特聘专家称号。

034

"鸡专家"的金鸡梦

刘臣被乡亲们亲切地称为"鸡专家"。

作为吉林省农业科学院畜牧科学分院养禽研究室主任,刘臣的工作主要是两方面,一方面是承担国家或省里的科研项目,主要是选育家禽品种,以及饲养关键技术研究。他研究出的芦花鸡及其配套生态养殖技术享誉省内外,深受欢迎。

另一方面工作,是提供技术服务。"吉林农村养鸡产业主要以农户散养为主,我的服务对象主要是农户。"他说,"过去机械化程度较低,农民养殖基础薄弱,饲养条件、经济条件都很差,我们技术服务的工作量也比较大。"

1985年参加工作的刘臣,在工作头十多年里,下乡蹲点成为家常便饭。他每年要花大约三分之一的时间住在示范农户家,尤其在育雏阶段,一住就是一个多月。

育雏阶段对饲养环境要求颇为严格，温度需要达到30多度。没有加温设备，要靠生火烧炕保证温度。有时农户家温度上不去，刘臣便亲自动手帮忙烧炉子，想尽办法升温。当时防疫条件也很差，刘臣和同事一个屯一个屯打疫苗，一只鸡都不能落下，多的时候一天要给一万多只鸡打针，不管天多晚都得打完。

就这样，他几十年如一日，为科技扶贫事业兢兢业业、吃苦耐劳。

2012年，吉林省农科院创新科技扶贫模式，通过科技示范户和博士联系户模式，将示范和脱贫并举。刘臣来到吉林省抚松县新屯子镇新屯子村开展扶贫工作，以吉林芦花鸡和黑鸡选育为主，结合生态养殖技术进行示范，帮助农户制定饲养方案，以村集体经济带动17户贫困户和13户生态养鸡示范户，进行林地和庭院生态饲养。

图 34-1　刘臣（右3）在养殖户家指导

他介绍说，当地生态条件、环境都不错，但农户经济条件很差。过去当地农户粮食收入很少，一年下来仅2000多元，加上采摘蘑菇、野菜等，总收入不足5000元。

图34-2 刘臣查看笼养优质鸡生长发育情况

为帮助乡亲们尽快脱贫，刘臣所在研究室为农户无偿提供了育雏笼以及加温设备，镇政府出资购买了1.09万只鸡雏，村里修建了210平方米的育雏舍、安装变压器等供电设施，并组织集中育雏。鸡雏脱温后，分给农户饲养，由乡镇畜牧站负责日常免疫工作，并与镇政府配合，对经济条件较差农户进行重点帮扶。

然而，乡亲们过去没养过鸡，一开始不得要领。刘臣多次到现场进行技术指导和培训，手把手地教，经过一段时间，收效显著。在科技人员的精心组织下，农户利用自家庭院和山林地，完成了生态养殖散养鸡育成舍及饲养设施建设，新建散养生态鸡舍1400平方米，放养围栏5000多米，具备了饲养出栏2万只优质肉鸡的育雏能力。

农户逐渐上手后，刘臣仍经常开展生态养殖技术培训，重点培训育雏技术和疫病防治技术，共发放生态养鸡技术手册300余份，培训乡、村科技服务防疫人员队伍、养殖户120人次。同时建立了长效联系机制，利用互联网随时答惑解疑、解决问题，为乡亲们提供技术保障。

几年下来，通过特色生态养殖和技术服务，实现了由"输血"到"造血"

的质变，帮助农户逐步走上了致富路。刘臣介绍，该村芦花鸡出栏率达到 90% 以上，每只鸡能盈利约 30 元；鸡蛋出栏率达 91.7%，并形成了品牌，通过网络销往全国，一箱 48 枚装的鸡蛋能卖出 150 元。"如果按一户养 500 只鸡来算，每年连鸡带蛋能带来收入 2 万～3 万元。"他说。

如今，这项示范工作以点带面，影响面拓展，带动效果显著。"鸡专家"的大名在十里八村家喻户晓，为乡亲们点燃了"金鸡梦"。

035
田间地头的农民讲师

王亮喜欢搞农业。

农村家庭出身的王亮,在大学里学农,研究生毕业后又来到吉林延边农科院工作。他喜欢蹲在田里,看着自己培育的小苗,就像看自己辛苦养大的孩子。苗长得好,心里的高兴劲没法形容;苗长不出来,他会很难过。

因为这份痴迷,王亮在工作中踏实刻苦、尽职尽责。为培育一个新品种,他跟随老师三天两头往试验田跑,记录了厚厚的笔记;为推广一个新品种,他配合老师各地"演讲"宣传品种的特点优势,就为找到最适宜的试验示范基地;为建立一个品种检测实验室,争取各种实验仪器,他敢向分管领导"吹胡子瞪眼";为申请一个科研项目,使课题更能深入的研究下去,他会不分昼夜查阅各种资料……

参加工作十年,王亮快速成长起来,不但主持和参与了国家、省、州级的

"吉林省创新体系""国家自然科学基金""国家科技型中小企业技术创新基金项目""吉林省科技攻关——玉米单倍体规模化育种"等多个项目课题,还参与选育了大豆新品种"延农8、11、12号",玉米新品种"延单23""鹏诚216",水稻新品种"延粳30"。参与获得了省推广奖、省科技进步奖、国家丰收奖等多项奖项,主持了省科技进步三等奖1项。

由于工作出色,王亮被推荐为吉林省"三区"人才支持计划科技科技人员专项计划的选派科技人员,从此他的日常工作又多了一项内容——下乡给农民讲课。

这项工作并不简单。一开始,王亮的思维方式、授课方式还是按照学校的套路,讲了几次,他发现不行,农民不买账。在那些老大爷看来,王亮还是个

图35-1　王亮(右1)在汪清实验基地,考察大豆苗情

图 35-2　王亮在农业科技教育培训班上授课

娃娃，自己干了几十年农活，还用得着他教？"给农民讲课跟给基层科研人员讲课不一样。让他们像学生一样坐在教室里听课，他们根本听不进去。"他说。

　　为此王亮遭遇过不少尴尬。有次下乡，去的地方以种植大豆为主，但他判断，当年大豆价格会下跌，玉米价格却最高。结果他辛辛苦苦备了两天课，一开口就被打断。一位老乡说："你也甭讲了，就告诉我今年大豆能卖多少钱吧。"

　　王亮想，那就说价格呗。他把书放下，开始为大家分析，因为大量进口大豆进入市场，拉低了大豆价格。同时介绍了玉米的情况。一条一条说得头头是道，终于让乡亲们信服了。

　　他自己也得出经验，给农民讲课，必须接地气儿。

　　当上农民讲师以后，王亮比以前更忙了。农忙的时候他跟着下地，农闲的时候他要讲课和搞科研，一年下来除了春节，基本上没有节假日。同事们打趣道："他比农民还农民。农民忙的时候他忙，农民闲的时候他还忙。"王亮表示，春播秋收是重活,田间管理栽培技术研究是大活,配组合做杂交是细活,下乡讲课指导农民是良心活。把活干好才能积累丰富的实践经验,才能言传身教。

几年来,他一有机会就到大豆产区了解大豆生长状况,进行田间现场指导,并根据当年的气候条件变化,随时提醒农民栽培过程中的注意事项和重要措施,保证大豆的稳定生长,达到高产优质的目的。最让他欣慰的是,通过自己的努力,能让农民接受许多新技术、新信息。"如今农村的劳动力年龄偏大,大多年轻人都外出打工了。老年人信息来源渠道比较单一,不会上网,主要是看电视。"王亮说,"通过面对面的讲课、交流,能帮助他们获得了更多需要的信息。"随着口碑越来越好,各农业局,推广站,科技局所举办的培训班,也都邀请他去给授课。

除了科技下乡、农民培训,王亮在研企联合方面也做了不少工作。在与汪清县某合作社合作过程当中,成功了申报了国家科技部的"国家科技型中小企业创新基金项目",对企业的发展起到了至关重要的作用,使其从资产175.8万元、年收入91.1万元,扩增到资产397.8万元,收入298.8万元,并获得了百万元以上的利润。近期,他又与该合作社合作申报了一个以水稻为基础的吉林省科技引导计划扶贫项目,希望以此推动该合作社进一步发展,辐射周边广大农户,提高农民的经济效益。

036

刘德江：小浆果为农民带来高收益

　　5点50分，天还蒙蒙亮，"农民"刘德江就穿着迷彩服，戴着农村常见的劳保手套，在佳木斯上了大巴车，6个多小时后，在近400公里外的饶河县下车。满满当当的大巴上，这个80后毫不起眼，没有人会想到，他竟是大学副教授，黑龙江省佳木斯大学林下经济研究所所长。

　　这趟大巴，成了刘德江的专列，他已雷打不动坐了三年，几乎每月一两个来回。从两百多万人口的省域副中心到人口仅15万左右的边境小城，刘德江是除司机外，最熟悉这条线路的"游客"。

　　饶河县位于黑龙江东北边陲，农业人口占总人口80%，是国家级扶贫开发工作重点县。按刘德江的话说，这两年，农民种玉米就是一个"赔"字。

　　"玉米经济"日渐萧条，刘德江的强项"林下经济"有了用武之地，可农民并不领情。2008年刘德江留校任教，根据饶河实际情况，开展科研工作——

把论文写在大地上 科技扶贫 100个典型案例

图36-1 刘德江（右）指导佳木斯模范村刘亚范进行刺老芽反季节生产

软枣猕猴桃就是刘德江研究的"新宝贝"。

软枣猕猴桃大小类似圣女果，与普通猕猴桃的不同在于无毛，洗净可带皮食用，维生素C含量是普通水果的几十倍。这样的好东西价格自然不便宜，去果农基地采摘每斤15元，在大城市被炒到每斤70~100元的天价。

2014年起，刘德江按照黑龙江省"'三区'人才支持计划科技人员专项计划"要求，被选派到饶河开展科技扶贫工作，引种软枣猕猴桃，为农民致富造"新路"。可当地农民并不理会"摇钱树"，软枣猕猴桃作为果树，生长周期长，农民头几年见不着效益干着急。刘德江推广劝说，农民却叫苦连连："俺们指土地吃饭，种果树咋行？没有别的收入，俺们只能喝西北风。"

无奈之下，他走起"合作社包围农户"的道路，饶河疆宝美提葡萄专业合作社理事长刘宝琴年过六旬，看从城里来的小刘做事风风火火，敬业钻研懂技术，索性放手让他在地里搞示范。

刘德江免费提供6万余元的软枣猕猴桃试栽苗木2000多株，在小佳河村

刘德江：小浆果为农民带来高收益

图36-2　刘德江（右）指导佳木斯模范村白永成剪取刺老芽枝条

等地建立示范栽培园100余亩，全面进入丰产期后，可年产软枣猕猴桃鲜果15万斤，创值450万元。如今，软枣猕猴桃离成熟越来越近，1亩每年可盈利5000~10000元，是水稻的5倍多，思想开放的农民越来越多。

除了猕猴桃，他还从科研经费中拿出1.4万元，免费提供苗木5000株，使饶河县蓝靛果忍冬栽培从"0"一跃发展到1000多亩，丰产后年产值达150多万元。刘德江主要从事小浆果的应用研究与推广，项目获得立项概率较理论研究小，前期科研经费都从好友那一笔笔举债借来，去年还了10万，如今仍欠下6万多，"举债搞科研的疯子"却舒了一口气，觉得还债的日子望到了头。

"学校已拨给我4公顷试验田，又出资建了围栏，我不好意思再给学校添麻烦。"回忆过往，他的声音不免沉重。头两年每月工资才2000多，手头有百来块钱就投入百来块钱，家里人都不支持。父母是老实巴交的农民，辛苦一辈子。儿子当上大学老师，却回农村和泥土打交道，还借钱整这些"没用的"，亲戚也轮番上阵劝他别犯"傻"。

那些在饶河推广的技术和果树，都在刘德江4公顷的田里真枪实弹试验过，他告诉记者："做技术上的东西，不能忽悠农民，要对农民负责。"如今，随着学校试验田逐渐发展，外出打工的父母也开始理解他，回到儿子身边，在试验田里打下手，尝到科技甜滋味的亲戚也不再埋怨，缠着刘德江问这问那。

被当地农民捧得高高在上的刘德江，甚至反感别人叫他专家："我是农民的儿子，我也是农民。"接到记者采访的电话，他深感意外："我以扶贫的名义去那服务，对我自己也是项目应用上的扶贫，为科研指明方向。我做得太少，获得的荣誉太多，名不副实。"

可这"名不副实"的刘德江，在饶河当地却有响当当的口碑。饶河县科技局党委书记任云龙对他赞不绝口："好一个小伙子，把饶河当作第二故乡，有时不打招呼，偷摸来，偷摸走，干完好事鸟悄地撤。"

这位迷彩服上沾满泥点自称农民的80后，还琢磨着种果树头两年不见效益的"心头锁"，计划软枣猕猴桃与毛水苏套作，利用蜜源植物养蜂产蜂蜜，让农民得到更多实惠。谈到这，他终于舒展眉头，发出了不知压抑多久的笑声。

037
刘在民：村里来了个会给蔬菜瞧病的"小青年"

"来，小伙子，俺考考你，俺这地里的白菜生的是啥病？"

当地菜农关宝华蹲在番茄套种白菜的地头，对叶片变干发黄的大白菜和出现青果发霉的番茄皱着眉头。

"大叔，这叫干烧边和灰霉病。"

菜农拍拍大腿，猛地站起身来："没想到一个卖化肥的小年轻还挺懂行啊。"

这是 2014 年刘在民结缘黑龙江省"三区"科技人才专项行动计划，第一次"微服私访"国家级贫困县甘南县兴十四园区时的"注脚"。这位"卖化肥的小贩"还有另一个身份：东北农业大学园艺实验站站长。

第二年秋天，菜农按小伙子给的药方，减少氮肥施用，加强棚室通风，一个棚多卖了 2000 多块钱。

甘南县兴十四园区是国家重点扶贫建设园区，在 1 亩棚室收益相当于 10

图 37-1 刘在民（右）向农民讲解大棚蔬菜套种技术

亩田的公式下，园区蜂拥建起 1200 多栋温室大棚，可公式并不万能，有一道难题摆在面前：园区建得起来，怎样让它用起来？外来职业菜农当起甩手掌柜挣大钱，当地农民在棚室打工挣小钱，甩手掌柜一撤，棚室又被闲置。

为提升棚室种植效益，结合当地砂壤土质温差大的特点，刘在民鼓励当地农民种起甜瓜，销往内蒙古。甜瓜虽然好吃，但多年重茬会导致严重减产，嫁接苗是解决问题的钥匙，可购置成本高出一倍多，农民既想保产，又不愿多投入。

刘在民科研、教学忙得团团转，在学校领学生创业，在农村带农民脱贫，虽然每月会在兴十四园区待上一周，可技术扶贫的时间总是一眼望得到底。刘在民看当地的技术员李欣对嫁接育苗感兴趣，前年冬天把他带回学校的园艺实验站，手把手教了三天，还送他到吉林辽源农科院商品嫁接繁育基地集训。在园区示范嫁接技术后，农民逐渐尝到甜头，如今"后继人"李欣的甜瓜嫁接成活率也已接近 90%。

除了给作物"把脉"，设计棚室也是刘在民的看家本领。其团队设计的三弦式温室空间大、阳光入射率高、温度上升快，冬季地温可达 12℃以上。他自信地告诉记者："这种温室冬季不加温种叶菜类没有一点问题。"在温室"暖棉被"

刘在民：村里来了个会给蔬菜瞧病的"小青年"

图 37-2　刘在民（左 1）培训种植技术骨干

的保护和"私人订制"的栽培技术下，抢早成了当地农民竞争的一大优势——在上市的最佳时机，利用高品质征服购买者，拿下高价钱。

"刘老师相当接地气，每次来园区都冲到种植一线和农民打成一片。开车来后备厢塞满了育好的苗，发给农民。"电话那头，兴十四园区副主任郑锋琪难掩兴奋。他告诉记者，刘在民每月来园区，都帮助农民 30 户以上，园区农民每年增益不低于 50 万元。可就这样，"好人"刘在民也落下过农民的埋怨。

哈尔滨"草莓番茄"一度炒到每斤 50 元，是普通番茄价格的 5 倍，当时抢购的市民先交钱还要排长队。嗅到商机的刘在民将优选的"草莓番茄"引入园区，收获后，尝过刘在民从学校带来番茄的农民并不买账："刘老师，俺们是实在人，你是不是在骗俺们，这果子味道咋不如你带来的。"

刘在民也纳闷，一询问，原来是当地无法接受"饥饿栽培"少浇水少施肥，沿袭种玉米时大水大肥大产量的陋习。农民还振振有词："那么小的果不成，俺们担心没产量赔钱,偷摸施的肥。"

来年丰收,农民纷纷竖起大拇指,"土庄稼汉"甘拜下风,感慨道:"不信点技术还真不行。"讲到这里,刘在民的眼角露出了技术范颇足的腼腆笑容。

引入"草莓番茄"的举措,仅单栋棚室就增收 2500 元,刘在民帮建的温室,每栋保守估计年入 2 万元。此外,刘在民还为农民引进耐储运番茄品种 10 个、非洲冰菜等特菜类品种 20 个……

"我们种了一辈子菜,怎么你读了大学还种菜。"刘在民老家离甘南不到 70 公里,父母是和土地打了一辈子交道的庄稼汉,曾这样吐槽儿子。一个小建议,就能在农民那发挥用武之地,刘在民获得了扶贫的幸福感。帮扶两年,他不遗余力地规范棚室建造及其高效利用、普及嫁接技术、现场培训育苗、编写农事日历,好不容易走出农村吃上"皇粮"的刘在民,宁愿锃亮的皮鞋重新沾上泥土,一句"我爱园艺专业"的背后,心里牵挂着千千万万生活在黑土地上的家乡农民。

038

王世平：泥土地里的贫穷斗士"葡萄王"

初次见到上海交大农业与生物学院教授王世平，是在上海嘉定区马陆镇的一个葡萄园里。

因为急着去外地出差，正装皮鞋都已穿着妥当，带着几分学者的儒雅气质。

然而在果农的眼里，王世平很"接地气"。"葡萄种植哪家强，交大农学院找老王。"

趁着出发前的间隙，王世平和果农讨论果园改造的具体事宜。几个来回下来，锃亮的皮鞋已经踩成了大泥脚。王世平眉头都不皱一下，脚步大开大合，经验丰富得像个老农。

就是这双泥脚，在近20年的时间里，踩过全国19个省市里最贫穷的土地，帮助果农建立了葡萄栽培技术示范园，辐射总面积达到130多万亩，覆盖5万多农户。

王世平历经十年研发的葡萄根域限制和果粮套种技术，更是颠覆了传统农业种植模式，为农民增收提供了新的途径。这项科研成果获得2013年度国家科技进步二等奖，是我国葡萄领域第一个国家奖。他的成果打破了葡萄栽培"南不过长江"的历史格局。

作为科技扶贫专家，不管穿的什么鞋，泥土地就是王世平的战场。

"剪"出全国林业先进县

王世平的"地气"，最早是在曾经中国最穷的山区——宁夏西海固农村炼成的。20世纪80年代，硕士毕业的王世平被分配到这里。

图38-1　王世平为农民做培训

王世平：泥土地里的贫穷斗士"葡萄王"

图 38-2　王世平（站立者左 2）现场指导

来到宁夏，王世平看到的是，窑洞里一家 7 个小孩，母亲把饭菜倒在炕沿上的一个个小盆里，7 个孩子排成一排，趴在炕上吃。"像喂小猪一样，太揪心了。"

因为土地贫瘠，苹果树作为村里人的主要经济来源，却只开花不结果，村民温饱都是问题。"修剪是门技术活。来年收成怎么样，就看今年一剪刀。"王世平要做的，就是修剪果树以及肥水管理。

而这一剪，就是 8 年。住草房，奔田头，与农民"同吃、同住、同劳动"，从不抽烟喝酒的王世平，学会了"烟酒社交"，递根烟，热情的村民打上 8 毛钱一壶的酒，就着酸菜，打开了话匣子。

王世平一周六天，骑着自行车翻山越岭，挨家挨户为村民修剪果树。到了冬天，双手肿痛得厉害，他也未曾歇息一天。窑洞住久了，身上长虱子。王世平每周回家，妻子都得用开水烫一烫他身上的衣服，才准让他进门。但也因此，当时王世平"金剪刀"之类的绰号，早就传遍了村子。彭阳县因此被评为"全国林业先进县"。

有一农户为了答谢他，特地宰了一只养了多年的下蛋老母鸡。"不过老母鸡煮了3天也没煮烂。"即使过了近30年，王世平回想起这件事，依然觉得既感动又好笑。

资源匮乏，"靠天吃饭"地理环境造成的贫穷，完全可以靠技术改变。在祖国的西南边陲，已在上海交大展开科研的"葡萄王"每月往返多次，引入最新的葡萄种植技术，建构精准扶贫模式，让农民的收入翻了几番，脱贫不再返贫；在广袤的中原大地，他创新果麦套种模式，大幅提升了土地的价值，让留乡种田的农民也能够生活体面。"比起农民增收，自己是否有收入并不重要。"他默默地做了近20年。

根域限制克服"水土不足"

经过13年探索，王世平团队研发出了果树根域限制技术。由于南方多雨，地下水位高，葡萄"水土不服"。通过将每棵果树种植在不足2平方米的"小隔间"，有针对性地肥水供给，不但大幅节水、节肥，缩短成熟时间，还能提高果实品质。这一技术看起来并不复杂，却创造了巨大的经济效益和社会价值，并获得了2013年度国家科技进步二等奖。

但很多农民觉得，自己种了一辈子地，难道种地还不如一个只会读书的专家吗？

2013年在云南大理州宾川县扶贫时，王世平就遇到了这样一个"刺头儿"。当时王世平在向村民推广、示范自己的葡萄栽种方法，一位熊姓村民蹲在一边抽烟，一点也不理会。三四个月后，熊姓村民傻眼了：其他人的葡萄树早已枝繁叶茂，唯独自己管理的几棵不见长！再次见到王世平，熊姓村民拉着他的手说："以后您说咋弄就咋弄，我都听您的！"

之前一亩地能种600棵葡萄树，但按照王世平的种植方法，一亩地一般只种 8～10 棵，还限制根的生长，产量能上得来吗？

王世平给村民算了笔账：利用根域限制技术，人力成本节省 30%，农药和化肥节省 50% 以上，节水 50% 以上，优质果率到 85%～90% 以上。保守估计，一亩地可以增收 1 万元。

如果在果树根域限制的基础上，进行果麦套种，可以有效避免地下部养分竞争和地上部阳光竞争等难题。这样一来，小麦产量达到原来的 80%，葡萄产量 1800～2000 斤每亩。保守估计，一亩地可以增加 8000 元左右收入。保证粮食生产的同时，还能增加一大笔收入。这一技术已在河南漯河、江苏连云港等地取得良好的成果。

王世平主动出击，针对产业发展瓶颈，引入葡萄新品种和新技术，开展环境友好节水节肥的新型葡萄栽培技术推广，依托华侨庄园开展葡萄科技推广和示范助力宾川葡萄产业技术"二次革命"，辐射带动当地近 20 万亩葡萄生产，直接经济价值 70 多亿元。

此外，在县委、县政府的领导下，王世平建立了宾川县大营镇莉村"党支部 + 龙头企业 + 贫困户"的产业扶贫新模式。农民土地入股，参与果园分红。在王世平的帮助下，全村建档立卡户 141 户 454 人贫困户人均纯收入达到了 3200 元以上。2016 年，中共中央政治局常委王岐山来到宾川视察，他对当地扶贫模式的创新赞不绝口，更对王世平的奉献精神表达了赞美。

和土地打交道的这么多年，王世平早已把自己对土地的执念融入了生活，并且融入了教育理念：他带的研究生，实验材料必须自己种，每周都要下地劳动一到两天。"学生不敢抱怨，因为我干的比他们还快。"

直到采访结束，王世平也没意识到鞋边沾满了泥，然后拖着这双大泥脚，大步奔向下一片土地。

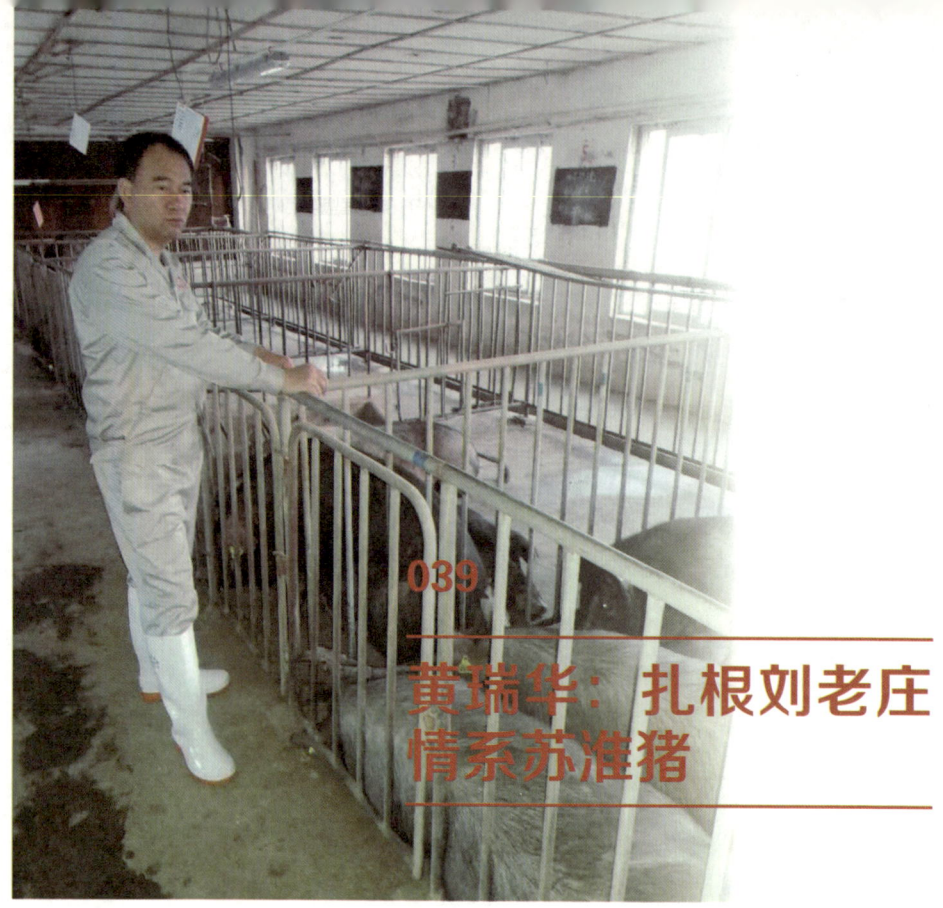

039

黄瑞华：扎根刘老庄 情系苏淮猪

2017年的春节，让亲朋好友们大感惊讶的，莫过于南京农业大学黄瑞华教授在微信朋友圈里叫卖起"苏淮猪"猪肉了。一些朋友将信将疑地买了几斤尝尝，直呼："又吃到了记忆中儿时猪肉的味道，真的是一家杀猪百家香。"

这个凝聚了数十年心血的新品种，不仅让黄瑞华放下身段吆喝叫卖，还倾尽全力打造他理想中的苏淮猪产业链。

实习偶遇缘结淮猪

早在30多年前，还在学校就读的黄瑞华，赴淮安溪河、林集两个乡镇参加大学生"科技播火"活动。撂下行囊他便冒雨走访百姓调研，结合所学及思考再与百姓交流，即使中暑了也没中断。

直到今天，他还清晰地记得一位农民告诉他治疗小猪拉稀，可将草木灰与药混合给小猪吃,十分有效。这让他十分感慨:"与农民交朋友,能感受到他们的纯朴,还能学到书本上没有的知识。"自此他走上了致力于服务"三农"、开展科技扶贫的人生之路。

从20世纪90年代起,他跟随导师王林云教授扎根位于淮安刘老庄的种猪场,面对"一抖被子就能抖出老鼠""和蚊子、苍蝇抢饭吃"的艰苦环境从不言弃,历经12年成功育成淮安迄今为止唯一一个国家级畜禽新品种"苏淮猪"。

2013年,南京农业大学与淮安市共建"南京农业大学淮安研究院",黄瑞华成为院长首推人选。尽管行业老大温氏集团恰在这时邀请其出任"温氏学院"院长,他还是下决心与淮安续缘,担当起新淮猪持续选育与产业化建设的重任。

为了苏淮猪产业化,他飞南走北,汲取成功经验,构建苏淮猪完整的产业链:繁育的环境,采用更洁净漏粪网,通畅的通风设施,在猪舍安装监控视频实时掌握猪的生长环境;饲料选用低水平矿物元素的发酵饲料,不用抗生素;屠宰物流环节,依托苏食集团进行屠宰,经过24小时左右0～4℃的排酸过

图39-1　介绍苏淮猪实验基地改造思路

程，真空包装，采用冷链物流运送到市场。他甚至亲自在微信群里叫卖宣传苏淮猪肉品，普及猪肉相关知识。

"黄老师总是把种猪场的事当成自己的事"，淮阴种猪场场长傅道斌如此评价。2014年春节后上班第二天，黄瑞华就到淮安市农委汇报关于苏淮猪产业集团的组建思路，让时任淮安市农委副主任聂绍利着实感动。忙于苏淮猪的选育和推广，他全年待在南京的时间不足三分之一，凌晨一二点入睡成为常事，早晨4:20起床已成定律。黄瑞华从一个"猪"教授变成一个地地道道的"铁人"，很多年轻人都"跟不上黄老师步伐"。

成功转型扶贫致富

黄瑞华多年坚持帮扶，促成淮阴种猪场从一个负债累累的老农场转变为"国家农业科技创新与集成示范基地"。

2005年底至2006年上半年，面临颓唐的经营状况，淮阴种猪场的员工们

图39-2　现场调试种猪测定秤，以便更好地做好苏淮猪后备猪选育工作

黄瑞华：扎根刘老庄　情系苏淮猪

半年多没有拿工资，但即使到如此困难的境地，种猪场在夹缝中挺过来了，成功地进行了转型：苏淮猪持续选育团队创成"国家级科技特派员创业链"，并获批建设国家首批"苏淮猪业星创天地"。

转型后的淮阴种猪场人均收入从 2010 年的不足 6000 元，到 2016 年的人均超过 1.2 万元，翻了一番。自 2010 年以来，淮阴种猪场销售出去的种猪数量已超过 8000 头。

苏淮猪是大约克夏猪和淮猪杂交选育而成的黑猪，抗逆性强，耐粗饲，体质强健，即使在 10 月的寒潮中，破败猪舍里的小猪也能活蹦乱跳，深受家庭农场的青睐。

安徽泗县的陈贤平就在自家农场里养了苏淮母猪 150 头，自繁自养。五河县的荣怀江，苏淮母猪 200 头，自繁自养，一般每头母猪可产小猪 20 头，现今在蚌埠开专卖店，育肥猪的体重要超过 300 斤才出售，每头利润约 1500 元，年收入约 600 万。

苏淮猪因其品种的优异受到市场好评，走优质猪肉销售的路线，价格为市场猪肉价格的 1.5～2 倍。作为年消费 6 亿头猪、人均消费 40 公斤的猪肉大国，苏淮猪迎合的是少数高端消费者的需求，目标市场占有率在 5% 左右，苏淮猪现如今还有较大的市场空间，养殖户仍能可持续获利。

沙国栋：一条岭上芦蒿香

"老百姓的认可,就是对我最大的奖励。"与农民打了几十年交道的沙国栋感叹道。

作为江苏省农科院的一名退休研究员,周末依然没有休息,他还在办公室为贫困地区农民发家致富寻找特种经济作物的新路子。

1988年至今,从事蔬菜栽培技术研究的沙国栋始终工作在农业科技第一线。2012年退休后,他又被江苏省农科院蔬菜所聘任为无公害栽培技术研究项目组首席专家、特种经济作物研究项目技术组顾问,常年奔走于苏北贫困地区,开展科技扶贫工作,向农民传授农业新技术。

田间地头就是他的实验室

"我这个人喜欢在农村,作为一个农业科研人员,就是要跟农民、农村、

040
沙国栋：一条岭上芦蒿香

图 40-1　沙国栋（右 1）和种植户分析苗情及生产管理措施

生产一线结合。"沙国栋是个闲不住的学者，他不喜欢天天泡在实验室写论文，他更愿意到乡村蹲点，引进推广适宜当地种植的蔬菜作物，实实在在把论文写在田间大地。

从 1993 年开始，沙国栋在睢宁县蹲点 4 年，引进推广"宝冠黄皮西瓜"等特色品种及配套栽培技术，带动了当地蔬菜产业的大发展。1998 年起，他又到常熟市蹲点 4 年，帮助形成了"王庄西瓜"产业；推动了"海明超市蔬菜""新港出口蔬菜"产业的稳步发展。2006 年，他继续到灌云县蹲点 4 年，提出了在灌云县一条岭地区因地制宜发展芦蒿产业，发展日光温室芦蒿的技术途径和持续高效栽培模式。2014 年，沙国栋再次来到灌云，着力推进灌云日光温室芦蒿技术创新和产业升级。

但是，在贫困地区推广新品种新技术并非都是一帆风顺，农民最想要看到的是实实在在的效果。2006 年，沙国栋刚到灌云县陡沟乡许相村，开第一次动

图40-2 沙国栋（右1）和江苏省农科院经作所、灌云县农委的专家，一起研究芦蒿品种创新

员大会时就遭受了挫败：一些村民不愿改变传统的芦蒿种植方式，甚至有人带头拦截其他想开会的村民，场面一度僵持不下。结果，那次到场的乡亲们只来了计划中的一半，仅寥寥20多个人。

面对村民的不理解和对抗性举动，沙国栋并没有埋怨而是带头示范，建设48个日光温室，放弃种植大叶青蒿，改为种植大叶白蒿。他像普通农民一样在田间地头劳作，用实际行动和收成让村民理解科技对农业的帮助，让农民转变种植方式。到了第二年，日光温室芦蒿的亩产值竟达到了2.5万元，而之前村民们种植芦蒿的亩产值只有3000元。这样的好收益让群众积极性大涨，纷纷响应日光温室种植芦蒿。10年过去，灌云芦蒿已颇具规模，形成了"江苏省灌云芦蒿基地"。

农业科研者不应忘初心

长年与农民打交道，让沙国栋对农民有着深厚的感情，能真正从农民的利益出发，帮助他们解决蔬菜种植方面的困难。

日光温室芦蒿一时的高效益并不是他的目标，农民可持续地增收才是他的目标。有的地方发展日光温室蔬菜，连续种植3年就导致连作障碍。沙国栋提出，在同一日光温室内芦蒿番茄轮作，连年持续生产，9月份定植大叶白蒿，收获2茬芦蒿后种植番茄。这种轮作方式，不但生产效益提高1倍左右，更重要的是能够有效避免芦蒿基地发生虫瘿、钻心虫等重大病虫灾害，改善日光温室土壤条件，让老百姓持续获得好收成。

要实现日光温室芦蒿产业的长久发展，就要有优秀的芦蒿品种。以往是引进品种，通过生产试验和提纯复壮，作为专用品种开发。为了灌云芦蒿特色鲜明，品质上乘，需要有针对性地开展品种选育工作，经过多次努力，最终育成了"灌蒿1号""灌蒿2号"2个新品种，并建立了脱毒芦蒿三级扩繁体系，为灌云日光温室芦蒿产业可持续发展提供了品种支撑。

10年来，日光温室芦蒿产业，带动了灌云一条岭地区农户脱贫致富，成效显著，按照种植面积5000亩，每亩年产值3.5万元，生产效益（含劳动用工）2万元计算，每年可以创造产值1.75亿元左右，给农户带来1亿元左右的收益。蹲点帮扶的许相村，过去是当地最难的贫困村，无资源优势，无特色经济，全村农民人均收入不到3000元。自2006年起，兴起日光温室种植芦蒿后，依靠芦蒿产业，2015年农民人均纯收入1.38万元。

脚踏实地，不忘初心。他自认是"毒舌"导师，常对年轻人说：既然学的是栽培生产，就要到农村去、到生产一线去。这数十年来，沙国栋脚踏实地用科技扶贫带动了数个贫困乡村的发展，帮助农民脱贫致富。

041
王友明：大山深处农民最欢迎的人

2017年2月14日下午，毛爱珠一看到科技特派员王友明教授来到农场，快步走来，迎面就说："王老师，我要搞兔加工，拔毛技术怎么解决？解决了这个技术难题，一只兔子就变成三只兔子了。"

毛爱珠的绿耳朵农场坐落在浙江省文成县桂山乡平溪村林山大众田，这里海拔850米，一眼望去四面都是山。桂山乡是离县城最远的山区乡，人称"文成西藏"，四县交界之地，早上一只鸡叫四县听到。平时，很少有人上这里来。今天，来自浙江大学的王友明像往常一样，先是从杭州乘车到温州，再坐车一个多小时出租车到文成县科技局，又经过一个多小时盘山公路来到这里。

王友明走进了兔舍。这里有3600只兔笼，饲养着4000多只新西兰白兔和

041
王友明：大山深处农民最欢迎的人

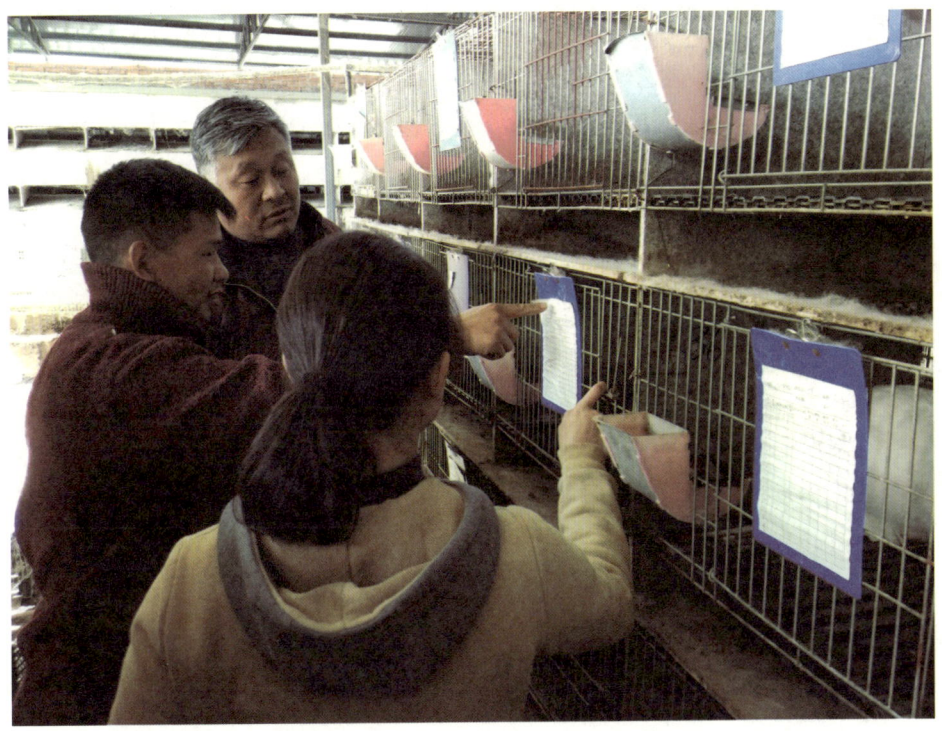

图 41-1　王友明（后排右 1）细心指导文成县禄祥农业专业合作社养兔生产

伊拉兔。"以您的眼光，哪些地方要改进、加工技术与建厂怎么做……"对毛爱珠提出的问题，王友明一一作了指导。

这里的一切，王友明太熟悉了。几年前的一幕幕场景浮现在眼前：

"朱应官，省里的科技特派员专门帮你来了……"

2006 年秋的一天，朱应官正在忙着建兔舍，一听有人找，就赶紧出门。只见门前站着一人，身材魁梧，笑容满面，虽衣着朴素，但一看就是个文化人。

"我是浙江大学的王友明，是派到这里的科技特派员，听说你要发展兔业，想帮你，你有什么想法，准备怎么做……"

朱应官没想到省里的专家会来他家帮他养兔。在村里，朱应官的条件不好，家里有几个老人，因病致贫。为脱贫借钱 4 万元，在村外 2 公里的山上发展养兔。从那天起,王友明先后80多次进深山,指导朱应官合理使用疫苗、推荐全价配合饲料,还送他几十头新西兰种兔和部分疫苗。

后来,朱应官家的兔场股权变化,大学毕业回来的妯娌毛爱珠和丈夫朱应武接手发展。王友明又全力帮助毛爱珠,每个月要到山里2～4次。这才有了开篇的一幕。

2010年,在王友明帮助下,毛爱珠夫妇开始建县二级种兔场。在资金困难之际,王友明主动提出,个人出钱无息借他6万元……现在,种兔场已有兔笼3600只,存栏4000头,去年出栏兔子2万只。

毛爱珠在大学学计算机,头脑灵光有想法。王友明因势利导,转变扶贫模式,帮助发展精品园,首创了"立体混合种养生态循环模式"。如今,"空中有蜜蜂,笼里有白兔,山上有土鸡蛋",山上放养的5000多只土鸡,每天光是土鸡蛋收入就有5000元左右。王友明又指导他们发展"互联网+品牌",在淘宝上打出了"迈野"土鸡蛋品牌。

出了毛爱珠农场,王友明又来到毛瑞上家的兔场。

"毛瑞上、毛瑞上……我来了",毛瑞上闻声而来,这位本在外地创业的裁缝师傅是去年回村养兔子创业的。在王友明帮助下,现规模3000多只存栏兔子,2016年获利近30万元……

朱应官和毛爱珠接力养兔的故事是王友明精准扶贫的一个缩影。到2014年,文成县的肉兔饲养量达到190万只,加工68万只,产值1.6亿元左右。王友明又从养兔到种植香菇,从产业扶贫提升到信息服务。桂山乡党委书记周友银说:"王友明教授扎根山区10年如一日,为山区农民脱贫致富,很不容易,他是最受农民欢迎的人……"

王友明是一个勇于开拓创新的科技特派员。在文成,王友明建立了国内首个特派员兔业指导群。帮助乡建立了特色千亩高山蔬菜基地,发展了蜂产业。

桂山乡本无香菇种植,如今菇业已成规模。

2014年,桂山乡农民刘际拥在外经营积累了一笔资金,想回村发展。第一年，他在山里养鱼，由于委托他人，又缺少科技指导，亏了100多万元。第二年，他回村自己发展。在王友明的指导下，开始了大棚种植香菇。王友明每个月四五次到他的大棚指导，协助完成了设计、认证、建厂等一系列工作，引导刘际拥和包广强两个合作社完成1000万元的投入，建成48亩大棚发展高规格反季节香菇品种，还帮他们获得扶贫资金260万元。一天，刘际拥找到王友明说："棒子不出菇，怎么办？"王友明发现，这里海拔高，温度低，温差大。于是，畜牧专业的王友明与农民一起同步学习，一起实践。先是用冷热刺激法，不行。再学再实践，终于有一天，王友明两手拿着两个菇棒敲打3～5下，结果几天后出菇了。刘际拥和包广强现在每年有100万棒香菇，年产值700多万元，50多个农民在这里就业。在他们的示范下，桂山乡香菇种植一户接一户，户户成规模。

铜铃山镇本是零星养蜂，如今蜂产业得到快速发展。

在铜铃山镇海拔950米的观音堂山，周光彬放置了一箱箱蜂箱。他现在有

图41-2　王友明（右1）跋山涉水指导蔡华养蜂农户生产

近 800 箱，年产百花蜜 2 万多斤，周光彬 2010 年回乡养蜂，打出了"仙花谷深山花蜜"品牌。蔡华曾在景区开电瓶车谋生。现在他养了 200 多箱土蜂。目前，全县已有近 30 个农民蜂场。在王友明指导下，周光彬正在筹备成立文成县养蜂协会。

10 年来，王友明牵肠挂肚的是科技扶贫。

在文成，王友明"伤筋动骨 100 天"的故事让文成农民感动。

2016 年 4 月的一天，王友明在桂山乡举办春防技术培训班。随后他跟文成县科技局的人一起去毛爱珠家看土鸡养殖情况。他走在山上没有路的地方规划新鸡舍建造，突然，脚一滑，滑到山沟里，顿时，脚腕上一阵刺心的痛，人也站不住。200 多斤重的他，由学生扶着单脚跳回车里。回到杭州已晚上 9 点。第二天，脚肿得鞋子都穿不进。医院检查后发现 2 根趾骨断裂。"伤筋动骨 100 天"，但是，打着石膏，支着拐杖的王友明在这 100 天里，依然 5 次走进大山指导农民种养。

在文成县科技特派员中，王友明有很强的集聚力和号召力，成为这个团队的首席，特派员亲切地称他"王头领、王首席"。在王友明的带领下，大力开展团队活动，不同学科的"科特派"在工作中取长补短，积极配合。全县科技特派员仅 2016 年就发起各类科技活动 20 多次，服务 7 个产业 30 多家企业，带动产业经济超过 2 亿元。王友明说，把文成县科技特派员团队建设成"中国第一品牌"是他新的追求目标。

走进文成大山深处 11 年，王友明扎根乡村，任劳任怨，作为畜牧专家科技特派员，帮助文成县申报完成国家级、省级富民强县"肉兔产业"项目，为文成县争取中央、省、市扶贫资金 730 多万元。引进良种 10 多个，推广成熟技术 10 多项，现场指导 1000 多次，培养科技二传手 250 多人……在文成大山深处留下了 18 万公里的足迹。留下足迹才美丽，而美丽更在于更多的贫困农民因科技扶贫而致富。王友明说："只要政策不变，我要一直在文成当一名科技特派员，我现在干出味道来了……"

042

王朋成："瓜菜大王"

在安徽宿州埇桥区的农民朋友中间，安徽农科院园艺研究所王朋成研究员有着另一个响当当的名头——"瓜菜大王"。

2015年，王朋成成为"三区"人才支持计划科技人员专项计划一员，被选派到宿州市埇桥区进行技术援助服务。两年多来，在王朋成指导带领下，埇桥区瓜菜育苗场快速发展到20多家，年生产瓜菜种苗3000多万株，带动建档立卡贫困户102户脱贫。他用脚印和汗水在棚间地头书写了科技助农扶贫的感人篇章。

2015年1月，王朋成在埇桥区进行大棚蔬菜技术培训时与埇桥区西寺坡镇谷家村农户谷德法相识，交谈中得知谷德法一家6口人，土地不足7亩，靠种植小麦、玉米收入很低，想发展蔬菜育苗脱贫致富。当地农民想要致富的迫切愿望，也坚定了王朋成帮扶的信心。

实地查看后，王朋成对谷德法的苗场场地、大棚结构、加温设备、简易育苗床等进行了精心设计，期间还协助他成立了西寺坡绿源种植养殖专业合作社。育苗期间，王朋成陪着谷德法吃住在育苗场，从育苗基质配制、种子杀菌催芽、嫁接方法、苗床温湿度及病虫害防控等育苗关键环节耐心传授技术。在王朋成指导下，合作社建成11个育苗大棚，手把手地把贫困户成员9人培养成为苗场嫁接技术工人。王朋成还帮着联系获得订单西瓜嫁接苗10多万株，合作社当年生产番茄、辣椒、西瓜、甜瓜等瓜菜种苗45万株，实现苗场纯收入4万多元，贫困户人均收入4000多元。

西寺坡镇的农户尝到了科学种田的甜头。王朋成又在该镇指导苗场扩大规模，建成26个育苗温室大棚，从省农科院引进8个优良瓜菜品种进行育苗推

图42-1　王朋成（中）在埇桥区杨庄乡韩楼村帮扶贫困户育苗

图 42-2　王朋成在埇桥区杨庄乡韩楼村做技术培训

广。2016年，苗场纯收入近12万元，19名贫困户人均收入超过6000多元，并成功走出了"技术+合作社+贫困户"种苗产业帮扶脱贫的路子。

王朋成常说，只有把技术传授给农户，留在当地，才能真正帮贫困户树立信心，走上科技增收、致富之路。

2015年4月，王朋成在埇桥区驻点技术指导时，接到埇桥区杨庄乡韩楼村贫困户张银凤电话，说自己的5亩大棚西瓜只有秧子没有果，非常着急！第二天，王朋成乘公交汽车赶往田间。经查看发现，张银凤的大棚是因温度过高、西瓜无效枝条过多，形成西瓜秧蔓旺长，导致西瓜坐不住果。

王朋成立即在西瓜棚进行秧蔓整枝示范，边做边讲解。随后又把大棚怎么通风、大棚温度管理标准以及西瓜授粉方法、病害防治等技术管理措施写出来交给张银凤。指导结束后，已是下午六点多种，王朋成才又乘公交汽车返回驻地。回来后，王朋成每天电话跟踪西瓜生长管理情况。

　　瓜熟蒂落的季节，张银凤兴奋地打电话告诉王朋成，5亩西瓜第一茬就卖了2万多斤，收入2.3万元，比去年多收入1.5万元！"邻居夸俺的西瓜种得最好，技术进步最快！"

　　王朋成在技术扶贫中发现，蔬菜虽是高效作物，但也是劳动密集型生产，劳动用工已占瓜菜生产总成本60%以上。宿州当地农户栽植蔬菜苗子仍采用传统大量雇工、人工挖穴定植的方式，劳动强度大、费工费时。

　　通过联系，王朋成为埇桥区八张村富民瓜菜专业合作引进5台蔬菜"栽植机"，每人每小时定植蔬菜苗1000～1200株，比传统定植方式效率提高5～6倍，每亩地节约用工1.5个、节约成本80～100元。合作社每年节省用工费用3万多元。目前，蔬菜"栽植机"在埇桥区大范围应用，深受菜农喜爱。

　　王朋成在长期的帮扶中感觉到，农户技术参差不齐，贫困户没经验，管理跟不上，容易出现病害、治病用药不得当、水肥管理失衡等问题，如不能及时得到解决，就会减产造成重大损失。为此，他借助信息化手段，依托"安徽省瓜菜集约化育苗技术创新战略联盟"等专家平台，建立了"农民—专家"微信群。目前，群里汇集各行技术专家16人，咨询内容涉及蔬菜育苗、栽培管理、病虫害防治、市场经济信息、产品保鲜储存和销售等，200多农户立即成为群里"粉丝"。西寺坡镇光明村丁四化一边翻看群里信息，兴奋地说"发条短信给专家，生产问题得解决，大棚种菜不再难"。

043
兰伟：做大农民"朋友圈"

隆冬时节，皖北大地寒风凛冽。2017年1月12日，早晨7时多，安徽阜阳师范学院生物与食品工程系副教授兰伟居住的小区门口，一位农企老总早早就在等着他，心事重重地说企业发展遇到瓶颈，"压力山大"。

等解答完企业的疑惑，已近中午11时。兰伟顾不上吃饭，又赶去颍上县，一个农户种植的近百亩草莓植株很旺盛，坐果却很少，还出现了病虫害，让他心急如焚。

在安徽阜阳市区县的种植专业合作社经营者当中，"兰教授"可是个响当当的名头，他手机24小时开机，随时接听农户电话；合作社若有需要，第一时间赶赴现场；所有技术支持与附加服务全部免费。他手机通讯录上的1000多个联系人，有600多人是农民兄弟呢！

三尺讲台上，兰伟是学生们喜爱的"泥腿"老师；绿色原野里，他是种植户们深深信赖的"农业专家"。今年43岁的他，因常年奔波在田间地头，科技扶贫一线，皮肤有着农民特有的小麦色。听说自己有不少农民"粉丝"，兰伟连连摆手道："我只是为他们做了一些小事。"

提起兰伟，阜阳市颍泉区火营果蔬专业合作社张殿兴心里已为他点了无数个赞。7年前，张殿兴的草莓合作社开张，只有13个人、40多亩地。由于不懂草莓育苗技术，再加上当年夏天气温高、湿度大，眼瞅着草莓苗一棵棵蔫了，合作农户的心也散了。心急如焚的张殿兴听说了兰伟，就找他帮忙。

兰伟一口答应下来，钻大棚、察苗情、找对策……从此，兰伟几乎放弃所有休息时间，无数个周末，他往返于学校和试验田，对10个品种进行试验栽培，最终确立了"皖北草莓'早、密、简'优质高效栽培技术"，形成了符合皖北草莓丰产优质高效栽培的技术体系。

终于，这种栽培模式让皖北地区草莓可提早到11月上旬上市，在全国设施

图 43-1　兰伟（右）指导农民观察引进的草莓新品种"白雪公主"

图 43-2　兰伟在草莓生产基地观察苗情

栽培草莓中也是佼佼者,平均产量提高了 20% 左右,优品率达到 95% 以上。

事后,张殿兴要"意思意思",被兰伟一口回绝:"看到你们增收,我比你们还高兴,这就是给我最大的回报。"有了"泥腿子教授"做后盾,张殿兴和农户们的底气更足了。如今,火营果蔬专业合作社成员已发展到 500 多人,种植面积达 2000 多亩,年产值 5000 余万元。

不只是单个的农户,阜阳的草莓种植产业也因兰伟受惠。他发明的草莓"早、密、简"栽培技术,让草莓提前一个月上市,亩产量提高 20%,单个大棚成本降低上千元;他指导企业引进的草莓新品种"白雪公主",白中带粉,多汁可口,一度卖出每公斤 150 元的"天价";他研制出的草莓酒,每 4 斤草莓产酒一斤，售价能达 70 多元，在拉长草莓产业链条的同时，也有效地破解了草莓销售积压的难题。而这些技术，兰伟全部无偿推广。

阜阳市颍泉区是省级扶贫重点区，作为草莓主产区，目前，年种植面积 1.8 万亩左右，年产鲜草莓 4.2 万吨，年产值 3.6 亿元左右，草莓产业已成为阜阳市经济增长和区域发展的创新点。

刘磊是安徽霁嘉农牧科技股份有限公司的负责人，刚返乡创业时，通过土地流转盘下了 1000 多亩地，可种什么，怎么种，心里还真没谱。后来，刘磊找到了兰伟，希望他给拿拿主意。

兰伟经过认真分析，建议他种植新型猕猴桃和突尼斯软籽石榴。为让刘磊安心种植，兰伟一趟趟跑来为他提供技术服务。时间久了，兰伟干脆不打招呼，不请自来，直奔地头查看苗木生长情况。"好几次，我去地里才发现兰教授也在。我当时的感激之情，无法用言语表达。"刘磊动容地说。在兰伟的帮助下，刘磊栽培的软籽石榴每亩增产 300 多公斤、增收 2400 余元。

兰伟出身阜阳农村，对土地和农民有着深厚的感情。自 2007 年以来，兰伟长期义务帮扶 90 多家农业企业和农民专业合作社；运用草莓、石榴、猕猴桃等蔬果的专业种植技术，为农民增收 5000 万元以上；帮助 10 多家企业成功申报国家、省、市级科技计划项目……

他常说："我是农民的儿子，来自农村，反哺农民、服务农业是我的'天性'。我要穷尽毕生所学、所能，把我的农民朋友圈做大，把致富农民的圈子做大。"

044

束庆龙：研究做在大田里

几年前，皖西老区的群众就在口口相传一件事儿：上面要派个大教授下来搞扶贫。"文秀才"不待在课堂里好好讲课，到山区来做啥。有说是"镀金"，有说是"下放"，越说越离奇。

"大教授"果真来了。他就是安徽农业大学教授、博士生导师束庆龙，曾任中国林学会理事，中国林木病理学会理事；现在是安徽省林学会副理事长，《安徽林业科技》副主编，安徽油茶首席专家。

束庆龙教授家乡在皖西大别山老区的舒城。贫困山区长大的教授，少时吃了不少苦，也立起了一定要用知识改变家乡，摘掉"贫困"帽子的壮志。

大约10多年前，束庆龙教授就经常到皖西大别山地区进行考察，寻找脱贫的口子。他发现茶油的市场需求很大，而皖西地区土壤气候又适宜油茶树种植，经过多番调研，他把目光聚焦到油茶产业上。

2005年,六安市在安徽省率先创建农业科技专家大院,束庆龙教授担任该市经果林科技专家大院舒城分院首席专家。2008年,又升格为安徽省的首席专家。而家乡舒城县也聘他为该县实施富民强县行动的首席专家。这下,束教授可以施展他的"油茶扶贫"计划了。

选定油茶产业,但要让农民相信这行可以致富,还需要用科技手段解开困扰油茶产业发展的难题,让农民看到靠油茶致富的希望。

束庆龙发现,安徽省虽然是油茶种植大省,但是在油茶良种上却是空白,现有的油茶多是品种混杂、产量低的老油茶。

束庆龙从选育油茶良种开始,在舒城10多万亩的油茶林中,通过反复筛选,择出挂果多、大小年不明显的12株单株。又把这12株移栽到实验地进行观察,记录他们的生长性状和抗逆性,最后决选出4株"早实、高产、抗病、

图44-1 束庆龙(后排右3)指导油茶栽培技术

耐寒"的最优单株，加以培育，安徽首批油茶良种"大别山1-4号"诞生了。改良后"大别山1-4号"平均亩产茶油达到50公斤，而此前的老油茶树每亩只能达到4~5公斤，产油率足足提高了10倍多！

图44-2　束庆龙讲解油茶修剪技术

有了自主培育的良种，束庆龙又开始钻研培植技术，让良种变苗木。束庆龙常听农户们反应，油茶苗成活率不高，影响了利润，挡住了脱贫的步子。为了搞清楚影响成活率的因素，他亲上山头，通过大量调研分析，束庆龙提出了"半裸根育苗"方法，前期实行容器育苗，半年后移栽到大田稀植，强壮苗木的根系，使栽植成活率高达98%左右，相比之前成活率提高了20%以上。这期间，由于长期伏下身子埋头修剪，患有高血压的束庆龙常感手脚麻木、身体不适，而这一切他都默默忍受着。

油茶产业日渐兴盛，越来越多的农民走上了靠油茶树脱贫致富的路子。近5年来，舒城县新增油茶大户4000多户，靠油茶脱贫的约1600多户，越来越多的人信服科技致富的力量。

舒城县河棚镇岚冲村的油茶种植大户程义民，以前认为油茶是"懒庄稼"，现在听了很多次束教授的讲座，开始了精细打理，通过低产林改造、病虫害防治等抚育措施，产量提升了好几倍，现在一年的油茶收入要比过去多1万多元。

皖西山区的潜山县经汇油茶合作社在束庆龙多年指导下，从幼苗的栽植、挖穴、施有机肥、地膜覆盖、降低地表温度等有效措施，栽植后第四年幼林每亩产鲜果1250斤。专家称，在同类油茶林中，这一产量全国罕见，实现了早实丰产的目标。这块基地也是潜山县乃至安徽省的油茶样板示范林。

从山洼里开始的油茶扶贫实验，到县、市、省，现在已经辐射到省外，束庆龙扶贫故事越传越广，外省也开始向他取经。

扶贫成了束教授主攻研究领域。束教授和他的团队分别在油茶良种选育、壮苗培育、早实丰产林营造和高效复合经营四个方面取得省级技术成果，形成了比较完整的油茶生产技术体系。先后选育出油茶良种15个，主持项目获得安徽省科技进步三等奖3项，市、县科技进步奖5项，取得省级技术成果10余项。如今，年届65岁的束庆龙已然退休，但他仍心系农民，他要把自己掌握的科学技术、研究成果、主持的项目等打包整合为"一揽子"科技扶贫计划，全部倾注于科技扶贫事业。

045

高允旺:"土专家"的竹荪情

"高老师,近来天晴,铺到地田里培养料太干能否播种。"

"不行,要边浇水边播种,湿度达55%,否则,料干菌丝不会生长,反而会萎缩死亡。根据天气预报预测下个礼拜会下雨再播种。"

2017年2月16日,一大早全国优秀科技特派员高允旺便接到浦城县濠村乡菇农吴长旺的电话咨询。

高允旺是福建省顺昌县大历镇经管站干部,高级农业经济师。16年来,他脚踩在田埂上、眼睛盯在市场上,研发的竹荪"三增加建堆发酵"栽培新技术解决了产量低难题,辐射带动江西、浙江、湖南、四川等省种植面积3万多亩,亩增收600元,为农民增收1800多万元,让100多户脱贫。顺昌县也因此成为全省最大的竹荪栽培基地和示范县,被评为"中国竹荪之乡"。

善攻坚:"土专家"突破高产难题

高允旺与竹荪结缘起于菌农们对种好竹荪的无限渴望。早在2001年,大历镇就有不少农户开始种植竹荪，销路不错但产量低。当时，不少农户到镇里咨询无果的无奈，深深刺痛他的内心。"我一定要帮助他们解决这些难题"，于是，他暗下决心一头扎进了对竹荪种植高产问题的探寻之中。

图 45-1 高允旺（右3）传授竹荪播种技巧

起初，高允旺投资 3000 元，和一农户搭成利益共同体，将竹荪田地分成几块，分别做试验。同时，他向省市食用菌专家学习，买来专业教科书反复研读，一点点积累，一次次突破。功夫不负有心人，第三年，他终于总结出"三增强、建堆发酵"竹荪高产栽培技术，当年创下了亩产 100 公斤的高产纪录。由于成功地破解了竹荪种植产量低的难题，菇农们一传十、十传百，纷纷来人取经或来函索取技术资料。

近三年，高允旺继续摸索研发林下栽培竹荪新技术，利用林下空闲地、枝叶遮阴免搭棚，省工省本，提高土地利用率，解决菌与稻、烟等农作物"争地"的矛盾，促进竹荪产业转型升级和持续发展，不砍树亦致富。

曾经半路出道的"土专家"，如今成为国内竹荪种植技术第一人：研发利用竹屑替代木屑生态栽培竹荪新技术，率先研发林下栽培竹荪获得成功；起草制订福建省《竹荪栽培技术规范》地方标准，撰写的《农林下脚料栽培竹荪致富》，列入新农村建设致富典型示范丛书；获评全国科普惠农兴村带头人、全国优秀科技特派员、全国先进农技协工作者，并获省科技进步三等奖……

高允旺:"土专家"的竹荪情

重推广:"科普超市"对接田间地头

"技术就是钱这话真没错,我们农村就需要这样技术人员!"浦城县山下乡水门村雷公桥村民王槐荣感慨地说。

作为跨县被省、市科技部门选派到原中央苏区县——浦城县濠村乡任"科技扶贫专员"的高允旺,在调研中发现该乡有40户农户种有竹荪240多亩,亩产量只在70公斤上下。原因在于这里的不少农户竹荪大田整畦过窄,生长期间泡水时间太长,造成菌丝缺氧,菌苗闷死不少等。

在浦城县,高允旺通过举办培训、示范户引领、合作社"抱团"等方式,采取"科特派+项目+基地+平台"的运作模式,菌农很快掌握了竹荪高产种植的技术。在村民王槐荣家里,同等投入,按照高允旺传授的技术,2016年

图 45-2　高允旺(左7)在"科普超市"传绝技

种 3 亩竹荪，亩产 170 斤，比往年增加 30 斤，增收 2300 元。

近年来，除了上门送技术，高允旺还利用农村赶集日作为固定服务日，开设了"科普超市"，面对面沟通把脉，有效地解决农户在生产过程中遇到的难题；牵头组建了一支由 9 名土专家、田秀才、返乡青年参与的福建省首支"农民科普志愿者服务队"，为残疾人开设专门的实用技术培训班；利用"慧农信"平台帮助很多竹荪种植户解决了种植上的问题。大历镇秀吴村谢伍娣种了 3 亩竹荪，常在服务日来问询，诸如价格信息、林下竹荪技术要领等，高允旺还从电脑下载一份完整的资料送给她，眼下正忙备料，准备种林下竹荪 40 亩。

高允旺还先后到邵武、尤溪乃至江西、浙江等地传授竹荪栽培技术，足迹遍布 4 个省、8 个地区、17 个县市，举办科普培训 25 期、受众 1800 多人次，发放资料 500 多份、咨询 480 多人次，发布产销信息 21 条。好技术传给村民们，竹荪飘香了，村民们腰包也鼓起来了。

扎根山区基层 32 年，高允旺说，"菌农需求就是我的最大动力！我的梦想就是把我的技术变成农民口袋的钱。"他是这么说，也正是这么做的。

046
徐代贵：情系大山菌菇飘香

中等身材，国字脸，浓密的黑发下双目炯炯有神，或许是常年在青山绿水间奔走的缘故，53岁的徐代贵看起来比实际年龄要年轻些。

1984年徐代贵从江西农大毕业后，分配至上饶市微生物科学研究所工作，一干就是30多年。"都说人挪活、树挪死，我是咬定青山不放松，管它东西南北风"，徐代贵笑言。

30多年来，徐代贵的足迹遍布上饶市境内大大小小数百座山峰和村落，他说："几天不下去走一走，脚底就发痒，不跟乡亲们唠上几句，心里就不踏实。"

从助理研究员到远近闻名的菌菇栽培专家，徐代贵印象最深的，还是四乡八邻那一双双渴望脱贫致富的眼神。他庆幸自己赶上了"科技扶贫"的好时代，在变"输血"为"造血"的扶贫政策和资源配置的大环境下，他和他的伙伴们终于可以"撸起袖子加油干"。

小山村迈上康庄道

年逾40的翁增旺是玉山县必姆镇大西坑村村民，上有老下有小，在四面大山环抱、交通闭塞的村子里，一家七口的生计全指望靠天收的几分薄地和夫妻俩出外打打短工，日子一直过得窘困而拮据。

2015年，作为上饶市新成立的科技特派团的一员，徐代贵一行沿着崎岖的山路来到了这座小山村。经过走访调查，翁增旺等14户贫困户被列为重点帮扶对象。

在高低不平的山坡地里，徐代贵手把手地教翁增旺等贫困户们支起了免费的塑料大棚，在大棚内搭建起一排排菌菇床，再铺上从市里带来的香菇菌包，并嘱咐山民们按时灌水、掀膜、通风等。因为不放心，徐代贵此后无数次奔走在市区与山村之间，他说："科学研究失败了可以重来，科技推广不成功再让乡亲们接受就很难了，苦点累点是值得的！"

半年后，翁增旺等14户山民共收获了新鲜香菇10.5万斤，徐代贵又按每斤5元包销给相关公司共计52.5万元，平均每户纯收入逾3万元，户户都实现了当年脱贫。"这辈子也没这么舒心过，徐所长真是我们的大贵人哪！"翁增旺喜悦的心情难以言表。

2016年，为巩固贫困户不再返贫，徐代贵因地制宜地指导山民们

图46-1　徐代贵（右）在菌菇大棚指导生产（1）

栽培段木香菇10亩，因品优质佳，经济效益可达100万元。此外，根据市场需求，徐代贵带领山民们按季节搭配不同的菌菇、木耳及引进北方的滑子菇等，昔日贫穷的小山村，短短两年便呈现出菇香人欢的兴旺景象。

大格局下的扶贫经

徐代贵性格沉稳而内敛，平时善于思索的他，把科技扶贫的成效，归结于时代背景这个大格局下，一个科技工作者应有的作为和担当。

所谓大格局，是指科技扶贫工作已经成为全社会的共识，上升到了系统工程的高度，而有了系统工程的推进，科技工作者便有了更广阔的舞台。

正是基于这样的认识，徐代贵在上级领导和相关部门的支持下，充分运用科技特派团的协调机制，以技术为依托，联合当地民企设立江西省鲜禾生态农

图46-2　徐代贵（右）在菌菇大棚指导生产（2）

业有限公司，并在各地设立若干鲜禾生态农业合作社，通过"公司＋合作社＋农户"的形式，农户只负责简单的重复生产，关键技术环节及销售服务等由公司及合作社负责，科技人员穿插其中"舒筋活络"，每一个层面相互关联又各司其职、利益分明。

近年来，在所企共建和上下联动的社会化扶贫理念指引下，徐代贵一方面带领技术团队进村驻户开展技术服务，一方面全程设计指导食用菌菌包生产，帮助鲜禾公司扩建生产基地。2016年，江西省鲜禾生态农业有限公司实现年产菌包100万袋，在免费提供给贫困户，使300多户贫困户受益脱贫的同时，公司经济效益亦十分显著，从而形成了科技扶贫"多管齐下、良性共赢"的发展态势。

"天时人事日相催，冬至阳生春又来"。徐代贵坦言，科技扶贫非一人一事之力，非一朝一夕之功，在市场经济的大潮里，他和他的团队不敢有丝毫懈怠，唯有创新思维、砥砺前行，方能为父老乡亲们开辟出美好生活的源泉活水。

047 永新恒龙林业公司：创新助力生态旺 产业扶贫展新篇

作为江西省永新县大山深处的一名普通的农家子弟，李小江大学毕业后在省城南昌通过创办家具公司，掘得了人生的第一桶金。2010年，李小江回到家乡，倾其所有创办了恒龙农林开发公司，从事绿色生态白茶的种植及加工，走上了科技扶贫之路。回想这段历程，他坦言："当时之所以敢这么做，是因为上有政府的感召和大力支持，下有乡亲们渴望致富的殷切期望。"

如今，经过6年的不懈努力，恒龙公司已成长为永新县现代农业示范园区核心区的农业龙头企业，也是绿色化理念推进精准扶贫的重点项目承担单位。李小江周围，不但聚集起一批志同道合的伙伴，而且通过挥洒辛勤的汗水和创新的智慧，带领着乡亲们步入了脱贫致富的快车道。

长富村里的"富民曲"

初春时节，走进永新县烟阁乡长富村，满山遍野的茶树园错落有致一片葱郁，现年49岁的李小英与丈夫一大早便在自家的白茶林里忙着施肥除草、修剪整形。3年前，她家还是村里有名的贫困户，现在的生活按她的话说，则是"倒吃甘蔗节节甜"。

2010年10月恒龙公司产业基地落户长富村后，公司把李小英夫妇等一批贫困户安排到公司务工并进行技能培训，在解决就业的同时，通过两年的劳动学习，2012年11月，李小英利用自家荒山种植了10余亩白茶，2014年3月进行了第一次白茶采摘，采摘鲜叶200余斤，全部回收给公司，获得1.3万余元，随着茶叶产量的逐年递增，2016年收入近3万元，"今年（指2017年）少说也

图47-1　恒龙公司送科技下乡，开展技术培训

得 4 万以上",她笑着说。

像李小英这样的贫困户家庭通过种植白茶脱贫的例子,在烟阁乡乃至高溪乡、曲白乡、三湾乡等乡镇比比皆是。几年来,在井冈山科技特派团的协调安排下,恒龙公司先后免费开办了 24 期技术培训班,在手把手地传授生产技能的同时,由公司免费提供茶苗、肥料、病虫害防治药物等,并对茶叶按每斤 50 元的保底价收购。守望着已逐步进入丰产期的茶园,"李小英"们的喜悦之情溢于言表。

创新路上的坚实步伐

秉持着"产业旺则企业稳、农民富则企业升"的经营理念,恒龙公司把大力发展产业基地带动乡亲脱贫致富视为公司发展的第一要务,在政府相关部门的政策支持下,通过创新管理模式,逐渐形成了一整套互为补充、利益均沾的经营机制。

在基地建设上,公司先后带动成立了"永新县永富白茶种植专业合作社""永新县三湾九陇白茶种植专业合作社"等 7 个合作社以及"永新县三湾茶叶科普协会",同时以"公司+合作社+农户"的方式,推动白茶种植面积达到 3600 余亩,其中标准化白茶种植示范基地 1200 余亩,黄卡户以土地入股种植面积 600 余亩,合作社带动农户种植面积 1800 余亩。

在利益分配上,根据不同的农户家庭状况,按流转山场租金、土地入股分红、资金入股分红和劳务收益等多种形式,确保农户的利益所得。其中对红卡户以土地入股开辟的荒山、荒地,除正常产销外,以每亩 4000 元收益计算,按 10% 比例分红,对蓝卡户则以国家扶贫资金入股分红的模式进行推广扶贫,以产业帮扶资金(每户一股 5000 元)投入到公司,公司每年产出收益后,按持有股权的 18% 固定分红给蓝卡户,且允许贫困户脱贫后继续入股公司五年以上。

在生产营销上,实行按照"五统一分"(统一规划、统一提供茶苗、统一技

图47-2 永新白茶精品

术指导、统一收购鲜叶、统一品牌包装销售,分户种植管理收益)方式运作,同时对贫困户给予生产资料免费的政策倾斜,以彻底解决贫困户后顾之忧。

"帮人如帮己,扶贫展生机",几年来,通过种植生态白茶,恒龙公司在带动1720余户农民走上发家致富道路的同时,自身得以不断发展壮大,企业产值年均增长30%以上,2016年,春茶产量达1.8万余斤,实现产值2000余万元。在创新发展、产业扶贫的道路上,恒龙公司与正与大山深处的乡亲们一道,迈向阳光明媚的美好明天。

048 "一红一绿"映井冈——江西井冈山茶厂科技扶贫记

2017年2月的井冈山,冬意正浓,一片"秋至山寒水冷,春来柳绿花红"景象。

在这美丽的大山上,有一个江苏农村科技服务超市井冈山茶产业分店经营的火热。

2016年,在科技部扶贫团的推动下,江西井冈山茶厂与江苏省茶研所开设了江苏农村科技服务超市井冈山茶产业分店。

同时,茶厂已经入驻天猫、京东、淘宝网等大型电子商务展示平台,2016年实现线上产品销售23 560件,销售收入3000多万元。

"2016年是我们茶厂经营模式转型的开端之年,由传统转为传统+互联网的新型经营模式,我们克服实际困难,拥抱互联网,改善传统制茶行业中不适合时代发展的元素,摒弃掉或者进行相应改善,实现茶厂收入不减反增。"茶厂厂长王卫冈高兴地说。

江西井冈山茶厂始建于1958年,一直以来以自有品牌"井冈翠绿"为主推产品,在市场上逐渐占有一席之地,成为井冈山"一红一绿"两块"金字招牌","一红"即井冈红色情怀,"一绿"即翠绿茶韵飘香。

"致富不忘家乡人,茶厂有了收益,就要为百姓谋福利。"王卫冈说,在企业经营发展中,他深切体会到企业能有今天的成就,离不开家乡人民的支持和政府的鼓励。

江西井冈山茶厂始终将科技扶贫工作作为企业重要责任扛在肩上。"古语说:'授人以鱼,三餐之需;授人以渔,终生之用'。脱贫攻坚不仅要解决贫困农户的一时温饱,还要彻底改变他们的落后困境。"王卫冈说。

2011年11月至2012年12月,由茶厂牵头,基地农户自愿参加,组建三

图 48-1 井冈山市科技局组织茶厂员工参加技术培训

048
"一红一绿"映井冈——江西井冈山茶厂科技扶贫记

图 48-2 黄洋界翠绿茶叶种植专业合作社

个茶叶合作社——井冈山市黄洋界翠绿茶叶种植专业合作社、井冈山市大陇镇翠绿茶叶种植专业合作社、井冈山市新城镇翠绿茶叶种植专业合作社。

2016 年,茶叶合作社在开发有机茶、带领茶农增收、壮大井冈翠绿茶产业上取得了非常好的业绩,特别是带动了茶厂周边黄坳、下七、长坪和龙市等乡镇上千农户投入到茶叶生产中,带动贫困户 200 余户。

同时,"茶博园"的筹建,让茶厂的产业扶贫模式——"公司+基地+农户+电子商务平台"焕发出新生机。

"茶博园"为新技术、新成果提供产品展示平台。建设井冈山茶产业发展科技示范服务基地,采取入股分红的模式,将 158 户蓝卡户和 42 户红卡户吸纳至基地。采取土地入股的模式,将贫困农户自家的林地、荒地折价投入,按每亩土地给予贫困户 500 元租金，年末按每户入股总亩数金额的 20% 分红。

"此外，茶厂还安排有劳动能力的红卡户和蓝卡户进厂务工，开展公益基金扶贫，将茶厂大井基地生产的茶叶，按照每销售一斤提取 0.1 元、全年共约 10 万元作为扶贫基金。"王卫冈说。

通过努力，江西井冈山茶厂成了井冈山产业扶贫的重要成果和招牌。截至 2017 年年初，江西井冈山茶厂共带动 728 户农民年增收 80 万元，带动 200 户贫困户年增收 15 万元，帮助 1250 户贫困户实现就业，通过公益基金扶贫帮助 56 户贫困户发展特色种养，资助 30 户贫困学龄人口就学。

家住新城镇，在茶厂开办的扶贫技术培训班进行系统培训了三个月，现为新城镇井冈翠绿茶叶种植专业合作社社员的贫困户罗冬娥说："在合作社工作有工资，加上扶贫入股分红，我们的日子一天天好起来。真没有想到能在自己家门口找到这么好的工作，更没想到我能学习这么先进的技术。"

来自大陇镇的贫困大学生周平，母亲有智力缺陷，缺乏劳动能力，全家经济来源都靠父亲耕种几亩田地，一家四口人生活的非常困难，2015 年周平收到大学录取通知书时喜悦与忧愁交缠于心。

茶厂了解到情况后，接纳其父亲入社，并承诺无偿资助周平四年的大学学杂费，解其后顾之忧。2015 年 7 月 25 日收到 2 万元资助款的周平激动地拉着王卫冈的手说："我一定认真学习，掌握充足的知识来提升自己的能力，回报茶厂，回报社会。"

在王卫冈的心里，帮扶脱贫是他产业链中的重要一环，贫困户不脱贫，企业就不脱钩，让广大群众真正感受到精准扶贫工作给他们带来的福祉，是他最大的心愿。

049
井祥送金草，春风暖井冈——井冈山市井祥菌草生态科技股份有限公司扶贫记

即使在寒冷的冬天，巨菌草、紫象草、灵芝、香菇……这些被称作金草的食用菌，在井冈山市田头村、石门村、丰田村等贫困村的大棚里，探头探脑，欢快使劲地生长着，他们带来了致富生机，带来了脱贫希望。

"井冈山市这些贫困村以前基本没有种植巨菌草和紫象草，也很少栽培灵芝和香菇等食药用菌。"井冈山井祥菌草生态科技股份有限公司董事长李建新说。

2013年6月18日，在中国海峡项目成果交易会上，井冈山井祥菌草生态科技股份有限公司与国家菌草工程技术研究中心签订协议，在井冈山建设菌草生态产业示范推广基地。

三年多来，一场场"一乡一品"和"井祥送金草，春风暖井冈"等科技扶贫活动就这样拉开了帷幕。

"我们走出来了一条依靠科技创新做强做大企业、助推扶贫的新路子，挑起了科技扶贫重担，实现了生态、经济、社会三大效益有机结合。"李建新说。

打铁还需自身硬。井祥公司依托国家菌草工程技术研究中心,成立了"井冈山国家农业科技园生物技术研究所",建立一支由国家菌草中心副主任刘斌教授领衔的研究开发团队。

这支团队建立了60多亩的菌草标准化种植示范基地、3000多平方米的食药用菌标准化栽培示范基地、1万多平方米的精准扶贫菌草食药用菌菌棒生产与服务基地等,并建立了点对点的长效跟踪帮扶服务机制。

"除此以外,我们还实施一批科技研究示范项目。比如2016年我们就相继承担了《能源草制备生物天然气及沼渣综合循环利用技术研发》项目、'菜篮子'项目等,公司新研发的产品已销全国各地,在食用菌素食界有一定的市场占有率。"李建新说。

有了好基础,扶贫工作就有了活水之源,政府、公司、合作社(基地)、贫困户四位一体,成了井祥公司推进菌草产业精准扶贫的"法宝"。

"政府提供蓝卡户和红卡户名单及相关的政策指导和资金支持。井祥公司通过合作社向贫困户提供精准扶贫项目,不同

图49-1　井祥公司技术人员在基地现场做技术指导

井祥送金草，春风暖井冈——井冈山市井祥菌草生态科技股份有限公司扶贫记

贫困户可根据具体情况自主选择。"李建新说。

就这样，井祥公司优先为井冈山"蓝卡户"和"红卡户"提供50个以上就业岗位。

井祥公司扶持"蓝卡户"和"红卡户"专业种植菌草，贫困户只负责菌草种植，公司负责菌草的收割和收购。

根据井冈山不同贫困山村及不同贫困户的具体情况，井祥菌草公司以"培训+品种推广+技术指导+产品保护价收购"形成产业服务链条，扶持"蓝卡户"和"红卡户"栽培灵芝、香菇、竹荪等食药用菌。"免费提供培训和技术指导，统一提供菌种（菌包）、产品统一收购、统一加工、统一销售，确保农户户户成功，户户有收益。"李建新说。

通过建立井祥爱心项目，由井祥公司统一吸纳"蓝卡户"和"红卡户"，以

图49-2　井祥公司技术人员在为贫困户上培训课

产业扶持资金入股，保证实现股份年收益12%以上。

"我们还为'蓝卡户'和'红卡户'免费提供草种，免费提供技术培训和指导，扶持'蓝卡户'和'红卡户'种植菌草，养殖牛、羊、兔等。"李建新说。

丰田村村民陈复根说："井祥公司为我们提供了免费的菌种，在种植期间有专业的技术人员来指导和培训，所种出来的食用菌可全部回收，销售，省去我们不少的麻烦，让我们种得轻松，赚得自在！"

"我手有残疾，家里有6口人，老婆也不能做事，是村里的低保户，我现在井祥公司上班，一个月也能挣2000多元，再也不愁了！"专门在车间担任拌料的员工谢石林发自肺腑的感谢企业。

通过不懈的努力，三年多来，井祥公司从无到有，扶持田头村、石门村、丰田村等贫困村，优先为蓝卡户和红卡户农民提供了50多个就业岗位，扶持了500多蓝卡户和红卡户开展菌草种植、菌草食药用菌栽培、菌草养殖（牛、羊等）、产业扶持资金入股等菌草产业扶贫项目；井祥公司年新增产值3000多万元，蓝卡户和红卡户户均增加年收入3000多元。

"井祥公司这种'造血'扶贫的优点是可持续，可保障贫困户有稳定收益，同时通过为贫困户免费提供技术培训和指导，帮助贫困户逐步掌握菌草食药用菌栽培、菌草牛羊养殖等技术，真正做到科技扶贫、产业扶贫。"刘斌说。

050
欧阳冬明：创业扶贫之路越走越宽广

"当我回到生我养我的家乡，发现村里有许多荒坡，无人管理，我暗下决心一定要做点什么。"欧阳冬明说。

2016年10月9日，莲洲乡乡长贺立田和明诚肉牛养殖合作社负责人欧阳冬明分别签下《脱贫攻坚合作意向书》，正式启动莲洲乡"合作社+贫困户"产业扶贫新模式。

欧阳冬明是江西省永新县莲洲乡固塘村一位淳朴的青年，高中毕业后由于家庭不富裕，他跟村里其他青年一样外出打工。在外拼搏几年虽然有了较丰厚的收获，但对家乡的眷恋，让他时常在梦中想起家乡快乐生活的往事和父母的悉心关怀的情景，2014年他毅然决然地回到了家乡这片热土。

从小就放牛的他，觉得发展养牛产业是一个不错的创业方向。于是欧阳冬明在2014年9月注册成立永新县明辉农业有限公司，正式开始创业生涯。

他把所有打工挣的辛苦钱，全部用来投入发展养牛事业，并在莲洲乡政府的大力支持下，实现了养牛基地水、电、路三通。

为了延长养牛产业链，保障自产肉牛市场，欧阳冬明在县城建立起自己的屠宰场和销售市场，不但满足自产牛的销路问题还帮扶其他散养户打开屠宰和销售渠道。欧阳冬明所创办的企业目前固定资产投资已达 200 余万元，每年获得利润有 50 万～ 60 万元，基本从成长阶段步入到企业快速发展阶段。

"企业盈利了，我终于可以去实现自己最初的梦想：一个人富起来不算富，大家富起来才算富。"欧阳冬明说。

欧阳冬明的公司步入快速发展轨道后，他更多的是考虑如何依靠公司现有的规模和技术优势，示范带动村里更多的乡亲走上科学养牛的脱贫致富路。

2016 年 10 月 9 日，乡长贺立田和明诚肉牛养殖合作社负责人正式启动莲洲乡"合作社 + 贫困户"科技扶贫新模式。

在征得贫困户的同意下，莲洲乡 227 户加入欧阳冬明的合作社，合作社确

图 50-1　企业负责人欧阳冬明（左 1）给大家讲解如何饲养肉牛

050

欧阳冬明：创业扶贫之路越走越宽广

图50-2 贫困户在肉牛基地务工

保每户入股分红增收1000余元，同时解决了15个贫困人员就业。

乡长贺立田说："以前扶贫资金直接发放到贫困户手里，只能解燃眉之急，不能细水长流，现在通过'合作社+贫困户'扶贫新模式，把扶贫资金入股合作社，就算什么也不干，贫困户年底也能拿到1000元分红，通过这种方式，成就了农业经营主体持续发展、贫困群众持续增加收入的喜人景象，让贫困户通过发展产业实现稳定脱贫。"

溶溪村贫困户陈福风的儿子颜建建因从小患病，智力受损，一直闲在家无工作，这次肉牛养殖合作社针对颜建建的情况，为其安排劳动强度不大的工作，解决了其四口之家只有其父一个劳动力的问题。

颜建建不善于言语，其母亲陈福风在看到儿子的转变后，十分感激："家里四口人，一直只有孩子他爸一个劳动力，现在建建能在这里做事，既减轻了家里的负担,还锻炼了他的独立能力,没有比这个更好的了。"

与颜建建一样,患有轻度自闭症的文俊祥也在合作社中得到了工作安排,让贫困户感受到了浓浓的温暖和爱心。

随着合作社的发展壮大,培育带动了周边20余个养牛专业户,其中养母牛专业户10户,饲养母牛150余头,增加犊牛数100余头,获得国家政策补贴15余万元。

"在'合作社+农户'经营模式带动下,预计今年底全村养牛业年出栏肉牛1000头左右,产值实现翻番。"欧阳冬明说。尽管他只有高中文化,但多年在外打拼的他深知,科技是第一生产力。

"要把企业做强做大,带领乡亲更好地脱贫致富,还需要科学的管理和技术支撑,要发展自己的科研服务团队。"欧阳冬明说。

因此,欧阳冬明主动聘请江西省畜牧技术推广站(江西农大动科院和江西省畜牧兽医研究所)为技术依托单位,在肉牛繁育饲养、育肥等技术环节寻求专家团队的有力支撑,有效促进企业向规模化、标准化和品牌化转变。

随着科技的有力支撑,欧阳冬明说:"目前遇到的最大困难是企业在向规模化、标准化和品牌化转型过程中,缺乏资金和专业团队的有力支撑。我认为'造血'扶贫的关键和我们企业发展一样是思想的转变,正所谓'扶贫先扶志',只有思想上有触动,想主动谋求发展,再通过政府、社会的帮扶一定能够实现脱贫,那么创业扶贫之路就一定会越走越宽广。"

051

赢泰农业公司："傻瓜技术"如何让贫困户多收入 1500 元

由于要照顾 99 岁双目失明的母亲，山东莱芜西凤阳村贫困户马灯云不能出去打工，但靠种地和养羊只能换取不到 2000 元的年收入，这让她陷入困顿。在潘林香的科技扶贫事业里，马灯云是最需要动脑筋帮助的一类人。一年前，潘林香所在的赢泰农业公司送给马灯云 1 只赢泰种公羊，并派技术人员到她家改造羊圈、搭配饲料、预防疾病……"一条龙"服务下来，马灯云的腰包多收入了 1500 元。

再高精尖的技术终究要落地，要落到贫困户的大田里转为收入才靠谱，所以将高精尖技术"傻瓜化"便有了现实必要性。从潘林香和赢泰的扶贫故事中，我们看到了她在这方面的努力。

潘林香说："推广新理念、新方法、新技术，如何让底子薄的贫困户看得

图51-1 潘林香（右2）到贫困户家现场指导肉羊养殖技术

见、用得着、见了效，这是一条捷径。"

在赢泰樱桃园里，很多樱桃树上方都架着由铁管、钢筋支起的巨大棚架，最上端有防雨卷膜器，碰上下雨或恶劣天气，防雨卷膜器就会将塑料布盖在樱桃棚架上，仿佛给樱桃树撑起一把大伞。

"以前樱桃成熟季节，一到下雨天我就犯愁，因为雨水打在大樱桃上，会使已成熟了的樱桃出现裂果、水崩现象，太阳照在这些裂口上，大樱桃很快就会变质腐烂。"潘林香自豪地说，"给樱桃撑伞"是她通过研究材料、请教专家后琢磨出来的。

在冬季，由于没有了青草，动物吃的草料是园区废弃草和秸秆加工而成的"包膜发酵青黄饲草"，潘林香称之为"面包草"，"在'面包草'基础上，我们再根据各种动物所需营养不同，添加饲料成分，满足它们的生长需求。"

她笑言，草料加工项目，就是"把废弃青草变成羊肉"。

实际上，在赢泰农场的生态产业链条里，养殖是种植的上游环节，动物吃的草料大都是新鲜的青草。动物的粪便经过沼气池发酵后产生沼液，再通过管

赢泰农业公司:"傻瓜技术"如何让贫困户多收入 1500 元

道输送到地里,由于沼液本身具有杀虫的功效,在灌溉土壤的同时也培肥了地力,一幅"果—畜—沼"的自然生态农业循环图景展现了出来。

在潘林香的构思中,这"果—畜—沼"链条既是科技链条,也是扶贫链条。

图 51-2　潘林香为贫困户和养殖户培训技术

为解决链条上的技术难点,赢泰与 8 家高校院所建立合作关系,引进了肉羊养殖首席专家王金文、国内草莓首席专家姜卓俊,以及山农大王建民、骆洪义、魏珉等高层次专家人才,承担实施了"草莓高产优质栽培技术开发"等省星火重点、农转资金项目 5 项,突破气雾栽培、立体肉羊养殖等关键技术 15 项。

能者多劳,在攻克一项项关键技术的同时,潘林香的思考是:更多像马灯云一样的贫困群体如何脱贫?她把循环农业链条上各项技术"傻瓜化",让培训者一看就懂,一用就通。拿着这些技术,贫困户自己也能做出好产品。同时,这些奔向富裕的贫困户又反哺赢泰,充盈着"公司+农户+基地"的发展模式。

在赢泰,"马灯云"们看到的是标准化的生产流程,一看就懂;规模化经营带来的成本降低,品牌化销售带来的丰厚利润,一想就明。这些简单化的市场思维灌输在贫困户的脑子中,增加了"马灯云"们的致富动力。

万事皆有因果,潘林香之所以有今天的产业和独特扶贫路径,跟自己的成长阅历分不开。

30 年来，潘林香曾几次创业。1980 年高中毕业后，她养过猪、喂过鸡，1989 年开始养长毛兔，从不懂到懂，费尽周折，直到最后总结出了一套养兔经验；2003 年她承包了 20 亩荒地，栽上了樱桃树。由于不懂技术，第二年樱桃树开始死树，到处求医问药，才知道樱桃树不适合黏土生长。吸取教训后，她开始用大量牛、羊有机肥改良土壤。改良的土壤生产的大樱桃由于品质优良，开始供不应求。

自己的故事很曲折，潘林香不愿意别人重复自己的路子，"我们吃了苦头，就总结经验，不懂技术，就让专家帮忙，最终将经验、教训和技术都送给贫困户。这也是一举两得的事情，我们在从事无公害肉种羊养殖、肉羊屠宰加工以及有机樱桃、有机草莓种植的同时，贫困户得到了技术培训，受到了科普教育，甚至脱了贫、发了家。"

截至目前，赢泰先后举办了 10 期免费养羊技术培训科技讲座，解决贫困户和养殖户咨询疑难问题 500 多项，培训养殖人员贫困户 1500 多人次，签订扶贫协议 623 份，现已利用科技带动帮扶脱贫 140 人，贫困户人均分红达到 480 元。

052

徐明举:"互联网达人"的扶贫经

在去山东临沂费县冶镇看葡萄现场的车上,老徐接了 4 个电话。每接完一个,他就拿出记录本写下号码和问题,"果农朋友的问题必须想办法解决,能在电话里说清的就直接回答,不能说明白的就记下来去现场解决。"

一年下来,老徐接到的咨询电话有 3000 多个。春去秋来,他记了满满 3 个记录本,1500 多个号码和上万个问题记录在案。每一条记录背后,是他骑着摩托车不辞辛劳的走乡串户——几年下来,他换了三辆摩托车,跑过多少路已无法统计。

把论文写在大地上
科技扶贫100个典型案例

徐明举,人称老徐。老徐不老,1972年生人,很多人不理解,堂堂华中农业大学园艺系果树专业硕士,居然屈身临沂小城费县,在县果树系统一干就是16年。你问他缘何坚守,他嘿嘿一笑,吟起一首诗,"为什么我的眼里常含泪水?因为我对这土地爱得深沉……"

"青山绿水多好看,风吹草低见牛羊;高粱红来稻花香,沂蒙果子堆满仓。"费县是革命歌曲《沂蒙山小调》的诞生地,也是果业大县。庄户人种地,种在人,收在天。"靠天吃饭"始终在左右着庄户人的"钱袋子"。还好,现在的老区人,跟以前不一样了。他们对科技的需求越来越多,表现之一便是老乡们那源源不断的电话:

"徐老师,我是老潘,地里的板栗树该高接换头了,请你过来一下。"

"徐老师,我是新庄镇的张中全,种了70亩大枣,怎么管理?"……

图52-1 徐明举(右1)在拍摄制作核桃嫁接节目

图 52-2　录制视频利用互联网进行果树栽培技术培训

在大田庄乡、在朱田、在薛庄、在上冶、新庄、石井、梁邱、费城、胡阳、城北……在费县几十个乡镇村的果园里，老乡们最熟悉徐明举的声音：板栗空蓬问题需要这样解决、丰水梨套袋管理技术、大棚葡萄效益高管理要搞好、金银花效益好管理少不了、桃的夏季修剪不搞明年产量少……

费县有上千个村子，一对一的口口传授效率太低了。徐明举不断总结，"推广本身也有技术含量"——他从办培训、发材料、大喇叭讲技术等传统形式跳出来，探索借助新媒体和网络通信手段扩大受众群、提升精准扶贫力度。

"山楂修剪技术怎么学？简单地说就是一个'裙子'加一个'帽子'，下层剪得像裙子，上层剪得像帽子，中间用主干串起来。"晦涩的技术通过形象性的语言传授出现在老徐创办的国内首家能进行果树技术直播讲座的果农乐视频网站上。

来自枣庄的宋允成种30多亩桃树，农活再忙，晚饭都准时，"八点前吃完，泡上茶，就等着徐老师上线开讲。"他听课，所学不看一时之急，更重整体长远发展。几天前，临沂市人大、总工会的几位领导来考察，拿出手机给徐明举看："我们都关注着你这个果农乐微信号。"

这是他的自豪，"自建站开播半年多就已进行讲座170期，收看直播的果农达3.6万人次，建立果农乐QQ群3个，已有Q员800人。上传至优酷、土豆及本网站的讲座视频点击播放达50万次。"

贫困户与互联网，这对看似相隔十万八千里、八竿子打不着的名词在老徐这里结成了完美的对子。为啥老徐的东西人家爱看？他有什么过人之处？费县果业局的朋友说，明举从大山走出去求学，而后回归反哺家乡，他的腿上带着田间的泥土，接了地气；也像费县的石头，扎扎实实。

现代农业对市场反应敏感，一棵种苗，一种树形，一个新的管理细节与技巧，都可能成就一个种植园，进而影响一个作物的种植前景。老徐深知其中利害，这种利害让他如履薄冰，更加勤恳。

2012年，徐明举拜师山东省水果创新团队首席专家、山东农业大学果树学教授陈学森，自此技术便又上了一个台阶。我们看到，山东省内、国内各大重要农业技术培训交流会现场，老徐都到场，别人记，他录像，"录下来放网上，更完整，更生动。"

在果农乐平台上，山东农业大学、青岛农业大学等科研院校的技术成果直接落地。这些从科研前沿顺流而来的知识，让果农乐在果农户中无形中具备了权威感。

2011年元旦刚过，梨库套老廉的山楂园里，临沂电视台《乡间》栏目记录下了老徐为果农讲解修剪技术的沙哑声音，那天他发着39度的高烧为果农们撑了一堂课。这些视频画面，成为《老徐带你逛果园》栏目的主打，在临沂电视台、费县电视台、费县有线电视台远教频道播出时间累计约1200小时，收看观众达 60 万人次。

记者了解到，老徐自己命名的"云上地下"的融合科技扶贫模式，已经在费县、平邑等地扶贫村服务培训合作社 3 家，依托合作社带动帮扶贫困户 20 户，辐射现场培训果农 10 期，培训 2000 人次，贫困户增收 650 元。

有人问，"整天接这么多电话，录这么多视频，跑这么多现场，烦不烦?"老徐说，"人生的价值在哪里？我乐在其中。"

053

王新花：扶贫"五步法" 从欠账20万到盈余20万

第一次走进苏楼村的时候，王新花很失望。

苏楼没有楼，只有一片片低矮的平房和满腹饥荒，墙体破损、满眼萧瑟。这个位于山东泰安的小村子总户数570户，贫困户却占了200户，属于贫困大村，主要收入就是粮食，至2014年底村集体欠账20万元。

穷，苏楼之所以在20年里长衰不盛，关键在哪里？从身处象牙塔中的研究员到跟贫困户打交道的"科特派"，王新花的内心起了波澜：苏楼为什么穷？如何抓住苏楼致贫的要害环节，"治标更治本"？

2015年的春天跟往年不一样。在很长一段时间里，王新花都处于沉思之中。

在林业科研系统沉浸了二三十年，身为泰山林科院副院长的她明白，科技扶贫要抓重点，一是强调引进先进、成熟、适用的技术，这一点身为林科院

王新花：扶贫"五步法" 从欠账20万到盈余20万

图53-1 王新花（左1）利用冬闲季节在贫困村为村民进行技术培训

"发明大王"、有多项专利技术已大面积推广应用的她不在话下；第二，引导贫困地区合理开发资源，将资源优势转化为经济优势，同时努力提高贫困农民参与市场竞争的能力，实现自我发展的良性循环。这一点，需引入市场机制。

在苏楼村2000多村民看来，王新花副院长到苏楼村的前后隔出了两个苏楼，即旧苏楼和新苏楼。旧苏楼欠债20万元，新苏楼不但还清了欠款，还有20万盈余。而这种变化就在一年间。

这一新一旧的变化是如何实现的？

首先全面考察村里的资源，村书记和主任带着王新花围着村子边看边介绍，当她看到村东南丘陵地带有一片杨树林的时候，不禁眼前一亮。作为村集体唯一的资源,这里土层较厚、交通便利、水源不远,她打定主意将杨树林更新为核桃园。

杨树是这一片常见的商品树种,其生长迅速,高大挺拔,但劣势在于品种老化、单一、产力低。而核桃树抗旱耐瘠薄,抗病能力强,适应性很强,最重要的是它的投入产出比较高。"玩"核桃树,这是林业专家王新花的拿手绝活,但她的挑战在于"用小钱办大事"——尽量节省村民的血汗钱,想方设法低成本运作。

通过翻阅书籍、走访专家,她决定改以往的直接栽成苗的办法、大胆提出通过栽植实生苗再改接。这一想法的过人之处在于它略过了核桃树头两三年、从苗到树的"储备期",见效更快;但风险在于从没有人在这片土地上有过这种尝试。能不能成,谁敢说?

王新花明白,自己的想法想要完美的落地,农民们必须"配合"。如何配合?"将治穷与治愚相结合"。她通过农业、科研、教育三结合等形式,向苏楼引入科技和管理专家,培养"田间的意见领袖",同时,组织开展各种类型的培训。

落实到实际行动中,就是为搞好核桃园的建设,她需要让村民掌握技术,授人予鱼不如授人予

图53-2 王新花(右1)向参观者介绍核桃嫁接技术

053
王新花：扶贫"五步法" 从欠账20万到盈余20万

渔，举办技术培训班。

长期的一线科研经历，王新花明白耕耘与收获的关系，更明白投入与产出的关系。但作为贫困户的带头人，她却只能紧缩投入的闸口。她自己承担所有授课内容，培训班开课了，村委大院挤了满满的人，她耐心讲解了核桃的生长习性，围绕如何起苗运苗、储存苗、栽植、覆膜、修剪以及病虫害管理、采收等技术进行全面交流。

核桃苗运到村头的日子里，她在核桃园内手把手地教他们如何修剪核桃苗根、如何栽植、浇水、覆膜、定干等，每天有近50人在核桃园内栽植核桃，为确保质量，她死盯现场，哪怕感冒发烧、嘴角起泡、浑身发软也不下火线……

培养"田间的意见领袖"，需要有先富者，让榜样的力量带动更多的贫困户参与进来。经村两委商定，10名同志作为技术骨干，为传授技术，她先后组织培训班5期，主要培训：整地、选购苗、栽植、嫁接改良、筛选良种、土肥水及病虫害管理、林下经济等，使村民变成技术能手和明白人，全年跟踪技术服务，把握各个主要环节，重点培训技术骨干，毫不保留地传授技术，让他们掌握栽培管理全过程技术。

在轰轰烈烈的开展"授渔"行动的同时，市场不能缺席。为了增加土地的利用率，王新花在林间空地上动起了心思。她找到泰安市最大的一家有机蔬菜公司泰山亚细亚食品有限公司的领导，说服对方同意与苏楼村签订种植有机蔬菜合同。

订单农业，使其收入稳定、化解风险。在公司技术员的指导下，春种毛豆到7月中旬收购，亩收入达到1500元；接着种有机菠菜，亩收入达到1000元。在养好核桃树的同时，实现亩收入2500元以上，比种植小麦玉米的收入还高20%左右，及时的土肥水的管理让核桃苗生长的强旺，一举多得。让农民尝到了实实在在的甜头，同时也找到了其他土地改变种植结构的模式。

依靠着这么多的努力，一年后，苏楼村实现了从"欠账20万"到"盈余20万"的逆袭。

054

陈明道：扶贫先扶志

"会打牌吗？"

"不会。"

"能喝多少酒？"

"一点点。"

"牌也不会打，酒也不会喝，那你来弄啥哩？"

一腔热情的陈明道，进村第一天，就迎来村干部兜头一盆冷水。这还不算，那村干部扭头看了一眼他随身带来的行李和锅碗瓢勺，又不屑地说："唉，我说，你还真要住这儿了？"

"真住！不仅真住，还要一住八年！"

2013年1月30日，已经是农历腊月十九，再有十来天，就是春节了。刚刚被任命为河南省南阳市科技局驻西峡县丹水镇袁庄村扶贫工作队队长的陈明道，把正在骨折住院的90高龄的老母亲交给妻子，就急火火地来到这个伏牛山区偏僻的村庄上任了。

陈明道：扶贫先扶志

图 54-1　陈明道（右）向农民刘建华传授香菇种植技术

此前，他作为河南省南阳市科技局高级农艺师，在 40 多年的工作经历中，已经有 4 次 9 年的驻村经历。他太了解河南农村的状况了，他没有去计较村干部那些难听的话，他知道那都是贫穷导致的。"物质上的贫穷带来精神上的贫穷，而要改变物质上的贫穷，又必须先改变精神上的贫穷。扶贫先扶志，必须先抓民心，凝聚民心！"

短短几天时间，已进入花甲之年，再有几个月就要退休享受天伦之乐的他，靠一辆自行车，走遍袁庄村 9 沟 11 岭 34 个自然村，一户不落地走访了 440 户村民。他发现全村 1473 口人，人均收入只有 2384 元。丹水镇够穷了，袁庄村更是穷得垫底，不及全镇人均收入的 40%。不仅如此，村里还没有一个企业，没有一分钱集体收入，没有一条水泥路，没有一座桥梁，没有卫生室，更加出奇的是，村委会连一间办公场所也没有，是一个响当当的"X无村"。在走访中，他还发现村里在提留款、贫困户补助金发放、村教师工资发放等方面，群众意见很大，导致民心涣散，上访告状不断。打牌、赌博成风，村支书家里就专门设一间麻将室，各种牌具齐全。

但是，他觉得他们扶贫工作队刚去，如果急于触及矛盾，将会给工作带来更大的阻力。他与另外两名工作队员约法三章：对村里过去的矛盾，不介入；村里人邀请打牌，坚决不打，看也不看；坚决不吃请，也不能托村里老百姓买土特产。

他决定从改变"X无"状况入手，干几件实事，先把涣散的民心凝聚起来。在南阳市科技局大力支持下，他跑组织部、扶贫办以及交通和水利部门，还到自己相熟的企业化缘，东一点西一点地争取来100多万资金，一下雨到处是泥巴的袁庄村第一次有了5.5公里水泥路；一到旱天就得翻山越岭到四五公里外的水库挑水吃的村民，第一次用上了自来水；桥梁也修好了，村委会也第一次有了较好的办公场所，这也成了全村的文化娱乐中心。还帮助建成了河南农村第一个分布式光伏电站。这一下，工作队民心大增。

时机成熟，在丹水镇党委和政府的支持下，他们对村委会班子进行换届选举，选出了年富力强的村支书和两委班子。有了好的带头人、好的班子，接着他把工作重心放到为大家寻找致富门路上。为村里引进一家企业搞日光温室种植蔬菜，给几十位妇女、老人提供了就近就业机会；建立了一个冷库，就近收购香菇，解决了菇农卖菇难问题。他还引进种植香根草，以草代木，解决了香菇种植原料问题。

西峡是有名的香菇种植大县，但在袁庄村却很少有人种植香菇。他和村委会就带领大家到邻近的乡村参观学习，一下子激发了大家的干劲。第一个报名发展香菇种植的刘明阳，本来很积极，陈明道有意把他培养成示范户。但没想到的是，就在买料装袋的关键时候，他的老婆突然偏瘫住院，不仅没有时间，微薄的收入连治病都不够，哪里还有种香菇的本钱？陈明道毫不犹豫地拿出自己的3000元钱，还找企业转借了一部分。当时，村上人都劝说："你别借给他，借给他就瞎了。"陈明道自己也很困难，老母亲年高多病，妻子是下岗工人，南阳市科技局每月补助他500元，但他却笑笑："瞎了就瞎了吧！"谁知道，第一茬菇卖完，刘明阳就把钱送还了陈明道和企业。现在，他已经种植香菇3万袋，年收入10多万元，彻底脱贫。短短3年，全村179户贫困户，通过种香菇、养羊等途径，全部告别贫困，开始走上致富路。2016年底，经第三方评估验收，整村推进项目各项指标全部通过达标验收，摘掉了贫困村帽子！

袁庄村还有一个叫尚金生的贫困户，家里穷得一塌糊涂，他自己也是高血压、偏瘫，连吃药都没钱，没有一点生活信心。陈明道动员他养羊，把十来只

图54-2 农民高高兴兴地把羊抱回家

羊羔送给他，他都不养。说："我这样子，吃喝等死，多活一天都是赚头，还养啥羊？"好说歹说，他才答应养羊。但是，他自己都没有想到，成天赶着羊群转悠，几个月下来，他偏瘫的身体反而有劲多了，开始有说有笑了。陈明道还帮助他申请了"到户增收项目"和低保户，每年获得补助资金1万多元。2017年春节期间，陈明道收到了尚金生的祝福短信："陈队长，在我绝望的时候，是你给了我活下去的勇气；在我最艰难的时候，是你为我排忧解难，让我看到了生活的希望……你是我一生中见过的最好的党员和干部！"

在20世纪80年代就被中央领导邀请到中南海怀仁堂座谈过的"全国农业科技标兵"陈明道，却动情地告诉科技日报记者："这位贫困农民发自肺腑的短信，是我得到的最高评价。"

金开美：带领村民打一场脱贫攻坚战

  2015年9月，河南省信阳市农科院茶叶研究中心副主任金开美，来到息县小茴店镇张老庄村担任第一书记。

  入村第一天，金开美就拉着村支书龚浩走遍村子里的角角落落，和村民们拉家常、话生产。金开美了解到，由于交通闭塞，张老庄村年轻人多到外地打工，留守村民以老人、儿童为主。全村435户1860人，仅贫困户就占了五分之一还多，达96户374人，此外，还有70多户的五保户、低保户。村民生活来源多靠外出打工，住房多以土坯房为主，像模像样的砖瓦房、零零星星的简易楼房在当地称得上是"豪华建筑"了。村集体没有一个企业、没有一分钱收入，更不要说积累了，村委会办公场所脏乱，与邻村合办的村小学、村卫生室设施简陋。平时没有集体活动，民心涣散，村两委工作只有村支书一人支撑，尽管出身农村并在农村长大，金开美还是对张老庄村的贫困落后状况感到震惊，他下定决心一定要找出一条能让当地村民早日脱贫致富奔小康的路子来。

  为每个贫困户建档立卡做到一户一档、组建村两委班子筑好基层堡垒、修筑主干道、生产道方便出行、有针对性地开展产业扶贫、到户增收项目。科技扶贫致富、兴建文化广场、修缮村委会办公场所，德孝典型推选、文明乡村建设，物质文明建设与精神文明建设一起抓，各项工作有声有色稳步开展，很

图 55-1　请信阳市农科院专家开展弱筋麦品种技术培训

快,经过一年半的务实推进,张老庄村村容村貌焕然一新。贫困人口的精神面貌也有了很大改观。

经过驻村几个月来与村民组长、老党员、老干部、群众代表的有效沟通交流、座谈,2016 年 5 月 23 日,小茴店镇党委把关确定,张老庄村聘用瓮勇、张国本、瓮清月三人进入村两委班子。一举改变了村两委仅村支书一个人的被动局面。其中 30 岁的瓮勇毕业于河南理工大学,有很好的培养潜力。

每到秋播,金开美就与村里种田老把式交谈,咨询小麦专家来调整农业种植机构,发挥派出单位优势。2015 年在征求院小麦所专家的意见后,他建议村民们改种"扬麦 15"这一优质弱筋麦品种。院领导积极支持,金开美邀请来单位的小麦所专家,给村民们开展了弱筋小麦优质、高产、高效综合配套栽培技术培训,并送来 4.5 万斤免费的种子。在金开美不懈努力下,2016 年"扬麦 15"获得大丰收,平均亩产达到 400 公斤以上,远远高于当地 300 公斤左右的

图 55-2　金开美（右3）在田间与农民交流

产量，邻近村的小麦六七毛一斤没人要，张老庄村的弱筋麦一块一毛多还供不应求，每亩增收 300 元以上。2016 年，信阳市农科院小麦所专家与金开美一道，来到张老庄村实地调研，制定了选用春性品种、加大播量与施肥量，播前采取浸种催芽至露白等促早发早长等技术措施，尽量减轻连阴降雨耽误播期造成不良影响的技术路线。该村瓮庄村民组建立"优质高产高效百亩小麦示范方"，选用强筋麦优良品种"郑麦 9023"，由市农科院无偿提供种子、肥料和农药，并开展全程跟踪科技服务。

周庄村民组周光友家，是典型的因病致贫家庭，十年间全家 8 口人就有 4 人患尿毒症，两个儿子英年早逝，妻子主动放弃治疗，把生存下去的机会留给年幼的孙子，而孙子仅维持治疗每年就需要数万元。金开美联系息县义工联、石家庄肾病医院、市慈善总会等多家医院和慈善机构对周光友家庭展开救助，为苦难的一家人增添了生存下去的勇气和信心。

小庄子村民组卢振江，三个孩子分别就读大学、高中、初中，典型的因学致贫贫困户,夫妻二人以种田为生计,卢振江空有一手好厨艺,苦于没有启动资金,只能在左亲右邻办"红白喜事"时挣俩零花钱。金开美协调扶贫小额贷款,让他在自己家里开个家庭食堂,协调村、组将门前的十余亩水面承包给他搞水产养殖,使这个风雨飘摇的家庭脱贫。

积极开展技术培训,一年半来,先后组织培训会8场次,包括建档立卡贫困户在内的受训群众累计近400人,大大提高了当地群众的种粮积极性和科学种田的水平,为科技在脱贫攻坚战中发挥作用增光添彩。

金开美说,今后他将充分利用国家脱贫攻坚政策,争取项目支持。继续推进村级道路建设、饮水安全、农村电力保障、危房改造、特色产业增收、教育扶贫、文化卫生建设、贫困村信息化等项工作。

056

张春强：伏牛山来了"科特派"

"又领着人来捣（坑、骗的意思）我们了！"

"别瞎说，这是洛阳农科院的大专家！"

"呵，专家！呵呵，砖家！快叫他把萝卜钱赔我们。"

"张老师是来教大家种土豆的。"

"种土豆，千万别种，上边叫种啥，啥准赔。他说不定又是想来弄咱啥事哩。"

在伏牛山深处的栾川县潭头镇汤营村，村干部领着张春强看看村里的基本情况和土地状况，琢磨下一步怎样带领大家发展马铃薯产业。刚进村，老百姓就七嘴八舌地议论开了，任凭村干部怎样解释，仍是难听话一大堆，丝毫不避讳他这个客人在场。原来，前几年，村里号召大家种白玉萝卜，说是要出口日本。可是，萝卜收获后，却没人收购，农民们一下子给赔怕了。

就是在这样的情况下，作为河南省洛阳市农林科学院的科技特派员，张春强还是坚持了下来，并且已经走过 5 个年头，被当地乡亲们亲切地称赞为"新薯农"。

栾川县气候温良，降雨量多，冬长夏短。这样的环境并不优越，但非常适合种植马铃薯。马铃薯因此也成为当地继玉米、小麦之后的第三大农作物，常年种植面积在 3.5 万亩左右。但是，张春强调研后发现，当地农民多采用自留种种植，多年无性繁殖，使种薯病毒逐年积累，品种严重退化，植株变矮，产量下降，品质变劣，薯形变差，薯块还小，芽眼深，亩产只有 1000 公斤左右，还卖不上价钱，能卖一块钱一公斤就算不错。更为可怕的是，自留种的马铃薯还常发生卷叶病和花叶病，这两种病都属于病毒类的，一发生就不好根治，每种病害都可以导致减产 10%～20%。

张春强说："脱毒是最常用的方法，亩产比自留种能增加一倍，达到 2000 公斤左右。脱毒也是解决病毒性病害的根本方法，用上脱毒种薯，基本不会发生这类病害。可是，20 多年了，当地农民仍旧沿用过去的老种子，怎么能有好的经济效益呢？"这让这个专门读过西北农大农技推广专业研究生的农业专家

图 56-1　张春强开展马铃薯新品种技术培训

图 56-2 张春强（右1）到地里查看马铃薯长势

感到十分惭愧！

他至今清楚地记得，在潭头镇汤营村，他第一年去动员一个叫雷海生的农民种植脱毒马铃薯的时候，雷海生却死活不种。第二天，他拉了四五十公斤脱毒薯苗，直接来到雷海生家。雷海生不仅不要，还撂出难听话："我这（自留种）八九毛一斤，你那（脱毒种薯）一块八，啥专家？净'礭'（音què，坑、骗之意）人！"张春强说："这样吧，咱俩打个赌（立军令状之意），你今年先种我半亩地，免费给你脱毒种，到时候产量低，低多少我赔你多少；产量高了，不仅都是你的，我还奖励你化肥。"就这样，好说歹说，雷海生才勉强同意试种一年。结果，半亩地收获马铃薯1035公斤，比其自留种一亩地的产量还高，卖价又高出了一倍。

收获那天，信心满满的张春强有意让村支书把全村薯农都请到现场，当场过秤，并当场从自己的车上搬下一袋复合肥，对雷海生说："这是奖励你的！我没有'礭'你吧？"这一下，把大家的激情点燃了，这个说"张老师，你给我留个电话号码吧！"，那个说"你那脱毒薯也给我弄点吧！"第二年，仅有280

多亩耕地的汤营村,全部把自留种更换成了脱毒马铃薯。雷海生家本来只有2亩多地,不仅全部种上了脱毒马铃薯,又转租别人8亩地也种上了脱毒马铃薯。仅靠卖马铃薯一项,年收入不下4万元。

作为农技推广专业毕业的硕士研究生,张春强时常感到任重道远。他说:"我这些年推广的技术,实际上大部分都是常规技术,可是农民居然不知道。但一经采用,效果立马不一样。"栾川农民多少年都习惯马铃薯和玉米间作套种,而且是四行玉米套种四行马铃薯。不知道谁开始实行的种植模式,大家一直都这样进行,年复一年。张春强认为这对光、温、水、气的综合利用不是太好,就把它改成两行玉米套种四行马铃薯。这一改,玉米种植量虽然比过去少了一半,但产量仅从亩产450公斤下降到了400公斤;土豆产量却上升一倍,达到4000公斤,综合效益提高30%多。过去,农民们平地挖坑种马铃薯,张春强引导人家起垄栽培,有利于施肥、打药、浇水,有效地营造了马铃薯的生长环境,有利于薯块膨大。

过去农民们不知道马铃薯喜钾、喜磷,一说施肥就是上尿素,结果导致口感很差。张春强带个养分速测仪,到田间地头给老百姓搞土壤化验。一捧土,往仪器里一装,立马就显示出钾多少、磷多少、氮多少……毕竟是山区,连一些干部也没见过这玩意儿,就半开玩笑地说:"你这准不准啊?别'礶'老百姓一家伙!"

三川镇小红村,有人种西瓜,他们曾到县城的实验室做过配方化验,就想有意来验证一下张春强的仪器到底准不准,便说:"来,你给我的地化验一下。"张春强觉得这是一个说服大家的好机会,就立马答应:"好,好!"化验结果出来了,村民赶紧跑回家拿出县城实验室打印的化验单,仔细对照后,不禁高叫:"果然一模一样!"

山还是那座山,地还是那片地。素有"九山半水半分田"之称的豫西栾川,虽然5年来马铃薯种植面积一直稳定在3.5万亩左右,但由于10多个马铃薯新品种的引进和培育,30多项实用技术的推广,每年新增效益1200万元。

057
李景柱：精准扶贫结硕果 科技服务见真情

2017年2月13日，乍暖还寒，湖北咸宁崇阳县港口乡油榨村炊烟袅袅，村外山坳中的一块平地里，一排排白色大棚格外引人注目。

走进大棚，一株株、一列列火龙果枝条挺翠。原本生长在热带、亚热带地区的火龙果，在咸宁市农科院高级农艺师李景柱的帮助下，在这里扎下了根，结出"科技扶贫、脱贫致富"的硕果。

"南果北种"新希望

油榨村，地处鄂南深山腹地，2万余亩喀斯特地貌的山林，无疑是该村的贫穷"魔咒"。伴随着大批青壮年的外出务工，留下的是102户无力开掘林地的贫困户。

2015年9月，民建湖北省委扶贫工作队正式入驻油榨村。湖北省政协副主席、民建省委主委、省科技厅厅长郭跃进多次率民建企业家实地调研，邀请咸宁市农科院专家考察地理环境和土壤条件。经过考察，专家建议可引进火龙果种植，向土地淘金。

"当时，所有人的内心都是忐忑的。热带水果长在咸宁，会不会不好吃，

图 57-1 果树专家李景柱（左2）在崇阳县港口乡油榨村指导红肉火龙果种苗定植

没销路？村里没有一个人懂火龙果种植技术，会不会让多方筹集而来的资金打了水漂？"油榨村支部书记熊进华说。面对村民的疑虑，高级农艺师李景柱给了大家信心。李景柱将他们带到市农科院的火龙果示范基地参观。

李景柱用自己多年研究种植果树的经验，告诉他们只要解决了防冻、排水这两大难题，火龙果的种植就与普通的蔬果种植一样简单。

传帮带留下科技火种

2015年底，湖北省科技厅投入资金150万元，油榨村从贫困户手中流转出30亩地。李景柱带领火龙果团队多次深入油榨村进行调查研究和充分论证，最终确定火龙果产业园实施方案。

从基地选址到规划设计，从整地做畦到果苗定植，再到田间管理，李景柱全程跟踪并提供科技服务。当时，已近60岁的李景柱，经常与村民同吃、同住、同劳动，基地的每一个变化，都凝聚着李景柱和项目组成员的心血和

057
李景柱：精准扶贫结硕果　科技服务见真情

汗水。

村里选拔了几名年轻干部，跟着李景柱一起学习火龙果种植技术。村主任汪洪良就是火龙果种植技术"学习班"的排头兵。过去对果蔬种植完全陌生的他，如今俨然是一位火龙果种植专家："建园要选择地下水位在0.8米以下，pH 5.5～7.5，避风向阳的地方；当气温降至10～12℃时，盖外膜，下霜以前，盖内膜，当内膜内温度低于0℃，开始结冰时，可在夜间设加温炉进行增温……"汪洪良说，从园地规划到起垄、栽培，从土、肥、水管理到整形修剪，从花果管理到越冬防冻，市农科院的专家团队持续为基地提供技术指导，火龙果终于在这片贫瘠的土地扎下根。

笑容溢满在村民的脸上

"从8月份开始，火龙果基地就开园采摘了，目前来采摘的市民越来越多，卖点也好，一个火龙果可以卖到20元，都有些供不应求了"油榨村党支部书

图57-2　湖北省政协副主席、省科技厅厅长郭跃进（左3）与李景柱（左2）一起在油榨村火龙果基地调研

记熊进华高兴地说道。

"果苗 2016 年 4 月种植，当年 8 月就开始挂果。"熊进华回忆，从 8 月到 12 月，这个藏在群山之间的贫困村，迎来一批批采摘游客，仅仅是首批投产的 2 亩火龙果就为村里赚得了 3 万余元的收入。

不仅如此，通过土地入股、到基地务工等方式，一批贫困户实现了脱贫销号。72 岁的舒雨候就是其中一员。他称，火龙果基地就在自家门口，去那里干一天活能赚 150 元钱，一个月能拿 3000 元的收入，不仅生活有了保障，自家地里的农活也兼顾得上。

眼见种植火龙果的效益日益凸显，2016 年为村贫困户平均增加收入 500 元，村民们的热情也越来越高。在村干部的牵头组织下，村里的火龙果合作社也办起来了。熊进华难掩兴奋："到 2018 年，整个 30 亩基地全部丰产，就算是以较低的市场价做采摘，一年也能卖个八九十万元。"

熊进华手中拿着一份由市农科院果蔬专家李景柱牵头拟定的湖北省地方标准《绿色食品红肉火龙果设施栽培生产技术规程（征求意见稿）》，有了强有力的技术作为支撑，火龙果基地一定会更红火。

熊进华无不感激说道："火龙果产业扶贫让我们村找对了脱贫致富的路子，感谢李景柱专家的技术指导！"

058

杨军：扎根山区　服务清江土著鱼产业发展

长阳土家族自治县位于鄂西南山区、长江和清江中下游，虽是一个集老、少、山、穷、库于一体的国家级贫困县，却有着清江画廊的美誉。

由于其独特的山水资源，一年四季游客不断，游客们除了观景之外，还能享受到当地的美味佳肴，特别是清江土著鱼可谓最受欢迎。

然而，清江土著鱼好吃不好养。由于缺少育苗和养殖技术，养殖户如同游走在钢丝绳上，养殖风险很大。

攻克工厂育苗难题

"由于我们缺少育种技术，我们的养殖户都从平原地区引进种苗，除了运输成本高以外，由于水土环境的差异，鱼苗的成活率不到60%。"宜昌市水产技术推广站副站长杨军说，有的时候甚至全军覆没，导致养殖户因此可能全年无收。

把论文 写在大地上
科技扶贫 100 个典型案例

图58-1　杨军（右）与渔民一起对养殖池进行消毒，预防鱼病

2010年，为了解决工厂化育苗难题，从事网箱生产多年的欧阳友生投资600万元，成立了长阳友生清江鱼种苗有限责任公司。

欧阳友生也没想到育种会有这么难。一次山里的洪水灌入鱼池，一池一池的鱼苗得病，眼睁睁地看着它们死去，公司为此损失了几十万元。

"多亏了科技局、水产局和杨军站长给予我们大力支持和帮助，我们才走到今天。"欧阳友生十分感慨和感激！

2015年，杨军作为"三区人才"被选派到长阳友生清江鱼种苗有限责任公司，开展"清江流域土著特色经济鱼类苗种繁育及生态健康养殖技术研究"项目的技术研究、指导、培训和推广工作。

杨军与公司项目研发组一道，开展了从清江流域野生环境下采集的土著鱼类的人工选育及驯化、人工繁育、苗种培育技术研究。

至2016年底，共选育5162组土著鱼类亲本，使公司的年苗种生产能力达到了 5200 万尾以上，企业年增效益 200 万元。

建立标准化技术体系

杨军在完成自己单位各项工作的同时，沉下心来，抽出更多的时间，深入公司养殖基地，同公司管理层、养殖职工深入交流，了解公司在发展的过程中主要需求，存在的困难和发展的方向。

经过周密的考察和调研，杨军把白甲鱼的标准化技术体系作为首要工作。杨军说：标准化技术体系就是清江野生土著鱼品质的保障，同时让复杂的技术"傻瓜化"，便于养殖户学习和应用，也可大大降低风险提高效益。

"目前，白甲鱼标准化技术体系已通过专家评审，可以备案成为湖北地方标准了。"杨军十分欣喜地说。

开展土著鱼类繁育研究，建立了以白甲鱼为主要品种的清江野生土著鱼类从人工驯养、亲本培育、人工繁育、苗种培育、成鱼高效健康养殖、病害防治、流通运输等全程的科学成熟的标准化技术体系，有效促进了清江流域具有较大市场潜力和较高经济价值的名特优鱼类的产业化开发之外，很

图 58-2 杨军（右 2）对白甲鱼进行抽查打样

好保护了清江土著名优珍稀鱼类，对提高库区生物多样性，促进清江水域生态系统稳定起到了积极的促进作用。

示范推广加速转化

在指导公司积极推行"边研究、边试验、边总结、边示范、边推广"的模式的同时，杨军个人也获得了丰硕的成果，一年下来申报了9项专利，撰写了6篇论文。

他将这些成果加速转化成生产力，运用到生产实际中，辐射周边养殖户，指导他们开展土著鱼类的养殖，为养殖户创收发挥了积极的促进作用。

他创新培训模式，将可读的专业技术资料与可视的视频讲解相结合、与企业高校"产、学、研、推"相结合、专家请进来与人才走出去相结合，全方位开展培训，让公司职工和辐射区养殖户实实在在的学到技术，并能在实际生产中很好地运用。

2016年，共举办各类培训会3场（次），培训农民300多人（次），发放技术资料600多份。

全年，新增就业岗位数236个，带动13个行政村105户，其中带动3个贫困行政村为19个贫困户建档案进行跟踪服务，带动农民人均增收1600元。

培育了一大批水产养殖、加工生产技术能手，填补了湖北省土著鱼规模化人工繁殖及养殖的空白，提高了库区生物多样性，促进了清江水域生态系统稳定。

059

徐永杰：心系大山 共谋保康核桃产业致富路

湖北保康县从 2007 年以来大力发展核桃产业，到 2012 年底，全县核桃种植总面积近 50 万亩。随着种植规模的扩大，全县上下都在盼着核桃林发挥经济效益。但是问题来了，大片大片的核桃树是长起来了，就是不见丰产丰收，效益远不及当初的设想，产业发展信心受挫。

到了 2013 年，正是保康县核桃产业发展的关键时期。一方面经过几年的发展，核桃种植面积已经达到比较大的规模，另一方面是农户缺乏核桃种植技术，整个产业发展缺乏系统规范，核桃病虫害防治成了摆在核桃产业化发展道路上的"拦路虎"。

"80 后博士"成"当头炮"

2013 年，湖北省林业厅专家服务团成员、湖北省林科院助理研究员徐永杰博士，受省委组织部、省科技厅等单位委派到保康进行科技服务。主要任务为促进保康县核

图 59-1　徐永杰博士（中间）在保康县城关镇黄土岭村王定平核桃园为技术员现场授课

桃产业健康发展，让农户尝到核桃种植的甜头，增强贫困户脱贫致富的信心。

后坪镇汪家沟村是保康县科技局的精准扶贫驻点村，该村也种植了不少核桃，就连村支书都带头打起了"退堂鼓"，"光长树，又不挂果，这核桃没什么好种的。"村民的抵触情绪让县科技局的扶贫工作队犯了难，得想办法让种植户重拾信心种好核桃。

城关镇三溪沟村核桃基地，建于 2008 年冬，面积 106 亩，涉及农户 46 家，其中建档立卡贫困户 35 户，核桃树一直结果差，农户一度丧失信心。

村民何文亮说："唉，当时把我的当家田拿出来种核桃树，都七八年了，结了光掉，都没收到核桃，一分钱没见到"。

徐博士详细从施肥、密度、病虫等方面问了情况，然后又到园子里现场看。跟老何说："老何，你不是有两块园子吗，下边这块你疏伐一些树，上面那块你暂时不搞，看看效果，如果产量降了，我立军令状，我包赔，有支书做证"。

徐永杰：心系大山　共谋保康核桃产业致富路

图 59-2　2016 年 8 月 16 日，保康县寺坪镇度家坪村七组村民张忠乐夫妇在展示采收的核桃

2016 年，听了徐博士的建议，1.2 亩收 400 多斤干果，收入 7000 多元。在老何的带领下，整片园子密度都调整到位了，间伐了 700 多株。2016 年该基地收核桃干果 2 万多斤，收入 30 多万元，亩平 3000 多元，有效助力贫困户脱贫摘帽。

因地制宜巧施肥

徐博士介绍说，核桃林效益不好，除了密度过大，再就是施肥不当。由于山区农户对果树知识了解不多，缺乏种植经验，大部分农户在核桃树种上之后，既不施肥，也不疏伐，以为顺其自然便可"坐享其成"。

2014 年初，徐博士得知保康县核桃办、县农技站做过基础的土壤肥力调查。徐博士在对这些基础数据进行统计分析后，最终确定了一个配方肥方案，以秸秆、鸡粪为主要原料，再添加一些核桃生长所必需的钙、硼、锌等微量元素，按照一定的比例进行调配。当年就选了 4 亩核桃地对这个配方肥进行试验，试验效果不错，核桃保果能力强，挂果后不易脱落。2015 年该专用肥委托生产了 500 吨，2016 年达到了 1000 吨，核桃种植农户和专业合作社都非常认可这个肥料。徐博士团队于 2015 年 8 月申请了配方肥专利，2017 年有望授权。

创新创优本土品种

2014 年，徐博士在保康县对核桃产业发展现状进行摸底调查，查找问题中发现，从河北引进的核桃品种在气候、立地条件与保康有差异，出现了"水土不服"的现象，导致了挂果少、易脱落的问题。徐博士决定在该区域选育出适宜当地栽培的品种。

2013—2016 年四年间，他的团队在同纬度进行资源调查，辗转多地，实地走访了鄂西地区、重庆、四川北部地区，采集了 400 多株核桃树的数据。在综合考量后，将保康一株挂果好、抗性强的单株作为保康重点发展的备选品种进行培育。徐博士把这个品种暂命名为"楚林宝魁"，于 2016 年申报了"国家新品种保护"，预计 2020 年能够申报成为湖北省级良种。

2014 年起，徐博士与保康县核桃技术推广中心一道在保康县建立了核桃种质资源圃，圃地主要收集了本地及周边地区有特色的种质资源 70 多份，以后可根据市场和种植户的需要，快速改换包括鲜食核桃、文玩核桃、观叶核桃、果材兼用、红仁核桃、紫仁核桃等多个品种的核桃。

在徐博士的不懈努力下，近三年的时间内，1.8 万多户贫困户依靠发展核桃产业每年新增收 1.5 亿元。

060 王云：独门野果"八月炸"致富记

"明年我种的'八月炸'就可以挂果了。王教授说过，第一年亩产量至少能达到1000斤产量。按照15元1斤的价格算，第一年就能回本。零售可以卖到25元1斤呢，收益可观。"石门县太平镇梅子垭村，"八月炸"新种植户王芳说。

"八月炸"也称合欢果，学名三叶木通，是一种主长在长江中下游的野生果类，通常被作为药用。这种野果在常德市石门县被驯化后，在湖南省科技特派员、湖南文理学院教授王云的帮扶下，成了常德市石门县农民们的新"致富果"。

"猎"来特派员 "助长"独苗苗

2010年，湖南乐大然果业发展有限公司在石门县引进种植了300亩左右的"八月炸"驯化品种，想作为水果销售打造。挂果后，收成尚佳。但遇到"锈病"爆发，果子外表则又黄又皱，严重影响商品性。且产业链的开拓上，公司仍看不到"甜头"。公司开始在当地寻觅有这种果子种植、栽培经验的专家。湖南文理学院教授王云，进入了他们的视野。

2014年，王云作为湖南省科技特派员，派往国家武陵山片区区域发展与扶贫攻坚县的石门县，助力公司及当地企业发展"八月炸"产业。

查看了情况的王云，很认可具有良好抗癌、通乳功效的"八月炸"，从药用到直接开发为高端水果，商业价值空间较大，有利于当地农民的增收。不过，要做大做好这一产业，必须有大规模种植，同时，不能局限于"鲜果"这一种单一的模式。必须加强精深加工研究，拓展产业链。

围绕这一目标，他开始琢磨"八月炸"规范化高产栽培、示范推广及产品深加工。通过科研项目为依托，项目带动产业等模式，王云带领着团队，开始"忽悠"当地农户改柑橘种植为"八月炸"种植。

最初，农户并不愿改种这种不够熟悉的品种。王云开始一边扩大公司基地做示范，一边给农户宣讲和算账：种植一亩柑橘，亩收益最多2000元左右。种植一亩"八月炸"，盛产期结果能达至少4000斤左右，即使按每一斤水果卖

图60-1 王云教授（右1）向种植专业户培训"八月炸"栽培技术要点

15元的收购价格计算，亩收益都能达6万元左右。同时，野生驯化来的"八月炸"，抗性较佳，比较好养活，好打理。

王云坚持"种植+加工"理念，致力于把农民从"种植户"转化为"企业家"。不仅盯好鲜果产生的利润，还要走出一条"八月炸"精深加工的产业化道路。

目前，他已成功开发了"八月炸"立体种养模式，最大化提高了产品经济价值。同时，王云引导公司成立了石门乐天然和欢果专业合作社，用"基地+合作社+农户+公司"的形式，进行"八月炸"种植推广。并通过"先种植，后付款"、订单种植等模式，鼓励农户参与种植。

图60-2 王云教授（右1）讲解病虫害防治方法

在他的带动下，目前，石门县"八月炸"种植面积，已由300多亩，发展到了5000多亩，成就了我国唯一种植"八月炸"水果的"独苗苗"水果产业的开端。

按需研究　让科技成果迅速转化

"科技特派员不能一味开展理论研究，要立足企业，针对企业产业发展需求和生产中的实际问题开展科学研究，实现价值的最大化。"王云说。

入驻企业后，他根据公司产业发展需求，先后联合了中国农业大学、湖南文理学院等的作物遗传育种、作物栽培、病虫害防治、植物营养、食品加工、生物提取等多方面专家，组建了一支由12名教授、博士组成的高水平团队，围绕"八月炸"新品种选育、仿生态规范化高产栽培、种苗快速繁育、贮藏与保鲜、产品深加工等多个领域开展科学研究。

在推广"八月炸"的同时，王云依托湖南文理学院—湖南乐天然果业有限公司校企产学研合作基地，积极引导企业转化科技成果。团队选育的"八月炸"1号、2号和3号新品种，在当地夹山镇等地推广种植有3000余亩，建立了"八月炸"规范化高产栽培示范基地500亩以上，建设"八月炸"果茶、籽油、果酒生产线，年产果茶1吨以上、籽油3吨以上、果酒10吨以上，获得了显著的经济效益。

王云还积极帮助当地合作社等机构，成立企业，加快成果转化。引导了绿野天涯果业公司等四家公司的建立。

061

魏林：治好了"寸三莲"的"腐败病"

湖南省湘潭市花石镇，"寸三莲"发源地。每到莲子收获的季节，这边村里的人们，就开始忙碌于机器前，给一颗颗嫩绿"外衣"包裹着的"大、白、胖"莲子去皮。场景好不热闹。

三颗莲子连一块，就有一寸长，由此得名"寸三莲"。湘潭的"寸三莲"，粒大味美，是明清时期的"贡莲"，也是莲子市场上最抢手的"爆品"。由此，花石镇成了全国最大的莲子交易市场。湘潭湘莲产业，年产值可高达10亿元。

市场不愁销，农民却一度愁种。20世纪90年代起，莲"腐败病"开始蔓延，导致产量急剧下降。部分当地传统优势产区，被迫放弃莲种植。2009年前后，花石镇受"腐败病"影响，严重到了没法自产莲子。一些经验丰富的藕农，被迫迁至他方，租地种植。

"腐败病",给当地经多年培育而成的莲子加工与交易市场造成了较大冲击。

"死马"能当"活马"医 绝收地里发新芽

多年来,当地政府一直致力于寻找专家,帮助藕农对抗"腐败病",效果甚微。三年前,湘潭县政府找来了研究莲病虫草害综合防治数年的湖南省植物保护研究所研究员魏林,聘请她为湘莲产业创业链科技特派员,为花石镇莲都湘莲专业合作社科技服务。

2015年的一天,魏林在合作社中自己打造的莲"腐败病"绿色防控技术核心示范基地观察。一位周边的农民找上了门。原来,他家的2亩莲藕地染上了

图61-1 魏林(中)走访藕农

"腐败病"，已经快绝收了。

在这位农民的眼里，这已经是"死马"了。虽不抱起死回生的希望，但仍想向专家探个究竟。

实地察看了情况的魏林，指导农民将莲藕田进行了挡板隔离，并划分四个区块。其中，四分之三的地里，魏林指导农民实施了她和她团队多年研究出的"腐败病"治理成果。让农民惊喜的是，这四分之三的地里，又重新长出了新荷叶，并能正常结果了，亩产100多斤莲子。而未"治病"的四分之一莲地，则几乎颗粒无收。

"大田"里面做"实验"　　随时随地解民忧

去年端午节，赛龙船的前一日。魏林和她的团队，又来到花石镇查看莲区种植情况。又遇到了头疼的一幕。

魏林发现，花石镇这片较历史悠久的莲藕种植区，已出现了"腐败病"的

图61-2　魏林（前排右1）在科技周活动中解答藕农们的问题

轻微症状。经验丰富的藕农们，看到荷叶的腐败病症状，往荷叶上洒了大量石灰。

这让魏林很心疼。"腐败病"的根源，是在地下茎。往荷叶上撒石灰，不但没多大作用，还会损伤荷叶。也说明了即便经验丰富，藕农对这种病害的防治，还很欠缺。她及时联系藕农清洗荷叶上的石灰，并加大了给藕农培训、科普"腐败病"治疗的力度。

魏林看来，优秀的成果，不能主要停留在试验田。必须大面积的应用与辐射，才能帮助到整个产业的健康发展。在湘潭，她把"实验"做在了种植莲的大田里。

三年来，魏林和她的团队，帮助合作社建立起莲"腐败病"绿色防控技术核心示范基地400亩，规范了从土壤处理、种藕消毒及子莲生长季节病虫草害防控操作技术；为促进"寸三莲"地方品种的提纯与推广，发明了"寸三莲"分子鉴定技术与莲"腐败病"综合防控技术；构建了莲藕"腐败病"绿色防控标准化体系。

目前，当地莲"腐败病"得到了有效抑制。这一技术，已在莲藕主要种植区累计推广应用51.47万亩，建立了4个湘莲品种资源圃，年产优质种藕4万余支。对"腐败病"发生较重的连作藕田区域，治疗效果高达近70%。对发病较轻的藕田区域，发病率可控制在5%以下。同时，此套技术，较传统化学防治，成本可降低近半，产量提高6%～15%，籽莲亩增收可达300元左右，藕莲亩增收可达700元左右，为当地产业新增纯收入2亿元。

062

郑兴洪：萝卜青菜保一方平安

老百姓说"青菜萝卜保平安"。此话不虚，在广东省汕头市潮南区，提起洪茂种养公司，提起该公司总经理郑兴洪，几乎是无人不知。8年来，他深耕无公害蔬菜种植，带领2000乡亲们走上了种植致富的康庄大道。

初涉种植业，他亏掉了所有积蓄

开始，郑兴洪协助父亲经营着一家农产品加工厂，主要负责在全国各地收购农产品原材料，工厂经营得红红火火。而在2003年"非典"那会儿，他在外地看到葱头价格暴涨，于是开始萌发自己种植蔬菜的想法。当时，这一想法遭到了父亲及亲戚朋友的反对，但他这个想法一直在自己的脑海里挥之不去。

2007年，郑兴洪不顾家人劝阻，开始从村集体流转撂荒的土地，至2008年，手头上已经有了800多亩。他从外地购进种子，把流转过来的土地全部种上了蔬菜，其中葱头500亩、胡萝卜300亩、包菜80亩，包括土地租金、基础设施、种子、农药、肥料、人工等，共花费600多万元，他把此前多年的积蓄都押在了这800多亩土地上。为此，父亲认为他"不务正业"，收回了他在加工厂里的管理权。

"老豆炒鱿鱼，干脆自己干"。满怀希望的郑兴洪在2009年注册成立了汕头市洪茂种养有限公司，期望着年前的几百亩蔬菜能有个好收成。

然而天有不测风云。郑兴洪万万没有想到是，蔬菜的销量受气候的影响非常大，当年北方气温普遍较高，蔬菜大丰收，这让依靠"南菜北运"赚钱的他大失所望，由于供过于求，大量的蔬菜无人问津，800多亩地的蔬菜仅卖出去15%左右，因为害怕肥料过剩，剩下的又不能让它烂在地里，只好让一些渔民免费收回去喂鱼。

初次涉足蔬菜种植，郑兴洪不仅没赚到钱，还把所有的600万积蓄全搭了进去。这让郑兴洪明白了，市场是硬道理！

科技兴农，终成乡亲们致富引路人

经过第一年的失败，郑兴洪没有灰心丧气，而现实也不容许他失去信心，因为光基础设施一项已经投入了300多万，一旦放弃，这些钱也白白浪费掉了。他决定从朋友那里借蔬菜种子，借肥料，再从头干起。

从失败阴影中走出来的郑兴洪，除了做好市场调研之外，更加注重利用科学技术来规范化操作，以此降低成本，提高生产率。老天不负有心人，第二年，公司实现盈利200万元。

于是，他开始购买现代化装备，实行机械喷灌和肥水一体化生产，利用灭菌后的畜禽粪便作为有机肥料，实行无害化生产，保证生产的农产品质量安全。还通过建设一套较为完善的科研开发与生产管理体制，逐步形成一支具备科研开发、产品推广应用的技术人员队伍，技术培训厅、科普展示厅、电子商务平台等也在筹备建设之中。

如今他的生产基地达到1700多亩，员工达500人，年产蔬菜1.83万吨，全部实现"农—超"对接，先后获批"广东省现代农业园区""广东省无公害农产品生产基地""广东省菜篮子基地"，其中胡萝卜、大葱2个农产品被国家农业部认定为无公害农产品，洪茂公司也由此被评为"广东省农业龙头企业""广东省菜篮子工程协会常务理事单位"。

更重要的是，郑兴洪意识到，是自己脚下的这片土地成就了他，自己富起来了，也应该带领乡亲们过上好日子。

他从自己所在的井都镇平湖新村开始，采用"公司+基地+农户+技术标准"的产业化经营模式，推动区域内蔬菜产业的发展。

公司与每家每户签订协议，由公司提供蔬菜种子，技术人员做好技术培训与指导，农户按照技术标准种植，蔬菜再由公司以当地市场收购价予以收购。在此过程中，一些尝到甜头的农户也开始自己流转土地与公司合作种植蔬菜。

截至目前，在洪茂公司的带动下，海门、田心、井都三个镇超过2000户农户把蔬菜种植作为家庭主导产业，蔬菜种植面积达到1万亩，占到三个镇耕地面积的15%以上，年产蔬菜近20万吨，仅此一项，户均增收7500元左右。"萝卜青菜"保了一方平安。

种养结合，确立循环经济发展目标

去洪茂公司采访，路上联系时郑兴洪老板不在。等我们赶到公司时，郑老板已经在等候我们了。这件小事，就让我们感到了农民企业家的朴实与厚道。我们采访时，正巧遇上当地银行工作人员前来办理贷款手续，用于公司购买食

图 62-1 郑兴洪（左1）查看自动分拣流水线

用油压榨机械。郑兴洪解释说，随着自己产业的壮大，父亲觉得自己还是个能干事的人，遂又将农产品加工厂交给他打理。

目前，他正盘算着在自己的蔬菜基地里建养猪场，蔬菜废料养猪，猪粪便用来生产沼气，最后再用于蔬菜种植，以此实现循环发展的目的。

按照郑兴洪的规划，养猪场第一期建设占地 30 亩，预计投资 1000 万元，目前资金是他遇到的最大的难题。

"只要思想不落坡，办法总比困难多"，郑兴洪充满信心地说。

063

覃榆苋：石头缝里长出了"金叶子"

时至今日，广西壮族自治区贫困县科技特派员、桂林茶叶科学研究所科员覃榆苋仍然清晰地记得两年前第一次到忻城县马泗乡龙图村所看到的景象——两排大石山的山谷里，七零八落的坐落着一些村庄，耕地是黄沙土的旱地，土壤贫瘠。这是怎样的一个山村啊！

龙图村是忻城县贫困村之一，共有 426 户 1828 人，其中贫困户 149 户 426 人。主要农作物是玉米，一部分是桑园，还有在忻城县农业局扶持下种的 50 多亩茶叶。由于种植规模小，茶农管理经验不足，茶树的长势薄弱瘦小，茶农对茶叶前景非常失望。

这样基础薄弱的贫困村，该从哪里寻找脱贫的突破口呢？回到单位后，冥思苦想了几夜，覃榆苋决定从茶叶入手，通过提升茶叶产量、质量、品质壮大茶叶种植规模来带动村民脱贫。

2014 年 12 月，在参加完忻城县科技局举行的科技特派员对接会后，为不误农时，覃榆苋顾不上旅途劳累，直接奔赴龙图村，到茶园查看茶树生长状况。经检查，发现有茶芽枯病、轮斑病、椰圆蚧病等病害，他立即指导茶农开展冬季茶园防治虫害和修剪等绿色防控管理工作。经过他的指导和茶农的辛勤

图63-1 覃榆苊（左站立者）与培训学员交流

管护，茶园长势良好。2015年3月，经对茶农进行茶叶鲜叶采摘方法培训后，龙图茶园首次采摘茶叶。采摘回来的茶叶，手工制成茶叶后，经组织茶叶专家审评，品质上乘，这一消息大大鼓舞了覃榆苊和龙图茶农。

然而，好事多磨。通过投入和管护，花费了大量的人、物、财力，可茶园还没产生效益，继续投入没有资金，茶叶基地的负责人对产业信心开始动摇。

为了基地能持续运转，2015年8月开始，覃榆苊带领茶园负责人多次到县科技局、农业局等单位反映情况，并与多个部门沟通立项，最后县农业局拨付了5万多元的机械设备扶助资金、县科技局拨付了3万多元的扶助资金，终于使基地得以开展施肥、除草、茶叶采制等工作。

为了增强合作社对产业市场定位的信心，对产品销售的信心，引导贫困户加入茶叶种植合作社，覃榆苊经常开展修剪指导、茶机保养、茶叶种植采摘技术培训指导，还请来广西桂林茶叶科学研究所的领导和专家到基地讲课，进行科技扶贫茶叶培训。两年中，共培训和指导服务群众746人次，发放培训科技

063
覃榆苍:石头缝里长出了"金叶子"

教材 960 份。同时,请专家对发展壮大马泗茶叶产业进行诊断把脉。

2016 年春,经过一冬休养的龙图茶园,爆发了勃勃生机,整个茶园挂满了青翠碧绿的嫩芽。3 月初到中旬,在明前茶采收制作黄金季节,为了保证茶叶采收制作质量产量,覃榆苍吃住在基地,有时为了赶制茶叶甚至衣不解带熬夜工作。经过一个多月紧张采收制作,到 2016 年 5 月上旬,覃榆苍指导龙图茶果林种植专业合作社制作出乌牛早、桂绿 1 号等品种绿茶、红茶 200 多斤,诞生了该县第一个茶园。

"龙图村茶园实现零的突破,村民收入也节节攀升,县里科技特派员功不可没。"龙图村党支部书记潘桂明说,科技特派员覃榆苍手把手教出来的制茶工艺技术,使得该村石头缝里长出了"金叶子"。

"一花独放不是春,百花齐放春满园"。为了结束龙图村茶叶产业单打独斗、规模小、品种单一的局面,覃榆苍现在经常向各地茶商推荐龙图茶叶,并邀请茶商到龙图投资茶叶产业;还与到忻城服务的其他科技特派员、第一书记

图 63-2 覃榆苍(左 1)在宣传国家扶贫政策,了解贫困户情况

宣传推荐种植茶叶的优势，力图使茶园在全县遍地开花。

龙图茶园建立了，产品也有了，质量也上乘，可覃榆苁也意识到如何进行产品的包装，做好产品的销售，树立品牌，让产品走出忻城，走向广西乃至全国，龙图茶叶、忻城茶叶振兴壮大之路，茶叶扶贫引领之路还很长，要做的事还很多。

"我相信路就在脚下！只要实实在在地做事，坚定走下去的步伐，总有一天会走出一片天。"覃榆苁说。

064

唐荣华：一颗小花生　扶贫大效益

一颗小小的花生能产生多大的扶贫经济效益？

"我们推广花生良种良法，单作平均亩产250公斤，比种甘蔗增收1000元；玉米、甘蔗间作花生，亩增收花生100公斤花生，亩增收1000元。因此，平均每人种植一亩花生，年均增收1000元，可完成脱贫任务的30%。"

广西农业科学院经济作物研究所所长唐荣华说，通过三年的花生良种良法示范推广，共推广花生良种良法1000亩，以每亩增收1000元计，共增收100万元，为贫困村的脱贫起到了较大的作用。

从优良品种培育，到栽培技术创新，再到品种和技术推广，唐荣华经济作物研究团队近年来持续推广应用花生良种及相关栽培技术，为农民脱贫致富发挥了科技的重要支撑作用。

因地制宜发展特色经济是科技扶贫工作的前提。唐荣华带领团队成员，到定点贫困村邀请村干部、村民代表、乡技术推广站有关技术人员召开座谈会，了解帮扶贫困村的人员状况、耕地面积、种植制度，尤其在种植制度等方面存在的问题，结合自身人才和技术优势和大家讨论脱贫增收办法。

通过座谈和实地考察，了解到当地长期种植甘蔗、玉米等作物，种植效益低，因而影响了农民的种植积极性。经过商量，大家决定种植经济效益较高、生育期短又能肥地养地的花生良种，而这需要广西农业科学院经济作物研究所提供花生良种和技术。

唐荣华团队一方面建立花生良种和高产高效栽培技术示范基地。近几年育成了适合广西各地的花生良种"桂花771"、"桂花836"、"桂花1026"，其中"桂花771"的选育和推广获得了2014年度广西科技进步奖二等奖，"桂花836"是一个抗病高产的花生良种，而"桂花1026"则是广西第一个通过国家鉴定的高

图64-1　唐荣华（右2）在广西百色检查甘蔗间作花生的结果情况

图64-2 唐荣华(左)在广西武宣向贫困村赠送玉米间作花生用种子

产稳定广适性强的花生良种。

另一方面,向扶贫村提供春玉米间作花生栽培技术规程、甘蔗间作花生栽培技术规程、水旱轮作花生栽培技术规程等广西地方标准,这些高产高效栽培技术对提高花生产量、推广农业种植面积都有良好的作用。

事实上,对于唐荣华团队来说,推广应用花生良种及相关栽培技术并非"一帆风顺"。

他们育成的"桂花1026"、"桂花836"等优良品种,适合广西各地种植,但由于提供的花生种子是在旱地繁殖的秋花生,因后期干旱低温成熟度不够,果实不够饱满。"农民看到那个样子,怀疑种子不行,不愿意种,经过我们科技人员的细心解释,有些农户勉强种了下去,种后看到产量出奇的高,才相信我们的品种是良种。种我们提供的花生良种,每亩增产花生50~100公斤,亩增收500元以上,农民就很高兴地用我们的品种。"唐荣华说。

"此外,在一些酸性强的旱地种植良种花生,由于土壤钙含量不足,导致花生果不能吸收到足够的钙营养，产生空果、瘪果。农民也往往会认为是花生品种不好。"唐荣华和技术人员经过取土化验，证明是土壤缺钙引起花生空果，后来就建议农民种植花生时，在播种沟里每亩均匀施75公斤钙镁磷肥和30公斤复合肥，这样花生的荚果就颗颗饱满。

"甘蔗间作花生以前失败过，加上种甘蔗经济效益低，这种间作模式行得通吗？"唐荣华团队在武宣县推广玉米、甘蔗间作花生栽培技术规程时，当地技术人员向他们提出疑问。

"用事实说话"。经过建立花生良种及相关高产高效栽培技术示范基地，向参加示范的农户提供花生种子、化肥和栽培技术规程，唐荣华带领技术人员到种植现场给农户讲解种植技术，并定时到示范基地检查指导，及时解决出现的问题，示范的品种和技术获得了农民的认可。

良种良法要落地生根，还需与当地政府部门紧密配合。唐荣华紧密依靠当地干部群众搞扶贫，主动与武宣县科技局、禄新镇政府、禄新镇农业技术推广站的相关部门和技术人员合作，在示范基地选择、培训等方面都得到当地大力支持，良种良法示范基地建设取得成功，并获得群众认可。

065

樊保宁：大苗山里撒下科技致富的种子

现在，每次见到老樊，广西融水苗族自治县融水镇居民芳哥总是愧疚地说："刚刚收获的紫薯和加工的薯粉，都被抢购一空。没有留下一点给你品尝，实在过意不去。"

每当这时，老樊总是微笑地摇摇头——能为融水苗山脱贫做些实实在在的工作，用科技引领乡亲们致富，是他最大的心愿。芳哥眼中的"老樊"，就是广西农业科学院副研究员、自治区贫困县科技特派员樊保宁。

融水苗族自治县位于广西北部，云贵高原苗岭山地向东延伸部分，土地资源以山地为主，故有"九山半水半分田"之说，属于国家新一轮扶贫开发工作重点县。

2014年底，在南宁市的一次聚会上，听说樊保宁是广西农科院的专家，来自融水的芳哥特意找到樊保宁长聊。他说自己是一名退伍老兵，和他一起退伍的战友，大部分都回到农村务农，二十多年过去了，现在生活还很困难。

是否有什么好的养殖或种植项目，帮助他们脱贫致富？望着芳哥那清瘦的面容，听着他那诚恳的话语，看着那期待的目光，如何让融水苗山人脱贫致富？樊保宁陷入了久久的沉思……

樊保宁想起多年前，在中国农业大学攻读农业推广硕士学位时，导师讲得最多的，就是农民"参与式技术发展"。这是一种以农民为中心的技术发展方法，农民的参与，不是简单地参加体力劳动，而是参加项目设计、实施及评价的过程。

图 65-1　樊保宁在融水红薯新品种引进示范基地

有了理论上的指导，樊保宁从 400 多公里以外的南宁赶赴融水，走进苗寨……到了东水长塘新村，樊保宁叫芳哥找来十几个农民代表，大家坐下来，你一言，我一语，一起讨论，一起决策。

用什么技术来脱贫致富？"现在甘蔗价格较低，种新品种虽然能增加收入，但还不是最好的办法。""想冬种蔬菜，但储存、销路都是问题。"有人提出种红薯，既耐储存，又方便运输。这一选择，得到了大家一致认可。

这不就是一条脱贫致富的路子吗？尽管农民更多的谈到缺乏资金，缺乏红薯新品种和种植技术。但在樊保宁的脑海里，已经为大苗山勾画出一条新的致富之路。

从融水回到农科院，樊保宁找到玉米研究所副所长、国家农业产业体系红薯岗位科学家陈天渊，说明来意。陈天渊被他的扶贫热情感动了，当即表示在融水增设一个示范点，试验种植由他育成的"紫薯 1 号"和"桂粉薯 2 号"两个红薯新品种，并免费提供 2 万斤种苗，可种植面积达 60～70 亩。

2015 年 7 月，樊保宁从南宁红薯良种繁育基地将 2 万多斤的"紫薯 1 号"和"桂粉薯 2 号"两个红薯新品种调运进融水大苗山，分发给芳哥所在各乡镇的老战友们，按新的栽培技术，结合当地种植习惯进行试验种植。

在樊保宁的指导下，芳哥和他的几个战友用满是老茧的黝黑之手，在公司章程股东位置，签下自己的名字，注册了"融水国臣投资有限责任公司"，以"公司＋农户＋电商"的模式，把融水的红薯产业发展起来，让苗山人多一条致富之路。

2015 年 12 月底，到了红薯收获的季节。国臣公司将收获的红薯集中起来，紫薯销往各地市场，粉薯销给当地薯粉加工厂，每斤鲜薯价格都在 2 元以上。"紫薯 1 号"因色泽鲜、口感好，供不应求。当地有一个加工厂老板，发现用"桂粉薯 2 号"来加工薯粉，不但产粉量高，且色香味好，主动要求把加工厂拿来入股，共同发展这一特色产业。

2016 年 1 月，樊保宁还为国臣公司向融水县科技局申请应用技术研究与开

图 65-2　樊保宁（右 4）与融水国臣公司农民股东在一起

发项目"红薯新品种的引进"课题，得到了立项，项目经费 5 万元。

　　2016 年 12 月，芳哥他们种植的红薯丰收了。全年以"公司 + 农户"的模式种植红薯新品种 150 亩，平均亩产 2500 斤。按每斤 2 元计，全年增收 75 万元。樊保宁为国臣公司设计包装，编写新产品简介，把均匀个好的鲜薯用纸盒精装销售，大小不一的鲜薯则加工成薯粉，增加了收入。

　　目前，在樊保宁的指导下，国臣公司的农民股东已经掌握了红薯种植、加工技术，打算各自成立红薯种植合作社，和驻村第一书记、贫困村科技特派员一道，对有土地，适合种植红薯的贫困户进行一对一精准帮扶，带领更多的苗山人脱贫致富。

　　科技扶贫，情系融水大苗山。樊保宁和千千万万农业科研工作者一样，用实际行动，把成果留给千家万户，把论文写在大地上。

066

刘钊：为"黎家"脱贫致富插上科技的"翅膀"

海南白沙黎族自治县青松乡，地处偏远山区，道路崎岖难行，毗邻霸王岭自然保护区，是典型"偏远、贫困和革命老区"。

第一次到青松乡，在中国热带农业科学院橡胶研究所工作的刘钊，辗转了近2小时的山路。

作为一个少数民族乡镇，青松乡居民以黎、苗族为主，2009年全乡才告别"茅草房"，住上了瓦房。由于地处偏远贫困山区，去一次县城要走50公里的山路，山路狭小弯曲，条件艰苦。全乡贫困人口1208人，贫困人口发生率为12.1%；拥处村贫困人口发生率为32.31%，是典型的贫困村。

自从挂任青松乡科技副乡长和拥处村第一书记以来，刘钊帮民生、抓党建、立信于民。

创新农技培训新模式，培养农村致富能手，带动贫困户脱贫；发挥专长促进农业产业结构调整，打造本地农业品牌，拓扶贫新路，为青松乡扶贫攻坚工作打下了良好的基础。

初到青松乡，由于山区晚上气温低，一时难以适应，刘钊休息时着了凉，呕吐不止，却仍坚持转村。养病之际，刘钊回想起自己在转村时的所见所闻，思考自己作为科技人员来这里工作的责任和担当——作为一名科技工作者，到青松乡和拥处村工作，就是为了发挥自己专长，服务生产，为当地群众脱贫，改善生活水平。

青松乡是黎族乡镇，每逢山兰稻的收获季节，黎家人都会唱着山歌，拿起扁担上山收稻，但山兰稻的销售一直不理想。

"赶快帮村民联系山兰稻销路，我们现在都舍不得自己吃了。"乡里老书记的一番话，让刘钊倍感焦急。刘钊认为，黎族人地处山区，农产品都是自给自足，营销理念不强，而要拓展农产品销路，首先要做的，就是打造村里合作社

图66-1 刘钊带领村民排练山兰文化节节目

图 66-2 刘钊在当地推广的容器化生姜栽培技术

的农业品牌。

认识到这个问题,刘钊说干就干。他拿出第一书记的工作经费为合作社申请了"青香谷"这个商标,并为合作社制作了自己的产品包装袋5000条,打造本地农业品牌。

在县乡领导和县食品药监局等各方面的大力支持下,青松乡建成了自己的加工厂和酿造厂,成功升级了山兰稻产业,此举解决了全乡110户贫困户的山兰稻销售问题,帮助贫困人口510余人。

刘钊还发挥自己的专长,联系海南省科技厅农村处和中国热带农业科学院,引进2个新山兰稻品种——"山兰陆1号"和"山兰糯1号",以及幼龄胶园套种山兰稻栽培方式,将亩产从80公斤提高到180公斤,每亩增收600元。

后来,在刘钊的推动下,通过政府牵线搭桥,引入了网络公司,在村开展自驾农村休闲旅游,体验农家文化的"啦欧门"等当地特色活动,让游客体验黎家农业文化。同时也为青松乡这一偏远贫困地区带来了人气，开创了当地自驾休闲游的先例，得到了社会各界广泛认可。

在村开展农技培训期间，刘钊发现，尽管"走得动、走不动的；听得懂、听不懂的"都来了，而且培训次数不少，但培训效果一直不佳。

怎么办呢？了解情况后，刘钊想出了办法。驻村期间，他通过建立合作社社长负责制，要求所有的农业技术合作社社长首先要掌握。同时，他针对不同人群的知识结构和能力水平，将村内培训分解为基础班、强化班，并由合作社社长在基础班指导讲解，专业老师在强化班讲解。通过这种新的农技培训模式，即使专业授课教师不在村，村民依然可以找到老师。

这不仅解决了语言不通的问题，还让村民更易接受培训内容。同时合作社社员带动大家学习，这样的培训模式也让合作社成员的能力水平得到了提高，更重要的是，此举对农民增收有着很大的帮助。

"多亏了刘书记，我们才把姜种活，把砂仁种出果来。"一个乡里的村干部说。青松乡南药风情小镇项目是海南省第一批100个风情小镇建设项目之一，但是作为项目中的重要南药——姜和砂仁的种植都遇到了问题。"怎么种姜都不活"。"引种的砂仁没有果"。带着这两个问题，刘钊实地调查发现问题原因，着手解决办法。他带领群众开展生姜容器化栽培，并为群众示范——容器化栽培的生姜长势良好。

目前，刘钊与同事们在两个村委会设立示范点，在示范点开展"新型橡胶＋益智＋砂仁"的种植模式和生姜容器化栽培的推广，教会当地村民因地制宜的种植方法，既方便有效，又简单易懂，获得群众的好评。

发挥自己的专长，依靠科技扶贫，敢闯敢拼，刘钊一步一个脚印推动基层党组织带领群众脱贫致富。

067

富民千万的"橘子姐"——靠着橙子和大家一起致富的李良蓉

李良蓉有个外号叫"橘子姐"。套用一句电影台词,"这可不是浪得虚名"。

李良蓉是重庆市夔门红翠脐橙合作社有限公司的负责人,也是红翠脐橙品牌创始人,她培育的红翠脐橙可以365天鲜果上市,实现了人们天天吃鲜脐橙的愿望。靠着不断的努力和创新,李良蓉成了当地小有名气的"富婆"。更难得的是,在她的带领和帮助下,依靠科技扶贫,成千上万的农民发家致富,实现了财富梦想。

每当1月脐橙收获的季节,重庆市奉节县康平乡松林村总是格外热闹。辛苦了一年,果农们就盼着这两个月的收成。63岁的李良蓉站在山头上,似有所思,但她却从未后悔坚守了40多年。

李良蓉是奉节脐橙研究专家,40年里共选育了8个红翠系列脐橙品种。如今,她的红翠系列脐橙已种在了康平乡、石岗乡等地的13个贫困村里,4600

余户共23 600多人靠着脐橙脱贫致富。

李良蓉培育的"红翠2号"晚熟脐橙,获得过国家"新品种金奖",其最大特点是在不同的季节,均有不同的产品成熟,当新果挂枝后,老果才进入成熟期,采摘时一棵树上两代产品,红绿相映,甚是美观。红翠晚熟脐橙,填补了我国春、夏、秋无新鲜脐橙上市的空白。

千万富翁并非创业者的唯一目的,富民千万才是红翠人的最大梦想。品种培育好了,"推广种植,富民万家"成了李良蓉的新的工作重心。

康坪乡松林村位于奉节县西端,属国家级贫困村,距县城60多公里,全村636户共2553人,其中绝对贫困人口1100多人,相对贫困人口1400多人。脐橙是松林村唯一能生产的商品树种,由于科技落后、品种老化,交通不便,很难成为商品。即使商家收购也仅能卖3角、5角一斤,老百姓苦不堪言。

为了提高康坪乡脐橙品质,改良品种,让广大脐橙种植户收到更好的效益,在康坪乡党委、政府的积极争取下,夔门红翠脐橙种植专业合作社决定在康坪乡松林村建立千亩红翠晚熟脐橙基地。经李良蓉与红翠脐橙种植合作社技

图67-1 李良蓉为果农讲解红翠晚熟柑橘田间管理技术

富民千万的"橘子姐"——靠着橙子和大家一起致富的李良蓉

图 67-2　看到红翠系列优质晚熟脐橙又获丰收,李良蓉(左1)和果农都笑了

术人员实地考察,认为康坪乡松林村无论是海拔、气候和土壤,都非常适合种植该品牌脐橙,双方便着手合作。

2009年,红翠脐橙种植专业合作社负责人李良蓉在康坪乡党委书记王志清、乡长袁义以及松林村支两委的陪同下,从中国农科院柑橘研究所种苗基地调运来的红翠晚熟接穗枝条,李良蓉夫妇亲自到奉节码头接货,并连夜驱车送到基地。她带领公司2名技术人员和从湖北聘请的14名嫁接技术能手到康坪乡松林村同乐脐橙专业合作社,举行了"开刀"仪式,集中对松林村海拔500米以下地段"72-1脐橙"改换成具有品牌品质优势的"红翠1号"。

历时20天,共改换嫁接"红翠1号"22 508株,接穗近50万个,面积

600亩,涉及贫困户6个社156户,成活率达95%以上。松林村2009年嫁接的"红翠1号"2010年即挂果,2011年3月份成熟,亩产达2～3吨,获得了大丰收。比其他品种推迟上市时间四个月,公司与种植户签订购销合同,以不低于2.4元/斤的保护价进行收购,大大提高市场竞争能力。每亩可增收2400～3200元,为果农带来了经济效益,让康坪乡松林村实现了脱贫致富。

李良蓉发展的生产合作社13个(其中包括国家级特困村5个——康坪乡的松林村、小湾村、大架村,石岗乡的瓦坪村、永乐镇的白龙村),种植面积达2.1万多亩,带动农户7600户(贫困户4600户),惠及果农23 600多人,实现产、供、销一条龙服务,创下了连续多年无滞销纪录。规划到2020年打造成亚洲最大的晚熟脐橙基地。

李良蓉选育的红翠系列8个品种成熟期各有不同,她研发的这些品种、技术和品牌类知识产权估值达2.5亿,但这个数额对李良蓉来说或许并没有多么重要。

068 武陵山区的"大魔头"为什么受欢迎——重庆西南大学张盛林研究员的科技扶贫路

张盛林给自己取的微信名叫"小魔芋、大产业"。因为他这30年一直在持续干一件事——研究魔芋。张盛林是重庆市科技特派员、西南大学研究员、西南大学魔芋研究中心主任,中国园艺学会魔芋协会会长。在武陵山区流传着张盛林的故事,村民们亲切地称他为"大魔头"。

除了研发外,他每天最喜欢做的事情,就是向他的领导"炫耀"自己的研发工作进行到哪一步了,他的魔芋产品又好在哪儿。

武陵山区是我国魔芋的主产区之一,但随着近年来魔芋大面积种植开发,魔芋病害日益严重,造成了魔芋老区种植面积萎缩,新区发展不顺的窘迫局面。如何改变这种困境,大力推进魔芋产业发展,让魔芋真正为老百姓们带来福利,成为一个大难题。

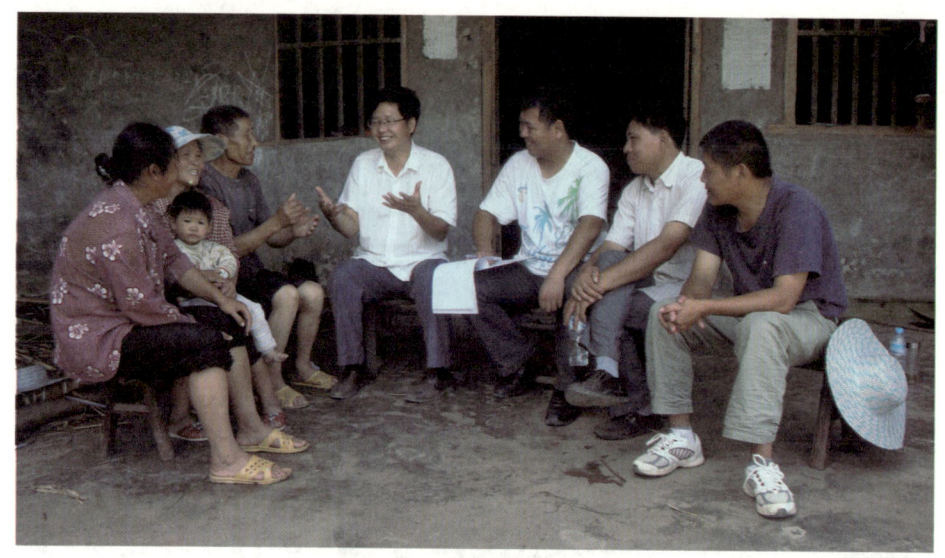

图 68-1　张盛林（右 4）深入农户调研

这时候，魔芋科技工作者成了"香饽饽"。

张盛林就是在这时候出现在武陵山。

2007 年，张盛林受聘创业扶贫科技特派员，对接彭水、石柱和巫山的科技扶贫工作，先后深入重庆市的彭水、石柱、武隆、丰都、黔江、酉阳、秀山等武陵山区和巫山、巫溪、开县、万州、云阳、奉节、城口等渝东北区县开展调研。

来自最基层的调研最能说明问题——结果表明重庆市魔芋产业发展存在认识不到位、种芋基地建设滞后、科技成果推广不足等问题。

把好脉下一步张盛林就开始开方治病了！

种植魔芋的武陵山区存在农业科技推广系统"网破""线断"等问题，对魔芋科技的宣传贯彻效果不佳、力度不够，加之农村劳动力老龄化，文化水平低，对新技术理解和接受能力差，都制约了魔芋科技的推广与应用。为此张盛林与市科委、石柱县和西南大学等多方沟通，在石柱县悦来镇建设了魔芋试验

068
武陵山区的"大魔头"为什么受欢迎——重庆西南大学张盛林研究员的科技扶贫路

图 68-2 张盛林（中）在现场讲解魔芋种植技术

示范实践基地，把基地建在了魔芋生产第一线，该基地先后开展了"渝魔1号"和白魔芋新品种引进工作，并针对武陵山区特有的地理气候环境开展魔芋防病丰产栽培技术、魔芋精简化栽培技术等一系列关键技术的试验示范和推广。

为了让魔芋技术惠及更多村民，张盛林先后在各区县开展了100余次魔芋产业技术培训讲座。

除了在学校的教学工作时间外，张盛林绝大多数时间都是在种植魔芋的山区工作，他常年坚持深入各区县魔芋生产的第一线，在田间地头进行实地讲解，并组建了科技特派员团队对各区县魔芋产业发展进行结对帮助。田间地头无数次的现场培训早习以为常，与芋农同吃同住推广魔芋关键技术已成为家常便饭。魔芋地里病害越来越少，产量越来越高，让芋农们逐步尝到了魔芋科技成果带来的甜头。

2013年，张盛林还在彭水县平安镇长坪村建设了标准化试验地，通过提供种芋和技术，租用农户土地，雇用当地农户进行魔芋生产，让当地农民切身体会魔芋栽培技术，感受到新技术的实惠，当年该村贫困户杨显明种植魔芋亩产量5700斤，实现了增收3万元。

种植的问题解决了，如果让魔芋被更多人接受，实现产业化成了张盛林下一步的努力目标。

他开始鼓励各区县种植大户自主创业，并给予优质种芋和关键技术的支持；帮助武陵山区成立了30余家魔芋专业合作社，其中彭水县赵兴中、冉茂玖等优秀代表经过几年的发展已成功注册成为微型企业，发展前景可喜。

"市场对于魔芋产品有偏见，说魔芋是'发物'，吃了容易引发病症。但那是因为传统的作坊式制作，未能完全清除魔芋豆腐中的生物碱，同时在制作过程中操作不精确，致人体的消化紊乱，引发病症"，张盛林说，自己累积数十载的先进生产工艺，能完全清除生物碱等杂质，仅保留魔芋中的精华成分——葡甘聚糖，是无任何添加剂的膳食纤维产品，另外还可根据其特性推出减肥代餐等功能性魔芋产品，市场潜力大。

至2015年重庆市魔芋种植面积突破了7万亩，实现了产业价值超过5亿元。将魔芋科技成果推广到生产第一线，带动魔芋产业的快速发展。张盛林的科技成果给芋农带来了巨大的实惠，正因为如此，他才成了老百姓眼中受欢迎的武陵山区"大魔头"。

069

把农业工程蓝图绘就在西部大地上——重庆凯锐农业发展有限责任公司科技扶贫之路

这是一个团队的故事，因为有了这个团队，包括重庆、贵州、西藏在内的众多西南地区的农民因此摆脱贫困，找到了致富之道。

重庆凯锐农业发展有限责任公司（以下简称凯锐）是重庆市农科院下属的企业，正是通过这家企业，农科院的专家们将自己手中的科技成果转化成农民手中的财富。

作为重庆地区首个专业化从事农业项目投资咨询、规划设计及现代化农业设施研发于一体的农业高新技术企业，凯锐从成立开始就积极投身科技扶贫事业。2016年，凯锐将工作重点放在精准产业扶贫上，组建骨干农业规划设计团队为重庆、贵州、西藏等西部地区开展精准产业扶贫规划。所有规划均在立足于保护重庆等西部地区脆弱的生态环境前提下，积极推进当地种植业、养殖业的结构优化调整，培育壮大农村新产业新业态，将资本、技术以及资源要素进行跨界集约化配置，使农业生产、农产品加工和销售、餐饮、休闲旅游以及其他服务业有机地整合在一起，实现产业精准扶贫，促进当地农民增收脱贫。随着调研深入，凯锐团队进一步理清了重庆等西部贫困地区农牧业产业发展原则、思路，明确了主导产业、特色产业，规划了一批重点、重大有利于农牧业发展的建设项目，完善了基础设施建设，健全了主导产业链条；将产业发展与建卡贫困户进行精准对接，进一步优化了现有利益联结机制，从而真正实现产业精准脱贫。

高立洪是重庆市农业科学院农业工程研究所所长，也是凯锐公司的负责人。最近这些年，他和团队成员们一起在西南地区忙碌着，许多地方留下了他们忙碌的身影。

在重庆，他们先后承担了《重庆市"十三五"产业精准扶贫规划纲要》等重庆市区县级产业扶贫规划10余项，在充分挖掘当地产业现状与特色优势的基础上，积极推进当地种植业、畜牧业的结构调整，培育壮大农村新产业新业态，将资本、技术以及资源要素进行跨界集约化配置，使农业生产、农产品加工和销售、餐饮、休闲以及其他服务业有机地整合在一起，实现产业精准扶贫，促进当地农民增收脱贫。通过对口帮扶编制产业发展规划，进一步理清了当地农业产业发展

图69-1 凯锐调研人员在了解萨迦县牧民合作社白绒山羊发展现状

把农业工程蓝图绘就在西部大地上——重庆凯锐农业发展有限责任公司科技扶贫之路

图69-2　高立洪（右）现场指导黄连种植户

思路，明确了主导产业，规划了一批重点建设项目，完善了基础设施建设，健全了主导产业链条；将产业发展与建卡贫困户进行准确连接，进一步优化了利益联结模式，直接带动全市贫困户100余万人脱贫致富。

在西藏，他们承担了日喀则市、昌都市"十三五"产业精准扶贫规划（2016—2020年），通过规划编制，形成了具有地方特色的种植业、养殖业、农产品加工业、文化旅游业、林果及林下资源、民族手工业、边贸流通业以及资源开发利用等扶贫主导产业雏形。通过大力发展特色优势产业，带动群众就业创业，帮助贫困群众就近就地脱贫。让建档立卡贫困人口中有劳动能力和产业发展前景的10万余人享有更稳定的工作和更满意的收入，从而实现产业精准脱贫。

贵州也留下了团队成员们忙碌的身影。贵州省是全国贫困面最大、贫困程度最深、扶贫开发任务最重的省份之一。为了高效优质的完成该规划工作，重庆凯锐农业发展有限责任公司董事长高立洪带领全体规划设计人员日夜奋战，在贵州各市州区县都留下了他们的脚印。由于该规划调研工作范围极广、跨度极大，包含了贵州全省的66个贫困县，另外加上任务时间紧，工作任务重，给规划工作带来了极大的难度。但是考虑到贵州省"十三五"特色产业精准扶贫规划工作要严格按照规定的时间节点保质保量地完成，全体规划设计人员放弃了自己的休息时间以及假期与家人团聚的时间，深入玉屏县、三穗县、长顺县、罗甸县、晴隆县、普定县等贫困县开展调研工作；科学分析贫困地区特色资源禀赋、产业现状、市场空间、环境容量、主体带动以及产业覆盖面等；确定生态畜牧业、特色渔业、精品水果、蔬菜、马铃薯、茶、中药材、木本油料、特色杂粮以及休闲农业等十大扶贫主导产业，明确各产业扶贫发展方向和重点，有效带动211万贫困人口脱贫。

因为扎根农村，这支团队获得的成果是丰富的。2016年他们在重庆、西藏、贵州等西部地区，考察精准扶贫产业项目300余项，涉及资金100多亿元，项目涵盖种植、养殖、加工、仓储物流、旅游等多个产业，从产业基础、产业优势、发展前景分析入手，对产业项目可行性研究、选址、规模、规划设计方案、资金测算、运作模式、效益分析等多方面进行综合分析论证，避免了资金的浪费，解决了部门项目资金不充足的难题。通过科技扶贫，直接或间接带动重庆等西部地区300余万贫困户脱贫致富。

070

农民一间闲置房年净挣1.2万元——重庆市中药研究院杨勇教授的神奇力量

银耳又称作白木耳、雪耳、银耳子等,在我国历史上被奉为养生佳品,有"菌中之冠"的美称。

在重庆黔江,小小的银耳成了扶贫的王牌。这一切源自重庆市中药研究院教授级高级工程师杨勇的"神奇力量"。

杨勇是重庆市中药研究院黔江银耳项目团队的负责人,因为银耳,他跟黔江结下了不解之缘,是当地最著名的科技扶贫人员。

2010年,杨勇带着他的12人团队就以黔江为基地,发展银耳项目,并将科技成果转化为了实实在在的企业效益。6年的时间里,杨勇所带领的项目组为企业成功开发的一系列产品,从先前的方便银耳,再到银耳羹和银耳饮料为主的"三清方"系列产品，累积实现销售超亿元，带动农民增收5000余万元。

当地松林村有1名致富能手简义相，通过种植银耳和其他农产品，这个年轻的小伙子一年的收入有二三十万。他算了一笔账："如果一间房种3000袋菌种，一袋银耳菌种的成本价是3.8元，收购价是4.8元，农户种一批菌种的收入就是3000元，一年种四季，一间闲置空房的纯收入就是1.2万元。"

2010年，杨勇初到黔江时，他面临的境况可不是如今这番模样。大多数的扶贫项目都是运用当地优势产业进行升级改造，而杨勇当时要做的事是一件"从无到有"的浩大工程。

黔江区地处武陵山腹地，山大沟深，虽然经济不发达，但无重工业污染，环境好。银耳恰恰是食用菌中最"娇气"的品种之一，种植难度大、对环境要求高，正因如此，种植效益也相对较好。但黔江的传统产业是种植烟草和房地产开发，要想"无中生有"发展起银耳产业，难度可想而知。

从2010年开始的6年多时间里，杨勇专家带领着他的团队以黔江为基地，

图70-1　杨勇（左3）与耳农座谈，帮助谋划脱贫

图 70-2　杨勇在耳房查看银耳长势

常年深入企业、深入农村,长期进驻企业和农户,与他们同吃、同住、同劳动,工作生活环境很艰苦。杨勇说:"只要黔江银耳产业有希望,农民脱贫致富就有盼头,这点儿苦又算什么?"

功夫不负有心人,很快,项目组编制的《黔江银耳产业发展规划》通过专家论证并被黔江区政府所肯定和采纳,银耳产业发展也列入黔江重点产业发展规划。引进和驯化并选育了适宜当地种植的银耳新品种,研究并形成了黔江银耳全套栽培技术,在涉及银耳知识产权保护和学术领域拥有了黔江银耳的一席之地,通过和企业合作,开发了"三清方""方便银耳"等银耳系列产品。由产品带动原料种植,由种植发展成为产业,发展产业而实现扶贫,一条清晰的扶贫路径已经形成。

产业扶贫,企业是关键。将科技成果转化为实实在在的企业效益,才能带动产业的发展。杨勇专家所带领的项目组为企业成功开发的一系列产品,从先前的"方便银耳",再到银耳羹和银耳饮料为主的"三清方"系列产品,累积实现销售超亿元，带动农民增收 5000 余万元。为了让黔江银耳产业的招牌打响，他们还上下奔走，筹划举办了 2015 中国—黔江银耳产业发展研讨会，邀请到了众多专家学者及包括中国银耳理论研究领先者之一的福建农林科技大学教授谢宝贵、中国瓶栽银耳之父姚淑娴、四川通江银耳研究所的全部技术骨干，以及来自河南、山东、陕西、深圳等地近 50 人齐聚黔江，共话银耳产业发展。

在 6 年多时间里，通过杨勇专家及其项目组的努力，重庆市银耳研究所（院企合作）、重庆市银耳食品工程技术中心（重庆市科委验收授牌）挂牌成立，这两个平台不仅整合了项目主导单位——重庆市中药研究院的优秀科技力量，还有效对接了重庆市乃至国内外科技资源，共同打造黔江银耳产业，从而实现产业扶贫。经过这两年的探索，黔江银耳产业逐渐形成了"公司+菌种基地+专业合作社+农户"的产业发展模式，探索出了科技为支撑、公司为载体、政府为主导的共同开创扶贫工作新局面、新路子，已经有越来越多的农民通过种植银耳实现了脱贫致富。

071 西南民族大学青藏高原民族医药创新团队：在高原环境治理中"加一味传统药"

从四川省阿坝藏族羌族自治州到凉山彝族自治州，从甘肃省甘南藏区自治州到云南省楚雄彝族自治州，四川省西南民族大学青藏高原研究院副院长、四川省的"三区"选派科技人员刘圆，和她的西南民族大学青藏高原民族医药创新团队已在传承、保护与创新藏羌彝医药这条路上走了15年。

在我国不少民族地区植被中，植物种类不断减少、土地沙化越发严重带来的环境问题，成为民族地区群众脱贫致富必须面对的一道考验。在多年的科研实践中，主攻传统医药学方向的刘圆开始寻找能够让群众既能参与治理又能脱贫致富的方法。"围绕自己的'老本行'，在传统治沙植物牧草、灌木中再加'一味传统药'。"这样的想法成就了一套崭新的"草—灌—药"的模式。

在海拔3670米的四川省阿坝藏族羌族自治州红原县邛溪镇西南民族大学青藏基地，刘圆团队成立了"青藏高原藏羌彝道地药材保护与利用研究中心"，包括青藏高原药材产地加工和炮制实验室、青藏高原藏羌道地药材产地初检实验室、青藏基地科技馆民族医药展厅等。在她的带领下，西南民族大学青藏高原民族医药创新团队以传承、保护与创新藏羌彝医药为己任，创新性地开展了大量的科学研究，为实现青藏高原藏羌彝医药传承与创新、巩固国家重要的生态安全屏障做出了突出贡献。十五年来，西南民族大学青藏高原民族医药创新团队聚焦青藏高原藏羌彝医临床常用的大宗植物类药材的品种、品质规范研究，已经采集、制作青藏高原药用植物腊叶标本、药材标本和种子标本2万份，野生变家种成功收集种子40种，研究开发藏羌彝特色药用植物新资源食品6个。

在青海省海晏县，团队建立起了高寒典型沙化地区的中藏药材种植示范基地500亩，通过与草、灌木结合，形成了"草—灌—药"的沙化治理模式；在黄南州尖扎县建设了500亩的"黄南州尖扎县中藏药材仿野生扩大繁育和规范化种植基地"，筛选出了3～4种适生的汉藏药材。通过与云南白药集团深度

图71-1　西南民族大学青藏高原民族医药创新团队在青藏高原红原基地药用植物资源实验室工作

071
西南民族大学青藏高原民族医药创新团队：在高原环境治理中"加一味传统药"

图71-2　刘圆（右1）率创新团队在青海省海北州海晏县大水塘沙化治理现场勘察

合作，建立了四川省阿坝藏族羌族自治州汶川县水磨镇白石村（七叶一枝花）、云南省保山市腾冲县明光乡沙河村（云南重楼）的仿野生繁育试验基地各50亩；建设了重楼优质种源育种、育苗基地（核心试验地）150亩、生产示范地440亩、技术推广服务地1000亩。

西南民族大学青藏高原民族医药创新团队还通过与科技扶贫药材种植企业和合作社联合，对当地高山半高山的"三区"农牧民开展学习种植、产地加工牛蒡、重楼、党参等技术活动，2015年、2016年根据各户投入的时间不等，年纯收入在5000～6000元，净增纯收入在3300～3800元。团队还通过建立试验示范基地，增强了地方发展中藏药材产业的科技支撑能力，大大增加了药材的产量，为老百姓脱贫致富开辟了一条走特色产业化的道路。

在刘圆的带领下，团队发起与筹建了西南民族大学藏药学、彝药学等本科专业，把彝族民间自生自灭的师徒传承实现为国家高等教育的传承，实现了零的突破；组织了全国彝医药专家走访全国彝族地区，原创性研究成果形成了17本彝药学系列专著，填补彝医药现代传承中高等教育历史上无相关本科教材的空白。如今遍布四川、甘肃等地近百亩的"高原药材驯化选育基地"，重楼、甘松、红毛五加、牛蒡、绿绒蒿、重冠紫菀、坚杆火绒草、石格菜、蓝玉簪龙胆、乌梅、唐古特大黄、粗茎秦艽、狭叶红景天、雪上一枝蒿、九寨刀党、川贝母、牛尾蒿、藏茴香、鹅绒委陵菜、菊芋、珠芽蓼、酸模等几十种高原特有药材正茁壮成长。未来，它们不仅会为牧民带来财富，更将成为站在治沙线上的"忠诚卫士"。

15年来，行遍革命老区、贫困地区、民族地区，刘圆和同事们忙碌的身影从未停歇；他们忍受高寒、缺氧、强紫外线，面对山体滑坡、泥石流、雪崩、暴风雪等恶劣自然条件，不畏艰苦、钻研探索，用生命和热诚为藏羌彝等民族医药的传承保护创新书写着高原传奇。

072
谢红江：跟农民同唱一首歌，共谱一首曲

"我这一辈子，干的就是跟农民同唱一首歌，共谱一首曲，真真正正接地气的事儿。"在四川省农业科学院园艺研究所纪委书记、研究员谢红江看来，和土地打交道技术至关重要，授人以鱼不如授人以渔，让农民掌握好技术是他最想做的事儿。

回顾自己数十载的科技扶贫历程，一个个平凡却又不普通的故事铸就了谢红江的扶贫传奇。2006年，德昌县高峰村村民慕名拜访谢红江，在了解了当地种植困难后，他二话不说答应前去考察，在勘察当地地形、天气后，他做出了种植枇杷的决定，然而结果却让他哭笑不得：他的决定遭到村民一致反对。

原来，高峰村由于地理交通限制，信息不够流通，由种农作物改为种经济作物，让村民一时难以接受，"农民不种粮，种水果？销路怎么办？市场有没有？谢老师，你是不是喝醉了？"谢红江闻言，当场立下军令状，一年栽树两年结果三年出产量，并且连保八年丰产，否则甘愿受罚！

最终的结果却让村民们佩服不已，高原特色果树良种良法的推广，低效果园改造后优果率从45%提高到65%左右，亩增收2300元以上，230多个贫困户年均增收3800元以上。万多亩枇杷示范园平均亩收入达到2.5万元以上。在销售渠道上，谢红江也独辟蹊径，他让整个村的人都印好名片，卖水果时遇人即发，因为此举高峰村已有了大批的固定客户，可以销往全国。年近七旬的老太太竖起了大拇指，"谢老师，你干了一件非常了不起的事情！"看着眼前的美景，大片的枇杷树上硕果累累，背景是湛蓝的苍穹和连绵不绝的群山，谢红江的欣喜和自豪溢于言表。

图72-1　谢红江在石棉县坪头村开展枇杷产业培训

图72-2　谢红江（左1）现场指导高原地区苹果种植

在指导工作之外，秉持着让村村有"明白人"的理念，谢红江对当地人员还开展了技术培训，使得产区65%种植户掌握了科学新技术，更新了理念，实现了"学了能懂、懂了能用、用了能富"的目标。科技帮扶让德昌县高峰村取得了良好的经济效益，使得远近闻名的贫穷村摇身变成了有名的富裕村。

谢红江常说，科技工作是不能躺在已有的成绩上沾沾自喜的，你得踏踏实实深入基层，不怕苦不怕累。"山高石头多，出门就爬坡"，"地无三尺平，年年旱情多"，这是高原民族贫困地区的真实写照，除却地形的沟壑不平和气候的恶劣外，语言的交流也存在困难，最普通的信任问题，也是谢红江科技扶贫路上的难题。不少村民宁愿守着自己家的牦牛过穷日子，也不愿相信能够让自己致富的新产品。在这种情况下，想要推广新品种，仅靠电脑演示、口头宣传的效果非常有限。针对这种情况，谢红江不畏困难，"喊破嗓子，不如做出样子"，种不了玉米，就改种苹果；农牧民不信任，就先建立核心示范园；语言不通，那就聘请当地工作人员当翻译。在四川高原民族地区，谢红江建立了以

"健康苗木、挖大坑、有机肥、定根水、地膜"五个条件为技术标准的示范园，在他的努力下，农民群众看到了新品种、新技术的作用，如同吃了定心丸，照着谢红江所说的热火朝天干了起来。

从事科技扶贫工作以来，谢红江在通过大量的调查研究的基础上，立足高原民族地区生态气候特点，以品种更新换代缓慢、栽培技术落后等瓶颈问题为突破口，发挥所学专长，开展了大量的试验示范工作。先后引进和选育出特色新品种22个，应用推广新品种11个，创建了科技示范园18个，指导建立专业生产合作社12个，改变了以往盲目引进新品种，不适宜本区域发展而给果农造成损失的被动局面。针对万亩老果园普遍存在树龄高、病害重、产量低、品质差的突出问题，研制出的技术使腐烂病发病率从35%以上降到9%以下，重振了果农信心，毁园情况大幅减少，极大促进了产业的优化升级。

"我们家也是农民，所以对土地会有一种认同感，我也喜欢交朋友，跟老百姓交朋友其实是非常有意思的事儿"，谈及科技事业时，谢红江兴致盎然，"如果不务实没什么意义，做出了实事会觉得非常有成就感，很有人生价值，而且热爱自己生长的土地，热爱自己从事的事业，乐在其中。"

073

刘刚：世上无难事 只怕有心人

"春蚕到死丝方尽，蜡炬成灰泪始干"，大多数人仅是对这句诗耳熟能详，因诗中情感所动容。但对四川省农业科学院蚕业研究所副所长、研究员刘刚来说，帮助贫困地区实现"桑蚕"致富梦想，则是他一生的追求。

蚕桑产业有投入少、见效快、收益高的特点，是农民增收的有效途径，其中科技的重要性不言而喻。2016 年，甘孜藏族自治州九龙县柏杨坪村成立了猛董种养殖专业合作社，确定发展蚕桑产业，并栽种了 2.5 万株桑树幼苗。但由于缺乏技术，桑苗出现了生长参差不齐等情况，急切需要专家给予技术指导。听闻消息，刘刚毅然前去，在漫长的 13 小时车程抵达九龙县后，又经过 4 个小时的车程颠簸和山路步行，才到达了距县城 77 公里的猛董种养殖合作社。本就需要克服高原反应的刘刚顾不上休息，实地察看了一、二、三号基地桑树生长情况，仔细分析了桑树存在的问题。随后又耐心详细地给在场百姓讲解桑树的栽培、后期管理以及病虫害防治的知识，一一提出了建议，还主动提出了让合作社成员到南充参观学习桑树种植和深加工技术。

在刘刚科技扶贫的征途上，伴随着"蜀道难，难于上青天"的严峻自然条件，还有多年难以改变的落后思想。一次经历让刘刚印象深刻：2014年月，他带领科技人员到嘉陵区新庙乡指导果桑修剪工作时，当刘刚拿起剪刀剪下村民王华栋家果桑的第二根枝条的时，这位村民一下子跳了起来，"你们为什么剪我地里面的枝条，这些都是明年要挂果的，造成损失怎么办？"在场的人员始料不及，一旁的镇干部也赶忙做思想工作，但是双方仍然僵持不下。

"老王，我今年在你地块做个实验，用科学方法进行修剪，如果明年出现减产、造成损失，全部由我买单。"这时刘刚站了出来，毅然决然的语气和坚

图73-1　刘刚（中）深入凉山彝区，为贫困户指导桑园测土配方施肥

刘刚：世上无难事　只怕有心人

图73-2　刘刚（左2）说，桑果丰收了，明年继续努力

定的承诺，最终打消对方顾虑，刘刚随后又对全乡的果桑种植户进行了标准化的剪伐培训。一年后，这里的果桑迎来收获的季节，当初阻止刘刚的村民王华栋满脸笑容的脸上却略带羞涩。他拉着刘刚的手向自家走去，"感谢了刘老师，你看看我家这块地今年不但没有减产，而且果实更大更甜，还吸引了更多的城里人采摘桑果，收入也大幅度增加。看来不相信科学不行啊，以后有什么好的技术还要拿到我家来实验，我家地你们随便用。"

治穷先治愚，扶贫先扶志。多年来行遍秦巴山区、乌蒙山区、高原藏区的扶贫经历，也形成了刘刚特有的扶贫模式，他组织若干现场培训会、建设多个示范基地，开设系列农业科技技术专题讲座，先改变农民的思想观念，拓宽他们的思维。每天晚上他都焦头烂额的苦想，不但针对不同的农户制定相应的发展规划，而且挨家挨户为农民亲自进行示范。在一次配制营养土肥团育苗的过程中，需要添加的粪肥远远地都能闻到一股臭味，但当在场的村民们看到刘刚顺手拿起一团混匀的营养土捏了起来，压根就没有当回事儿。所有人都露出了信服的目光，也纷纷开始动手干起来。和农民们打成一片后，刘刚还自创不少农民听得懂、看得清、掌握快的科学种植技术，"一个大坑、一包有机肥、一棵大苗、一桶水、一个大土包"这个简单易记的口诀，是去年春季刘刚在桑树种植学习班上的"新发明"，很快这种方法很快就被推广开来，种树速度又快、质量又好。

时至今日，不少贫困地区早已变了新模样，脱了胎换了骨。2016年秋天，位于四川秦巴山区的南充市传来好消息，地处"三区"的南部、嘉陵果桑产量达到了1200余吨，蚕农销售桑果和蚕茧总收入达980多万元，种植果桑的贫困户的年均收入也由往年的1580元增加到4560元。"路漫漫其修远兮，吾将上下而求索，"在推动蚕业发展的路上，刘刚仍然在坚持前行，从未放弃。

074
张代金：让中药材成为乡亲们的"摇钱树"

张代金的心里有一个梦，那就是让每一位乡亲都走上致富路。

如今，作为贵州省三泓药业股份有限公司董事长，他已经梦想成真。

1965年4月，张代金出生于素有"中国太子参之乡"的施秉县牛大场镇。20多年来，他当过护林员，种过林木，最终走上种植中药材之路，靠着独有的坚持，以及带领乡村脱贫致富的执着，他从一个默默无闻的农村娃成长为贵州省内知名的企业家。

在当地，张代金可谓妇孺皆知，走在街上，随便问一个成年人，他都会知道张代金是谁，而且还会向你讲述有关他的各种故事来。

1993年，在政府的支持下，张代金从福建柘荣引进太子参到施秉县牛大场试验种植。"试验种植取得成功后，又扩大了种植规模，引进了50多亩太子参中药材种苗，由于不懂技术，也不懂市场，当年中药材种植遭到了失败。"张代金回忆。

然而，他没有气馁，继续在中药材种植的道路上前行。1995年，由他独创的苗药头花蓼高产栽培技术取得成功,目前他的这项技术已被广大药农广泛采用,为药农节约成本15%～20%,种植成功率达98%以上。他引种种植的中药材太子参也获得了全国各大中药材市场的认可,使得张代金从引种种植中药材太子参当中获得了第一桶金。

乡亲们都说,1993年以前牛大场镇同施秉县其他的乡镇一样贫穷。可是,自从张代金从安徽引进太子参药材之后,牛大场镇的贫穷就悄悄地发生了变化。

赚到第一桶金后,张代金更加坚定了靠中药材致富的道路,为了扩大种植规模,让父老乡亲都共同富裕起来,他开始思考并筹划带领家乡父老一起干。

然而,面对他的好意,乡亲们却并不买账。"当时我叫大伙儿也来种这个,他们因为百年以来习惯种粮食,根本不愿意种中药材,后来我免费提供种苗给农户,先种了以后再拿种苗钱给我,让他们尝到甜头再跟着我种,我每年要赊50万株种苗给农户。"张代金说。

太子参种好了,当年牛大场镇有1000余亩的太子参种植基地,带动农户种

图74-1　张代金(左3)深入石桥村田间地头传授头花蓼的种植技术

植太子参2万亩以上，年产太子参700吨，占了全国太子参市场的三分之一，牛大场的太子参因此声名远扬。

腰包鼓起来了的乡亲们自然是喜上眉梢，可到了收获的季节，仍是发愁：要是价格卖得不好，一年的收成可就要大打折扣。可是外地来的药商们却不管你的忧愁，他们一心想的就是如何把你的价钱压得最低。

2005年6月，太子参还没有开始采收，外地药商就到了牛大场镇，可时间过去了好几天，这些药商并没有收购的动静。刚被选为牛大场镇中药材协会会长的张代金，立刻感觉到了事态的严重性，安徽客商是在有意拖延时间，玩心理战术，想压低价格收购农民的太子参。

张代金心想，就是砸铁卖锅也不能让这帮人得逞。于是以药材协会会长的名义，跟县农村信用社做工作。最后当地60多户药材经纪人在张代金的带动下，把自己的房产抵押给信用社贷出了300万元收购资金，保护了对药农的收购价格，原本想低价购得的安徽药商最后只能以高价32元一公斤收购。

有记者问安徽药商："最后谁占便宜了？"

安徽药商答："谁？老百姓占便宜，老百姓的价钱卖得高了。"

张代金听到这句话，心里比吃了蜜还甜。这次商战也触动了张代金，随后他又想出一套稳妥带领药材种植农户致富的办法，即"政府＋公司＋协会＋基地＋农户＋保险"的农业产业化经营模式。公司不仅给药农提供种苗、种植技术、专用的农药、化肥，而且还与药农签订收购合同，签订保护价格，从制度、法律上切实保障农户的利益。

如今，在张代金科技扶贫的示范带动下，中药材产业已成为施秉县农民脱贫致富的"摇钱树"，药农当中很多身家都上百万。这正是张代金最想看到的，"我希望通过自己的研发，让牛大场的中药材之路走得更远，让每一位乡亲实现自己的致富梦想。"张代金说。

杨正熙：苗乡侗寨里的"有牛哥"

杨正熙，贵州省黎平县一名普通的科技特派员。然而在当地，他却是大名鼎鼎的"有牛哥"。

在微信朋友圈，杨正熙刚刚发起了轻松筹，为贵州洋洞305家贫困户众筹305头耕牛。"每筹足5000元，即可帮助一户贫困户买一头耕牛，目标就是让每一个家庭都有一头耕牛，让他们能够参加最后的'牛耕部落——洋洞千牛同耕活动'。"杨正熙说。

黔东南苗乡侗寨，如今还保留完整的传统农耕习俗，是中华农耕文明保存最完好的遗产地，是诸多农业物种最后栖息地。但随着交通的改善和地方经济的发展，很多祖先几千年驯化传承下来农业物种品种也即将在此"失耕"，或将在此"绝迹"。

"有牛哥"是侗族人，到高中才学说汉话，给自己取名叫"杨正熙"，是村里第一个考上大学的孩子，大学毕业后回乡工作，先后任过县林业局副局长、乡镇镇长、镇党委书记，是父母的自豪和乡亲的骄傲。

谁也料不到，2012年秋，因为一个特有水稻品种又在他眼下"绝迹"，他毅然辞去乡镇党委书记职务，回到村上，开始农业物种收集与保存工作。他说:"只要能救护下一个珍稀农业物种,也比当那镇长书记值!"

黎平县是贵州最为边远的农业县,越是边远落后的山村,遗存的地方传统农业物种越多。杨正熙用一年的时间,走遍黎平400多个村寨,采集到地方农业作物种子500多份,约有90个品种。然而保育收到的物种,需要有人力,他妻子也放下手中的工作,还让家里几个亲戚一起来帮忙,可是每年到年终就是没见什么效益,大家还是空等杨正熙给大家画的馅饼。

图75-1　杨正熙在检查秧苗生长情况

不到两年,妻子省下来给家里老人看病和准备给女儿读大学的学费,也全部用光,还没见什么收入,怎么坚持?这样下去可不行,收到的这些物种也难保得住,杨正熙苦思:能否在收集到的这些品种中,找到市场有需求的产品,才能有人主动帮忙种植,这样让种子回归、藏种于民,或许才是唯一活化传承物种的办法。

2014年4月4日,一次机缘,有一个紫黑色稻米品种,被他"打米机下留种"(独家传种几十年,因这家人老母亲去世,准备不再种这稻种)。这米异香,饭如胭脂,应该有市场。他想既然是老品种,就应该用老方法来耕作,才更能保障好品质。于是他将稻种交给有耕牛的老乡用"牛草＋牛粪＋牛耕＋放鱼＋放鸭"传统方式种植，取名为"有牛黑米"。

"有牛黑米"送检测机构检测结果，质量指标极好，农药残留与重金属检测多项"未检出"，而营养物质含量极高。与对照种植的"机耕化肥米"，其稻草、稻谷、稻米表现的质色完全不一样，"守农有牛米"饭如胭脂，异香扑鼻。几万斤"有牛黑米"当年春节前就被抢购一空，"有牛黑米"种植农户收入翻番，杨正熙也小有所获。

因为自己"不务正业"，导致父亲气急，突然病倒，再也没能起来。安葬好父亲，1500亩的稻谷已经成熟，市场却还不知道在哪？有人劝他说，先找市场再收购稻谷。他说：按约定好的价格，先收！不能失信于社员。一个月的时间，他举债收购稻谷45万斤。他动员妻子把住房卖了，先还一些急要还的借款。妻子取出房产证，说："我早就知道会有今天"。

一天傍晚，接到一个陌生人电话："我到你种植基地去看了，现在在黎平，想怎么能帮你卖点米，你能

图 75-2　杨正熙在移植苗

过来吗？"他马上飞跑去见客人，是一个小伙子。当晚，一篇题为"为了让好人继续做好人，让农民愿意继续种植这种高品质的紫米，必须要让好人有好报"的帖子出来。随后，贵州日报、中国网、人民网、新华网、凤凰网等纷纷报道。"守农有牛米"成为小有名气的品牌，"有牛黑（紫）米"销售已不成问题，杨正熙终于又活回来。

2016年春季，申请加入合作社的村民不下3000户，自发种植"有牛黑（紫）米"的不下2000户，仅就这个品种来说，已经实现了他"种子回归，藏种于民"的梦想。杨正熙很兴奋，他相信"用传统的老方法种传承的老品种，绝对没错"。

如今，到侗乡旅游，见证"守农有牛米是怎样耕成的"，已成为当地的特色。因"守农有牛米"而组团来的旅客，杨正熙总是尽量亲自当导游，散客来多了，他陪同不了，感觉很是内疚。

他说："我本来只是想尽量多卖点好米，哪想到把黔东南生态旅游这头牛也卖了"。如果你碰见他，他总能从口袋里又摸出一粒小种子，自豪地说："看似渺小的种子，其实这是民族传统文化的根"。

076

宋乃敏：做给农民看 带领农民干

"一人富，不算富，大家富才叫富。"宋乃敏经常说。

作为贵州省威宁县万源恒种养殖专业合作社理事长，20多年来，宋乃敏从事中药材及农副产品收购、加工、销售、种植生产、技术培训、科研指导，从一个地道的农民成长为一个企业家，在当地威名赫赫。

"做给农民看，带领农民干"，正是凭借这种信念，他带领广大贫困农民闯出了一条科技扶贫发展致富的道路。

20世纪70年代，宋乃敏出生于威宁县小海镇松山村。在那里，种植中药材就跟种植苞谷、红苕一样普遍，父亲就是种植中药材的一把好手。他曾开玩笑说，自己从小就跟随父亲打理种植中药材，有"遗传基因"，"家学渊源"。

其实，跟大多数人一样，宋乃敏的愿望也是希望通过读书跳出"农门"，成

宋乃敏：做给农民看　带领农民干

图 76-1　宋乃敏在党参种植基地进行现场培训

为一个城里人，像城里人一样过光鲜幸福的好日子。但中专毕业后，他在城里连一份像样的工作都没能找到，只能回到松山村老家待着。

宋乃敏决定外出闯荡一番。他只身前往甘肃等地打工，努力学习中药材种植技术，寻思着学成归来大干一番事业。2000年，宋乃敏返回家乡，开始试种党参、半夏、金铁锁等中药材，从几亩到几十亩，并试着收购销售中药材，一路摸索一路前行。

当时，由于威宁党参加工技术跟不上，始终处于"种得出却卖不好"的窘境。然而，他心里清楚，威宁党参有着其他地方党参不可比拟的特色，就是食用时无木质化，容易化渣，而且威宁特有的气候和土壤，特别适合种植党参。

正是奔着这样的前景，宋乃敏在很多人不愿再种党参的情况下，逆势而行，决定走专业合作社的发展之路，以此提振当地群众种植党参的信心。2010

年 8 月，宋乃敏同几个合作伙伴一起向省国开行贷款 200 万元，成立了威宁万源恒种养殖专业合作社，开始了规模化、规范化种植中药材之路。

专业合作社的成立，无疑满足了宋乃敏要"大干一番事业"的愿望。合作社采取"公司＋合作社＋基地＋农户"模式运行，兜底保护价收购，可以彻底解决种植户的后顾之忧。用宋乃敏的话说，过去当地农户种植靠单打独斗难以壮大，抗风险能力弱，药材种出来销售也是个问题，常常出现丰产并不丰收，合作社就是要让他们既丰产又丰收。

然而，好事多磨。2011 年，宋乃敏从安徽亳州引进了一批中药材党参种子，但事后证明这批种子质量根本就不过关。雪上加霜的是，当年威宁遭遇了多年未见的干旱，连苞谷都干死了，更不用说党参了。结果，这年年底一结账，合作社亏了 110 万元，这如同当头一棒，让所有人都傻了眼。

图 76-2　宋乃敏基地农户党参喜获丰收

由于出师不利，与其合作的朋友、许多社员都退出了合作社。面对困难，宋乃敏咬紧牙关，"即使剩我一个人，哪怕打欠条，我也要把合作社办下去。"他说。尤其难得的是，家里人不仅没有反对他继续发展，父亲更是亲自上阵帮助他，这更加坚定了他的信心。

2013年，万源恒种养殖专业合作社终于迎来了一个大丰收，这一年，宋乃敏净赚240余万元。不仅一次性还清了贷款，自己的钱袋子也鼓了起来。当年，他还荣获了毕节市首届返乡农民创业之星称号。现在每每想到自己当初还能从失败中爬起来的经历，宋乃敏心头还不由自主地颤抖，照他的话说：那样的经历真的称得上是"置之死地而后生"。

当初创办合作社，宋乃敏的初衷就是要带领村民致富。如今，合作社除了种植党参，还种植金铁锁、半夏等，并已发展社员523人，种植标准育苗基地1000亩，辐射带动草海、二塘、小海、观风海等乡镇种植中药材近1万亩。通过合作社生产基地，直接解决农村富余劳动力676人，为每个直接参与基地生产的富余劳动力年均增收1.2万元以上。

从单干到创办合作社，从独自种药到引领一群人种药，从几亩地到成千上万亩地，从小微企业到毕节市龙头企业，宋乃敏用十余年的时间，完成了从打工仔到企业家的精彩蜕变与升华。

077

梁泉：奔波在"云药之乡"的教授

47岁的梁泉2007年博士毕业后作为引进人才来到云南农业大学，他的主要研究方向是植物营养遗传与分子育种，主要研究领域：豆科作物根系生物学研究和遗传改良；云南道地药材资源的评价、利用及遗传改良。

弥渡县是全国、全省的扶贫开发工作重点县之一。该县山区、半山区占91.34%，其中高寒山区占到67%以上。高寒山区地处偏远，地势恶劣，具有海拔高，气候冷凉，经济结构较单一，种植业、养殖业是农村群众的主要收入来源，传统种植业落后。

2014年入选云南省"三区"人才支持计划科技人员专项计划后，梁泉把服务地点选择在了弥渡县。弥渡县中药材种植素有传统，弥渡县中药材种养殖3万余亩，涉及农户5600多户，2009年被云南省科技厅认定为"云药之乡"，但一直处于小打小闹状态，没有真正成为农民脱贫致富的主导产业。

通过对弥渡县情的调研，他觉得这里得天独厚的自然条件和良好的生态环境，很适宜发展云南道地药材产业，特别是826户建档贫困户所在的高寒山区，是诸多传统特色中药材的优质产区。在这些地区发展中药材，是弥渡县实现"精准扶贫""精准脱贫"的重要途径。

摸清情况，梁泉很快理出一些亟待解决的问题：如中药材龙头企业规模较小，专业合作组织的带动作用不明显，种源混杂，种植规范化程度低，野生中药资源破坏严重，技术推广与服务体系不健全等等。具体到农户中，种什么品种？怎么种植？谁来收购？这3个问题长期困扰弥渡县山区群众。

针对这些问题，他认为，第一需要解决种源（包括品种、种苗）、栽培技术、加工和销售三大环节的技术支撑和保障。其次，积极引进有实力、有担当的药材经营企业，建设道地中药材标准化（GAP）生产基地，确保产品能与市场有效对接。三是帮助大户经营，培育"专业药农"，建立专业合作组织，确保标准化生产能够落到实处。而最好的切入点，就是扶持一个企业，通过"龙头企业+专业合作社+农户"的发展模式，带动老百姓提高中药材种植水平。

他选择挂钩在弥渡众康生物科技有限公司。该公司成立于2014年1月，成立时间短，技术人员缺乏，特别是缺少中药材种植的基础和技术贮备。为此，梁泉两年来反反复复奔波在昆明与弥渡300公里的路途上，2014年9月到2016年8月20日，累计

图77-1　梁泉做中药材播种示范

图77-2 梁泉(右)做中药材田间技术指导

赴弥渡县40余次,每次在弥渡众康生物科技有限公司基地一待就是几天。

他将公司发展定位为"中药养生庄园"。两年之中,帮助公司完成了中药材种植基地和加工基地规划,并指导基地基础设施建设,修建道路、坝塘、小水窖、管理用房、育苗大棚和人畜饮水管道等。在他的主持下,该公司建立了云南道地药材种质资源圃10亩,已收集滇黄精、白及(芨)、滇重楼、双参、灯盏花、佛手、百合等濒危珍稀特色中药资源56份;建立了云南道地药材新品种种苗生产基地,选择他本人育成并经省级鉴定(登记)的白及、滇黄精、滇龙胆、三七、滇重楼等一系列中药材新品种,完成标准化大棚育苗基地56余亩;完成双参、白及、滇黄精、滇重楼、灯盏花等中药材规范化种植面积1230

亩。2015 年该公司基地被列为"云南农业大学科研合作基地"和"云南农业大学科研成果转化基地"。

此外，他向当地政府提议以县"云药之乡"建设的契机，以"龙头企业＋专业合作社＋农户"的发展模式，积极发展双参、滇黄精、白及、滇重楼、灯盏花等具有地域特色、符合当地生产实际的道地药材品种。并抓住标准化种苗和规范化种植两个关键环节，协助弥渡县做好双参、滇黄精、白及、滇重楼、灯盏花、续断、半夏等中药材基源植物种子和优质种苗培育，深入种植农户开展技术培训 6 场次，受众 300 余人次，印发技术资料 200 份，发放双参、滇黄精、白及优质种苗 5000 余株。

通过公司生产基地建设，梁泉到田间地头手把手为老百姓技术培训，带动了高寒山区的高坪村 26 户农户发展中药材种植 102 亩；并指导红岩村 200 余亩白及规范化种植基地建设，白及栽植成活率达到 98% 以上。

他所挂钩的弥渡众康生物科技有限公司，2014 年销售收入 302.23 万元，2015 年 600 多万元，到 2016 年就达 1300 多万元。而该公司直接带动高坪村、平掌村群众 58 户种植中药材 242 亩，年均亩增收 4300 元，均户年增收 17 941 元，有效地带动了高寒山区农民脱贫致富。

2016 年 9 月，第三年参加"三区"服务的梁泉的服务地点变更为云南省南华县南华康恒中药材种植技术开发有限公司。

他又开始奔波在昆明与南华的路途中。

078

程志斌：把"山鸡"变"凤凰"

在昆明市场上，近年来，一种叫瓢鸡的家禽受到青睐。这种生于哀牢山区的无尾山鸡，价格昂贵。一般可以卖到一公斤 90 元以上。

这种鲜为人知的瓢鸡是云南镇沅县特色家禽品种之一。2006 年，镇沅县开展畜禽遗传资源调查工作时被发现 1086 羽并引起重视；2009 年，镇沅瓢鸡通过国家遗传资源委员会鉴定，成为中国一个具有地方特色的优质鸡种。同年，瓢鸡列入云南省省级畜禽遗传资源保护品种，2011 年 10 月，瓢鸡入选云南省"六大名鸡"。

资料显示，2009 年，镇沅县养殖有瓢鸡最多的田坝乡瓢鸡存栏 3000 多羽。而去年，全县瓢鸡存栏数达 100 万羽，出栏 100 万羽，实现产值 1.3 亿元。

这个变化，与一个"研发、产业化、示范推广"结合的"镇沅瓢鸡养殖产业综合服务体系建设"分不开，而这个服务体系的牵头人，正是科技特派员、云南省农业大学动物科学技术学院副教授程志斌博士。

078

程志斌：把"山鸡"变"凤凰"

图 78-1　程志斌指导瓢鸡繁殖技术

　　程志斌还有一个身份，就是由云南农业大学选派到镇沅县服务"三区"的科技人员。

　　在长期为企业服务和调研、思考高原优质地方鸡产业发展的基础上，程志斌博士实地考察镇沅县地方特色瓢鸡养殖发展现状后，2014年建议与他合作比较密切的云岭广大有限公司到镇沅建个基地，他寻思针对企业、示范基地、养殖合作社、养殖户的产前、产中、产后需求，以利益为纽带，整合"农、科、教、企"各层级的专业技术人员，组成专家技术推广服务团队。变被动服务为主动服务，为企业提供全产业链综合配套服务，消除服务对象的后顾之忧，是提高高原优质地方鸡产业生产效率和效益的需要。

　　他以云南省科技特派员的身份，促成镇沅县将发展瓢鸡养殖业列入"镇沅县'十三五'产业发展规划"；协助镇沅县政府引入镇沅云岭广大瓢鸡原种保种有限公司。并协助该企业获得2014年"云南省建立农科教相结合新型农业社会化服务体系试点"，获得专项资金170万元扶持；还为该企业获得2015年国家级保种场的认定提供技术支持。

而通过项目的支持,程志斌博士组建了9人"云南瓢鸡良种繁育技术服务组",由云南农业大学专业科研人员7名、镇沅县畜牧技术专家2人组成。这个技术服务团队,短短两年时间,取得了不少成果:①完成镇沅瓢鸡制种技术规程制定:新技术规程的应用,显著提高企业瓢鸡受精率、孵化率,增加了服务企业的经济效益。②完成商品瓢鸡饲养管理规程制定:针对瓢鸡生长速度偏低的实际生产问题,研发与制定了《商品瓢鸡饲养管理规程》1套,经过两年多服务企业的应用实践与示范推广,企业生产效率显著提高。③针对农户及合作社养殖,研发与产业化推广了"云南瓢鸡5553生态高效养殖模式"。利用当地得天独厚的山坡、草场、林地、果园等资源,实施瓢鸡的放牧与补饲的生态高效养殖方式。推广家庭或合作社放牧养殖一批鸡不超过500只,一亩地不超过50只,放养鸡舍面积50平方米,放养周期300天。研发推广的该生态养殖

图78-2　程志斌(右1)做瓢鸡养殖技术培训

模式，既符合云南广大农村养殖水平的需求，也满足了市场对高端禽产品的需求。

为了真正解决瓢鸡产业化发展的技术及产品推广难题，程志斌博士协助服务企业设立了"云南瓢鸡专家工作站"。2年多以来，专家工作站指导镇沅县6家养殖专业合作社、321家养殖户开展商品镇沅瓢鸡的养殖生产，推广企业基地的优质瓢鸡种苗，开展专场镇沅瓢鸡产业发展及示范技术推广培训会12场1582人次，发放相关技术资料2000余份。培训内容包括：镇沅瓢鸡产业发展研讨、瓢鸡种繁技术、瓢鸡饲料及配方制定、瓢鸡饲养技术示范、瓢鸡免疫技术与示范、瓢鸡疫病防控及用药技术示范等方面。专家工作站成为科技人员服务"三区"的固定"服务点"。

2015年1月20日，在程志斌博士技术协助下，国家畜禽遗传资源委员会办公室组织专家组现场验收了镇沅云岭广大瓢鸡原种保种有限公司生产基地，企业获得"镇沅国家级瓢鸡遗传资源保种场"的荣誉称号，这也是云南省优质地方鸡种获得的第一个国家级保种场。

扶贫效果在瓢鸡产业快速发展的带动中显现出来。

2014—2016年，仅镇沅云岭广大瓢鸡原种保种有限公司，以"公司+基地"形式就带动6个养殖专业合作社、321家养殖户，开展商品镇沅瓢鸡的养殖生产，使这些养殖户从每年收入不到9000元，实现每户平均通过瓢鸡养殖收入5.5万元。

而在全县，瓢鸡已经成为该县贫困群众脱贫致富的主产业。

079

昌都市卡若区农牧（科技）局：
一猪一牛一牧　精准扶贫三板斧

　　2017年立春打头，昌都市卡若区农牧（科技）局局长格桑次仁的手机就很难打通。记者在半个小时拨打了5次，对方不是在通话，就是无法接通……在记者束手无策之时，格桑的电话终于回复过来，开头的第一句话"实在抱歉，我在下乡的山路上，手机迟迟接不到信号。"

　　无法及时联络不只是格桑次仁的"专利"，西藏自治区昌都市卡若区农牧（科技）局30人的团队，80%的时间都在1.08万平方公里的辖区下乡入户，在横断山脉西北部和青藏高原的高山峡谷间穿梭，手机几乎成了摆设。

　　藏区地广人稀，农技推广没有条件集中进行，再加上农民知识水平匮乏，特别是建档立卡的扶贫户，给猪打针都得手把手教。在藏区做精准扶贫，带动农户、找准方向是重点。

　　青藏自然环境独特，孕育着许多其他地区不曾有过的物产，比如藏红花、冬虫夏草、牦牛等。西藏东部的昌都地区，康巴香猪就是一个独特而古老的畜种资源。

　　饲养康巴香猪是当地传统的农牧习惯，包产到户后每个农户家都会圈养

昌都市卡若区农牧（科技）局：一猪一牛一牧　精准扶贫三板斧

2～3头，但是无法出售，多用来自产自销。2004年，昌都市委提出建设"五大养殖基地"的发展要求，卡若区农牧（科技）局觉得引导农户饲养康巴香猪就是一个有基础有优势的着力点，试点养殖。

图79-1　卡若区农牧（科技）局的同志在指导农户玉米种植

"吃野菜+散养"，独特的气候与绿色的环境让康巴香猪的品牌逐步向东部城市远播。卡若区农牧（科技）局在市委的支持下开始大胆进行规模化养殖。首先解决种猪的选取，当时，昌都市的邻居林芝市康巴香猪养得好，农牧（科技）局便向林芝引进种猪100头，又向当地农户收购200多头，当地企业投入500头。有了种猪，农牧（科技）局协同区政府与云南神龙集团共同建设康巴香猪养殖基地，配套建设圈舍、配种站、兽医站等。

到2016年，建设项目基本完工，"虽然算不上大规模养殖，但是经济效益已经初显成效。"格桑次仁如数家珍地盘点农户收益，现在已经带动建档立卡贫困户600户，每户年均增收4000～5000元。而且，育种不断发展，农牧（科技）局想着将新品种"卡若香猪"推广出去。

藏区不光有经济价值超高的经济资源，也有价值含量偏低的普通资源，比如昌都当地的黄牛——个子矮小、产奶量低。在传统农牧区，一头黄牛一天的供奶量10斤左右，只够农户自产自用，奶业几乎成了当地的空白点。

2015年，卡若区农牧（科技）局畜牧站技术人员杨红卫想出一个主意，引种改良，配种新的黄牛。畜牧站一面引进冻精技术为当地母牛进行配种，一面

图 79-2 青贮饲料的加工现场

引进"黑白花"等其他品种培育下一代良种。但是,在推广时农户却不肯接受,农户的最大担心,改良过程中如果母牛和小牛一起死亡,这可是他们承受不起的经济损失。

农牧(科技)局和区政府为此专门给当地的奶牛购买"保险",保险未能覆盖的部分,发生损失由政府进行经济补贴。没有了经济损失的风险,建档立卡的农户开始与企业合作,以入股的形式将养殖后的奶牛投资给企业再获得相应分红。

到2016年末,卡若区农牧(科技)局先后建立四个配种站,配种360头、从其他地区引入210头;新品种黄牛的产奶量可达到每日21斤,除了自销外还可对外出售,形成了特色奶牛养殖基地。

昌都山区交通不便,运输成本是当地经济的一大支出。因为要进行奶牛养殖,青贮饲料的供应需要当地供应。农牧(科技)局提出"以畜养草,以草代畜"的思路。

在生产青稞为主的牧区,牧民对玉米的种植很感兴趣,在玉米丰收后,秸秆作为青贮售卖给企业,大大提高农户的积极性。在2015年,玉米的种植面积只有150亩,到2016年种植玉米的面积就达到367亩。

除了种植玉米,对于奶牛的养殖,紫花苜蓿是一种最有价值的饲料。2014年开始试种后,小产业的群众收益越来越多。整个项目带动人数及户数达到104户、222人,人均增收达1900～2500元。

080

次旦：做藏区农民的贴心人

2016年秋，西藏日喀则市除嘎村的青稞种植又喜获大丰收。10月20日上午，在定结县除嘎村的进村公路上，一个黝黑的中年男子被一大群农民围在中间。人群中一个老大爷高兴地向那男子说："谢谢你啊，技术员，今年的丰收有你一半的功劳啊"。

被大家围在中间的男子名叫次旦，是日喀则市农业技术推广服务中心主任，长期从事基层农技推广服务工作。多年来，次旦经常深入日喀则18县区田间地头开展科技扶贫工作，向农民传授科学种田知识，坐东家屋，进西家田，和老百姓打成一片，十里八村的老乡们都认识这个貌不惊人的男子，亲切地称他是"农民的贴心人"。

调研下乡，走在藏区大地上

次旦出生在日喀则一个偏僻的农村，自小就在农村生活，家乡贫穷落后的面貌和亲人们艰难的耕种生活给他留下了难忘的印象。改变家乡贫穷面貌的想

080
次旦：做藏区农民的贴心人

图 80-1　次旦（左）在统计基本苗

法在次旦心中逐渐形成，所以他毅然选择了和农业打交道的工作，一干就是二十余年，现在已经是日喀则市农业技术推广服务中心的主任了。

除嘎村是日喀则市郭加乡的 6 个行政村之一，位于日喀则西南部，平均海拔 4360 米，是一个以种植青稞、油菜，牧养牦牛、绵羊、山羊、奶牛为主半农半牧乡，也是日喀则市贫困乡之一。

为了摸准扶贫工作的关键，找出脱贫致富的好路子，做农技推广的次旦就带着驻村干部在村里搞调研，挨家挨户走访，与种田能手、农技特派员商讨，同村委班子研究，向当地政府搜集宏观资料……要彻底摸清除嘎村的农业生产和产业现状，次旦跑到田间地头实实在在地查看当地农业生产现状。

现实让次旦不停地挠头，300 多亩土地，青稞亩产还不到 350 斤，大部分群众甚至连口粮都无法得到满足，每年都要从外面交换或购买填补缺口。特别是群众的科技意识薄弱、田间管理水平粗放、简单，化肥、农药等生产性投入严重不足……跟村两委班子和技术专家商讨以后，次旦提出在除嘎村发展青稞种业，并从引良种、推良法、抓种业三个方面进行切实推进。

技术推广，百姓需求是首位

从 2012 年开始，次旦开始组织群众引进"喜马拉 19 号"等青稞优良品种到当地开展试验性种植。

一开始，由于口粮紧缺，当地群众并不接受新品种，担心耽误了收成。为了说服群众，打消顾虑，次旦一面走进群众堆里做工作，讲利弊，一面组织群众搞培训，宣传良种的增产稳产潜力。

次旦先是采取小面积示范的策略，无偿提供示范田所需的农药、化肥等物资，用实实在在的产出把良种种给群众看逐步扩大种植规模。

示范期间，次旦结合农时请科技人员来到村里，开展科学播种、肥水管

图 80-2　次旦（右 2）根据群众反映的生产问题，实地调查地下害虫发生情况

理、病虫草害综合防治等内容的良种标准化栽培实用技术培训，重点普及良种和良法的配套。

借助农业科技项目的支持，从2012年示范种植青稞良种"喜马拉19号"300亩，到2013年示范种植"喜马拉19号"500亩，再到2016年全村青稞良种种植覆盖率超过65%，品种扩展到"喜马拉19号""喜马拉22号"等多个优良品种。

让次旦信心大增的是，示范4年中，产量水平也从以前的不到350斤/亩提高到现在的570斤/亩，增幅达到62.9%，良种引进和推广工作取得了显著成效。

附加产值，甩掉"贫穷"这顶烂帽子

虽然粮食单产提高了，群众的口粮问题也基本解决了，但次旦并不满足于此，他想得更多的是要让群众的收入多起来，要甩掉"贫穷"这顶烂帽子。

他总结了其他县的经验，算了一笔粮食账：1斤青稞作为粮食出售，市场上卖2元/斤，而作为良种出售，则可以卖到3元/斤以上，每一斤可以让群众多赚1元钱。但看看周边乡镇乃至全定结县，县里的良种基本靠东部县区外调支援，具备青稞良种生产能力的种子基地几乎没有。

增加产业附加值，次旦打起了在郭加乡建立以除嘎村为核心的青稞良种繁育基地的主意。在科技项目的支持下，除嘎村带动郭加乡的其他行政村建起了500亩"喜马拉19号"种子田和300亩"喜马拉22号"种子基地，年产优质青稞良种41万余斤。

按照市场平均售价3元/斤计算，可实现120余万元收入。相比以前平均350斤/亩的产量水平，仅种子田一项就可以增加收入68万余元。其中，除嘎村的300亩"喜马拉22号"种子田就实现该村人均增收近1000元，使全村人均收入达到了4100元以上。

经与定结县农牧局协调，除嘎村的良种顺利销往各兄弟乡镇，而且供不应求，评价良好。如此一来，郭加乡不仅扭转了群众缺粮挨饿的落后境况，还逐步把粮食卖了出去，彻底改写了郭加乡粮食"只进不出"的历史。

081

益西格顿：在定结大地播撒希望的"种子"

浩浩长空，蔚蓝如洗，这里的天空一如既往地清澈。顶着烈日，身穿防护服，开春的田地常能看到一个一丝不苟的身影。强烈的紫外线照得他皮肤愈发黝黑，半天下来汗流浃背，群众和他开玩笑说："你越来越像农民了"，他却笑着回道："我们技术员就是要成为老农民，这样才能把地种好，把种子的希望变成丰收的喜悦"。

他，就是益西格顿，现在是西藏日喀则定结县一名农牧综合服务中心技术人员。作为当地农技推广的负责人，益西格顿在整地、施肥、备种、播种、田间管理、收获与贮藏等多个环节中，坚持亲自参与，亲自指导，在平凡的岗位上开展科技扶贫工作，实践着"为农民增收做贡献"的诺言。

带头实行"包乡蹲点包村"

农作物的成长都是遵守一定时节的，益西格顿发现，越是一些关键时节，农民对农技知识的需求越是强烈，如何让农民及时掌握种植技术呢？经过一番

081
益西格顿：在定结大地播撒希望的"种子"

思考后，他带头实行技术人员包乡蹲点包村责任制。

每年在春播前，他都第一时间到一线蹲点，与农业技术人员深入田间地头，手把手为群众教授施药方法、品种鉴别、农田灌溉等知识，同时，他还经常带队到群众家中开展上门服务，为群众送去技术手册，面对面为群众答疑解惑。

科学技术直接到群众中、良种良法直接到田、技术要领直接到人，正是由于益西格顿这种面对面提供服务的态度，日积月累，使群众逐步掌握了现代管理理念和思维，也加速了农业科技传播，加快了农业科技成果转化应用。

二级种子田实现"八统三单"

在负责的琼孜乡二级种子田基地建设中，为保障种子田建设达到预期目标，益西格顿站在田埂上向群众讲解着技术要点，弯腰在田垄间亲自向群众示

图 81-1　定结县科技人员向陈塘镇农民传播科技知识

范着操作要领。他与技术人员一起对所有二级种子田进行了筛选和风选后又统一进行精选、包衣（在地区农科所进行精选、包衣），使种子精选和包衣率均达到100%。

在进行土壤处理时，他亲自示范亲身参与，严格按照每亩使用燕麦畏0.7斤防除燕麦草，在分蘖期每亩使用5斤2.4-D丁酯进行除草的标准进行处理。他还拟定种子借贷合同，一户户地上门去和农户签订合同，不厌其烦地向农户解释说明，使群众更加信任他，支持他的工作。

在他的辛勤付出下，二级种子田在技术上实现了"八统三单"，即：统一地块、统一品种、统一供种、统一包衣、统一播种、统一施肥、统一灌水、统一田间管理，在收割时单收、单打、单贮。

当然，授人以鱼不如授人以渔，在做好示范的同时，他也不忘开展培训。在种子田建设期间，他先后举办2场培训会，培训45人（次）农民，发放了200多份技术资料；主导引进并推广"藏青2000"新品种、制定《"藏青2000"播种栽培技术规程》1套、成功推广"藏青2000"栽培技术。

从"鸡爪谷"到秘境奇酒

2014年，益西格顿有幸当选为基层农技推广补助项目的技术指导员，在定结县陈塘镇藏嘎村指导10户示范户的优质谷种生产，面对这项光荣的任务，他感到肩上的担子更重了。

陈塘镇海拔2040米，属珠峰原始森林地带，亚热带季风气候，年温差相对小，日均气温12℃，日照时间充足，境内水资源丰富且无任何污染源。该镇共有6个村，402户，乡村人口2021人，主要以夏尔巴人为主，主要种植鸡爪谷（鸡爪谷又叫龙爪稷。鸡爪谷的种子很小，直径1～1.8毫米，圆球形，深棕色），种植面积为1050多亩，占总播种面积的55%，平均亩产量约为500斤，一年两熟，年产鸡爪谷500多吨。

由鸡爪谷和青稞面酿造的酒就是鸡爪谷酒，当地人称为"曼加"，正是由于

081
益西格顿：在定结大地播撒希望的"种子"

图 81-2　定结县科技人员入村开展科技知识传播活动

陈塘镇独特的自然环境和人文环境，造就了鸡爪谷酒独一无二的口感和品质，也成为当地独有的风味。

为提高鸡爪谷的产量，益西格顿根据农户的不同的生产现状，采取不同的技术指导。看着谷物产量比以前提高了，示范户的心里乐开了花，周边的农户也受到了感染。

随着项目的扩大，需要的谷物增多，益西格顿不再局限于当地的生产，他让大家尽可能在与陈塘镇环境一样的尼泊尔地区推广种植并收购，在保证项目原料的同时，也为今后双方进一步增进友谊合作，促进双方交流提供了可能。

082

赵政阳：致富"果神"

2017年1月16日是农历丙申猴年的腊月十九，延安市梁家河村的多数人都忙于置办各种年货中，然而，陕西省苹果首席专家、西北农林科技大学（西农）园艺学院博士生导师赵政阳，此时此刻却在梁家河现代果业科技示范基地，对老果园的更新改造进行现场讲解和示范。

赵政阳教授站在雪地里，或爬上剪树用的梯子上，用洪亮的嗓门，浓浓的关中腔，为当地果农和技术员手把手上了一堂生动的田间技术培训课。"一亩地种植多少棵树？最佳留果量是多少？什么时候施肥最合理？施肥量是多少？如何修剪枝条？"他的声音久久回荡在黄土高原之上，似乎要将这里的黄土沟上的霜雪融化殆尽。

082
赵政阳：致富"果神"

果农心中的"活财神"

20世纪90年代后期，陕西苹果由于栽培技术落后导致"质次、价低、卖难"的现象，赵政阳向陕西省科委提议，搞一个覆盖面大的苹果科技下乡活动。很快，定名为"百乡千村万里行"的苹果科技下乡活动在全省迅速展开。1997年11月，赵政阳带领50名果树专家，携带书籍资料和修剪果树用的锯子、剪子，兵分三路浩浩荡荡奔赴全省24个苹果主产县。短短20天，解决问题达500多个，培训果农超过20万人次，极大扭转了全省苹果产业下滑的趋势。

陕西省白水县耀卓村果农王李军至今还记得赵政阳爬树的一幕。当时他正讲如何剪枝，讲到关键处，谁也没想到，"噌，噌"几下他就熟练地蹿上了果树。只见他，脚踩果树，手扶枝丫，另一手挥舞着剪刀指向枝条，举着剪刀"咔嚓、咔嚓"剪了数个粗大的枝条。

图82-1 赵政阳现场进行果树关键技术示范（王萍摄）

树下的果农们惊着了,齐声喊"赵老师,快住手,剪了大枝明年可要减产了!"之后果农绝不肯再让他上树,死活不肯冒着减产的风险,接受"剪大枝"的新技术。无奈之下,赵政阳拍胸脯承诺:"少的果实,我来赔!"这才有部分果农将信将疑,将上树的"权利"还给了他。

次年,剪过枝的果园产量大增。不肯接受剪枝的果农看到别人家的苹果,产量大价格优,这才相信了专家,请赵政阳帮忙剪枝,这项新技术由此在当地村庄推广开来。

2005年西北农林科技大学在白水建成全国首个苹果试验示范站,一直从事苹果研究的赵政阳,被学校聘请为白水站首席专家。当时的白水苹果,饱受早期落叶病和腐烂病折磨,许多果农都失去了信心。赵政阳经过认真调研,实施了苹果产业科技示范与科技入户工程。这一干,就是10年。白水苹果产值从2006年的6亿元增加到2016年的42亿元,产业规模从42万亩发展到55万亩,60%以上的果农户亩收入超万元,与苹果产业相关的企业发展到100多家,出现了一大批科技示范户和科技重点户,带动当地一大批果农走上致富道路。

白水县可仙村果农曹谢虎,从20世纪90年代就种苹果,却一直没赚到钱。2005年后,在赵政阳及其团队老师的指导下,从改造自家果园开始,一步步脱贫致富。2010年还代表陕西果农赴美国哈佛大学访问,并做了《科学务果改变了我的生活》演讲,在海内外引起轰动。如今的曹谢虎,不仅是高级农民技师,还是白水仙果苹果专业合作社理事长,年纯收入超过100万元。

2012年西农在甘肃庆城建立首个省外苹果试验示范站。庆城苹果主要以乔化栽植为主,品质低下等问题严重制约产业的发展。在赵政阳的帮助下,庆城县赤城乡果农李希恒通过先隔行后隔株的两次间伐改造,使果园光照条件得以改善,果园经济效益翻番。李希恒说:"原来10亩果园总共400多棵树,年套袋量14万~15万,年收入10多万元,间伐改造后,剩余170棵树,与同期相比套袋量增长30%,产量增长70%,增幅是135%;果园的毛收入40多万元,纯收入达到30多万元,与间伐改造前相比,纯收入增长了20多万元,增幅

200%"。果农喜悦的表情流露出对科技的崇拜之情。

"瑞阳""瑞雪"开新篇

农作物出一个品种需要十年八年,果树至少需要十几二十年。"秦冠"苹果就是西北农林科技大学三代科学家持续努力的结果。

我国是世界第一苹果生产大国,但90%的品种都从国外引进,日本红富士在中国火了30多年,一个日本品种长期占据国内苹果种植最大的面积和市场,赵政阳心里很不是滋味。

从1997年开始,他提出了苹果育种的新思路:在筛选核心亲本和骨干亲本基础上,进行"少组合、大群体"育种。他带领团队采用"大群体阶梯式选择"的育种新方法,以8万株杂种后代群体为基础,经过18年努力,最终以0.01%

图82-2　赵政阳(左4)现场传授果树种植经验(王萍摄)

的概率，成功选育出"瑞阳""瑞雪"。

"瑞阳"由"秦冠"和"富士"做亲本杂交选育，综合了两者的诸多优良性状，最高亩产可达1万斤，有望成为黄土高原产区苹果更新换代最具潜力的主栽品种。"瑞雪"由"秦富一号"和"粉红女士"做亲本杂交选育，果形美、品质好，亩产在6000斤到8000斤之间，有望成为我国优质晚熟黄色品种的换代品种。经过10年的示范引领，两个新品种已经在陕西、甘肃、山西、山东等苹果主产区种植。

赵政阳介绍，苹果育种主要采用杂交育种，首先选用亲本进行杂交、获取杂交种子，然后将杂交种子在营养钵育苗，获取杂种实生苗后将其定植，然后再进行严格的初选、复选、决选，最后布点进行区试。这个过程就得10来年，且中间不能有任何差错。

白水县北马村果农林秋芳，在赵政阳的技术指导下，曾经建立起苹果矮化苗木繁育基地和高标准果园，3年收入上百万元。通过传帮带，白水出现了一大批像林秋芳一样懂技术、会管理的职业果农。

30多年来，赵政阳每年平均在野外工作200多天，渭北高原的沟沟坎坎、关中果乡的村村落落以及省外其他苹果主产区都留下了一个果树专家从青年到中年的科技扶贫奋斗足迹。

"这么多年没有双休日、节假日，有时候真想能躺下来，安静地休息几天！"赵政阳说："我这个手机，24小时开着，因为它是果农的专线，电话随时都会来。"

083

《东方红》故乡有个"东方红"

  陕北佳县地处毛乌素沙漠南缘，秦晋峡谷西岸，党中央和毛主席转战陕北时在此生活和战斗了 99 天，这里的农民歌手李有源编唱的《东方红》闻名天下。而今天，另一支"东方红"正在这里悄然唱响。

  组建于 2015 年 9 月的榆林市东方红小杂粮星创天地，依托佳县朱官寨乡崔家洼村的榆林市东方红食品开发有限责任公司而建。以"星创孵化、众创兴业"为宗旨，为创客提供"一点七包"服务，即为创客提供创业创意"金点子"，同时提供"政策包、人才包、土地包、资金包、技术成果包、产品包和电商包"支持，为创业者们升起了理想的"红太阳"。

搭建星创平台　拓宽创业渠道

强江斌和张晓丽大学毕业后来东方红公司从事销售工作,在公司业务人员的培育下,经过一年的销售工作,理论和实践充分融合,从一名大学生成长为一名优秀的销售经理。通过孵化大学生创业,2015年6月强江斌和张晓丽在榆林成立的"佳县特产门市"收益良好,有望2年收回投资。

以培育大学生、返乡农民工以及新型农民创业、带动基地农民脱贫致富为己任,搭建"创新创业综合服务平台"设置创新创业孵化子平台、星创培训子平台、产业融合与技术集成示范子平台、公共服务子平台(包括农药残留检测、电子商务)、文化创意和品牌培育子平台、人才支撑子平台、贫困户利益联接服务平台7个子平台。

依托科技示范基地和种植基地(3800亩)、加工厂房(8000平方米)、3条

图83-1　东方红公司创办大学生创新创业论坛

加工生产线，还有仓储物流、检验中心、产品研发中心、培训中心等硬件设施，为创客提供种植、食品开发、食品加工、包装、仓储及产品检验全方位服务，提升创客的实践能力；组建12名专家团队，13名导师团队，利用网络培训、课堂教学及基地实训，为创客提供原材料生产、加工、检验、新产品研发方面的技术指导，以及政策、法律、企业管理等方面咨询和服务。

2016年11月22日，科技部在陕西省榆林市召开全国星创天地建设现场会，出席会议的科技部党组书记、副部长王志刚到佳县东方红小杂粮星创天地考察，对东方红小杂粮星创天地以榆林市东方红食品开发有限责任公司为依托，聚焦佳县小杂粮主导产业，采用"公司+创客+基地+农户（重点贫困户）"的科技扶贫模式，建设运行的创新创业载体给予高度评价。

图 83-2　东方红公司给残疾人免费发放杂粮面条

村企紧密合作　确保精准帮扶

东方红星创天地坚持与佳县朱官寨镇杜家峁等4村建立合作建设种植基地3800亩，并与基地农户签订保护价种植收购合同，每亩补助种植户100元，直接带动农户198户；苦菜采集基地直接带动农户256户，其中残疾人贫困户95户，公司每年定期组织残疾人召开自强自立座谈会，并拿出3万～5万元资助残疾人自立。2016年1月公司结合精准扶贫政策对基地24户贫困户和95名残疾人进行建档立卡，制定相应的扶持措施，并按计划给予特殊扶持，使贫困户的经济状况明显改观，同时也为周边村提供50个就业岗位。

建设孵化基地以"种+销"一体化的生产模式，为当地科技示范户、返乡农民工以及大学生提供了良好的示范样板。目前，公司入驻创客82人，有大学生24名，4月份组织召开大学生创新创业论坛，制定了大学生创业孵化计划，技术成果拥有者2名；入驻返乡农民工58名，建档立卡并制定落实了种植计划；入驻小微企业3家，还带动15户加工大户，从生产技术上、企业管理上、项目管理上给予支持；同时有星创导师团队成员13名，其中科技特派员2名、"三区"人才4名，转化科技成果5项、形成产品5个；培训创客207人次。

东方红星创天地建设为东方红食品开发有限责任公司注入了巨大活力，公司生产的3大类25种产品，年产值从2013年的3100万元增加到4000万元，利润从300万元增加到400万元，产品销往榆林、西安、北京、江苏、上海、内蒙古等地。为当地大学生、返乡农民工、农村小微企业创新创业开辟了广阔的天地。

084

何忠军：奔跑在脱贫一线的秦巴山区科技小兵

何忠军是陕西省汉中市"三一一"人才，2001年9月西北农林科技大学毕业后一直供职于汉中植物研究所。

陕西汉中地处秦巴山区腹地，是南水北调中线工程的重要水源地，工业发展适度受控，必须用好"全国中药材的传统主产地之一和汉江流域历史上中药材的重要集散地"优势，走绿色循环发展路径，实现整体连片脱贫。发展中药材种植是汉中脱贫攻坚的主要抓手之一，何忠军就是常年奔跑在这里的一线农技人员。

立足科技服务平台　服务中药产业

西乡县地处汉中盆地东部，地理位置和气候条件十分适宜中药材丹参的种植。在2014年以前，丹参在该县虽有零星种植，但品种落后，栽培技术参差不齐，严重阻碍丹参产业的发展和药农的收益。何忠军积极引导汉中煜鸣生物科技有限公司和陕西天士力植物药业有限公司开展合作，筛选、引进丹参优良品种，采用规范化栽培技术，强化对公司技术人员和种植技术能手的培训，该公司先后自建丹参规范化种植基地1000亩，通过"公司+基地+农户"的科技扶贫模式，带动周边农民共同发展丹参种植。短短3年时间，订单种植丹参面积达1万亩，实现药农亩种植收入2500元。先后立足单位近年来组建的陕西省汉中GAP工程技术中心，陕西省天麻、山茱萸工程技术中心，秦岭绿色生物资源产业集群公共服务平台和汉中市农业专家大院等科研服务平台，累计为汉中市内10余家中药加工、种植企业和中药专业合作社提供100余次咨询和技术培训服务。

服务"三区" 敬业务实

附子为汉中道地药材，种植历史悠久，药农的种植大多以传统经验为主。随着农村城镇化进度的加快、农村青壮年劳动力的流失和用工成本的上升，附子种植户对农药、化肥的使用与附子生产质量的矛盾日渐突出，给附子初加工企业造成巨大的困境，常常出现有效成分不稳定的情况。何忠军在派驻陕西华克生物医药有限公司期间，为公司提出了从附子种子种苗繁育、规范化栽培、产地初加工等产业链关键环节入手，构建药材良种繁育技术、标准化种植技术

图84-1 何忠军（右1）在中药材附子规范化种植基地调查出苗情况

规范，深入研究附子产地初加工工艺，制定附子产地初加工企业标准等实施方案，并在种植管理的关键时期对药农采取灵活多变的培训方式，牢固树立质量意识。2016年公司产值由上年度的846万元提升至1360万元，业绩提升达60.75%。公司董事长郝学贤感慨地说道："感谢国家有这么好的政策，能选派何忠军这样的技术骨干来企业帮扶，虽然自己企业有了飞速的发展，但更多的是自己艰辛创业路上多了一个伙伴、一位知己！"

在帮扶贫困户时，何忠军了解到他们发展中药材种植最大的顾虑是担心中药材价格的波动，造成损失，所以不愿积极投入。何忠军在派驻陕西华克生物医药有限公司后，推荐贫困户到公司打工，先让他们的钱袋子鼓起来。其中，精准带动贫困户刘大贵、梁汉平和甘兴娃2016年度在公司领取薪水分别达到18 900元、14 400元和12 000元，不但实现了贫困户的脱贫，也为公司培养了一批熟练掌握附子初加工的熟练工人。贫困户在公司打工期间，对附子种植、初加工、药效作用有了更深刻的认识，对种植附子充满了信心。2016年协助公司与包扶贫村26户建档贫困户和21户村民签订120余亩中药材种植协议，辐射带动1500余户药农种植中药材3000余亩，增收200余万元。

强化培训指导　提升中药产业认知水平

常年奔走在科研一线，何忠军十分了解基层药农渴求中药材规范化栽培技术的现状，他结合当地地理气候特点和工作实际主编《附子规范化栽培技术手册》和《元胡规范化栽培技术手册》，参与编撰《大黄栽培技术规程》等8项中药材栽培技术规程，开展中药材规范化栽培指导和培训，注重对药农的培训和基层农技人员的帮扶，将手机号对外公布，随时接受咨询。积极配合农技部门以"科研技术人员＋企业技术骨干"的方式组建技术培训队伍，配合中药材规范化种植基地建设，开展培训、现场观摩100余场（次），发放中药材技术资料1500余份，累计培训技术骨干12人，培训药农2135人（次），有效提升了汉中中药材规范化种植技术的普及率。

图 84-2　何忠军（右）在巴山深处采集中药材野生标本

为了着力解决汉中中药材种植品种、产量与加工原料需求间的不平衡，促进汉中中药产业健康、可持续发展，何忠军积极参加科研课题、参加全市中药产业调研等工作，及时解决生产中存在的一些技术问题。先后参与完成《汉中市中药产业发展调研报告》《汉中市"十三五"中药产业发展规划》等报告和规划，引导基层农技人员和中药材从业人员，了解区域内中药产业发展动态，提升药材品质，适度调整种植规模。"以汉中元胡为例，面积由 2008 年的 6.5 万亩发展至 2016 年的 10 万亩，价格未出现剧烈波动，这得益于大家对元胡乃至汉中中药产业认知水平的提升。"何忠军说。

看到药农们丰收的喜悦，看到一个个中药材种植基地的巨大变化，看到帮扶企业的不断发展壮大，何忠军感到无比的幸福，他觉得自己尽到了一个基层科技人员责任。

085 鲜花铺就致富路

当2月14日情人节那天,陈盛林在花店里卖花,忙得喘口气的工夫都没有。

他告诉记者,无论是清明节、七夕等传统节日,还是情人节、母亲节这些"洋节",甚至"520"这样的日子,花店生意都非常忙碌。每逢这些日子,他都会去店里忙活,一天下来只能休息两三个小时。"哪怕帮不上忙,也要跟大伙在一起。"他说。

花店经营只是陈盛林所创陕西省柞水县卉丰农林开发有限公司的业务之一。公司成立以来,立足于秦岭丰富的"珍、奇、特"花卉资源,以研究开发秦岭特色花卉资源及其综合利用技术为主要方向,公司以特色花卉示范园区为平台,为当地农户脱贫致富提供了新路径。

陈盛林是地道的农民,从1997年开始种花,埋头苦干了十几年。慢慢地他觉得,这么单干只能干一天算一天,看不到未来。2009年,他决定带动周围的乡亲一起创业,凭借多年积累的经验和资本,成立了卉丰公司。

公司成立后,先后承担了10多个科技项目,逐步发展壮大,但始终坚持服务群众的宗旨。2012年,陈盛林被选派为法人科技特派员,更是立志用企业力量带动农户脱贫致富。

公司因地制宜，科学谋划，把开发秦岭特色花卉资源，建立特色花卉种植示范园区，作为带动农户脱贫致富的重点产业，广泛采取实训空间、社交空间、网络空间和资源共享空间等多种方式，积极为大学毕业生、科研人员、家庭农场主、农民工等创客主体提供花卉育苗、栽培、保鲜、加工、销售、电子商务等全方位创业服务。

同时，公司不断创新经营模式，以特色花卉示范园区为平台，采取"企业+基地+农户"合作模式，由企业发挥带动、服务作用，对农户进行培训，并帮助农户筹集资金，几年间公司筹措资金3100万元，建立了标准化花卉种植基地800亩，直接带动130户农户发展花卉种植基地1000亩，年产各种花卉640万枝，年接待游客110万人。

2016年起，公司顺应国家号召，将创客吸纳进来抱团取暖。让创客帮助农

图 85-1　陈盛林公司帮助贫困群众在花卉产业基地就业

户实现价值最大化，同时也指导创业之星自主创业，开办公司，承包花圃、花店，建立电商平台，营造大众创业的氛围。

在开发现有品种的同时，公司成功引进了非洲菊、玫瑰、百合、郁金香、剑兰、紫斑牡丹、白芨、马蹄莲、银鹊树、粗糠树、猬实等16种特色花卉和珍稀濒危花卉。还成立了品种繁育及栽培技术示范小组，通过对相关种植技术的研究总结，建立了秦巴山区珍稀濒危花卉苗木生产技术体系，并建设优良种质资源圃6亩，示范种植珍稀濒危特色花卉苗木6万株300余亩。

为提高农户生产经营水平，公司以培养新型农业经营人才和特色花卉种植技术人才为重点，加强对农户的技术培训，确保特色花卉成功推广种植。2016年培训农户800余人，推广种植特色花卉980余亩。公司的技术员还与贫困户建立了一对一帮扶关系，常年深入田间地头，手把手指导农户种植。同时定期召开种植技术经验分享交流会，及时解决种植经营过程中出现的各种问题，确保种植的科学规范。

图 85-2　陈盛林公司帮助困难群众在超市就业销售花卉

为了提高市场风险防范能力,保证农户的"零风险",公司坚持统一管理,提供种苗、技术、管理生产规范和资金,并开拓市场寻找销路。2016年,公司为贫困户垫付种植资金110余万元,为贫困户解决了后顾之忧。同时还与贫困户签订《特色花卉种植合作帮扶协议书》,实现企业与贫困户利益共享、风险共担。

如今,卉丰公司实现了花卉年生产加工8000万株,达到产值约5000万元,纯收入达3000万元,实现社会经济效益超过9000万元。花卉产业增收占当地农民纯收入的80%,带动了当地300户贫困农户稳定脱贫。

086

王衍成和"陕茶1号"

1991年，王衍成做了个决定，改变了自己的人生。

当时在陕西省安康市基层茶果技术推广站当副站长的王衍成，在全国茶叶学会代表大会上听专家说，全国茶叶的发展趋势将是无性系种植。他陷入了思考。

陕西茶叶栽培历史悠久，有很好的种质资源，但没有自己的品种，也没人去培育。王衍成想：总得有人做啊。他从书上搜集相关知识，开始照着选种。只要听说哪有一株茶树长得好、有特点，他就跑去看，1994年，他选出了表现最突出的优良单株，打算开始繁育。

此时的王衍成一没资金，二没时间，连种树的地方都没有。他想为这件事申报个项目，但没人相信这个在市场推广单位工作的年轻人能干出来，甚至连家人也不支持。"都不信我，我自己干，一定要搞出陕西自己的优良品种。"他犯了倔，自掏腰包、拿出所有节假日时间，开垦了一小块荒地，种下了种子。出乎意料的是，第一年就取得了进展，成活了74株茶苗。

这些茶苗没地方种，他找父亲说，这是工作，干不好要丢饭碗。父亲这才从家里的土地分出一分地给他。然而，接下来连续几年都没成功。

1998年，王衍成工作不顺，决定停薪留职，哭着离开了单位。加上引进一批设备资金被套，他背负了巨大的压力，情绪跌落到谷底。不过离开了原工作岗位，他的时间倒是充裕起来，可以把全部精力投入到扦插育苗上。那一年繁育出茶苗1100株，第二年他建立了茶园。

茶苗产量起来了，王衍成开始扩大种植范围，将茶苗免费推广到紫阳、宁强、商南三个产茶县试种对比，慢慢在市场上取得了好口碑。2006年，他创办

图 86-1　王衍成（右1）指导贫困户育苗

了安康市汉水韵茶业有限公司，经营"汉水韵"品牌，促进无性系茶树品种的研发推广。

2011年，王衍成培育的"陕茶1号"，被陕西省农作物审定委员会、陕西省农业厅正式认定为省级良种，填补了该省无性系茶树品种的空白，结束了该省30多年茶园发展完全依赖引进外省品种的历史。至此，他已为自己的梦想奋斗了整整20年，投入的品种选育费用高达100多万元，投入的时间和心血更是无法计算。然而他心里却很平静，只是想：这件事算是做对了。

直到这时，"陕茶1号"没有给王衍成带来一分钱利润，却带动了当地茶叶产业发展和茶农致富。

汉滨区是个老茶区，也是安康茶产业的中心，但发展滞后。从2007年开始，王衍成在汉滨区委、区政府的号召和支持下，采用"公司＋农户＋科技"模式，在瀛湖库区建基地、抓示范、树品牌，几年带动了瀛湖库区1万多亩茶园的发展，给当地农民带来了增收的希望。2013年，"陕茶1号"已推广到省内14个县区，全国6个省试种，面积达到3万余亩。公司通过免费供应茶苗、免费技术指导、订单收购等形式，带动316户贫困户发展茶叶种植，人均增收1000余元。

2017年年初，王衍成去日本考察了一趟，感触颇深，"现在才

图86-2　王衍成（左1）帮助贫困户修剪茶树

是开始,今后要做的事太多了。"

他发现,日本的茶叶用来喝的比例并不大,而有60%以上用作工业原料,作为食品、饮料、药品、化妆品等添加剂。"我们每年只生产一季春茶,夏茶、秋茶都浪费掉了。与日本相比,我们对茶叶的开发不到30%,利用率太低。"王衍成说,工业原料开发的目的就是把全年的茶叶都充分利用起来,粗茶细茶全都变成钱,可以大幅提高土地利用效率和产业产值。

他又做了决定,下一步要围绕"陕茶1号"进行深度开发,让农业也能促进工业、商业的发展。

087
给对症扶贫找到了"药方子"

柞水县位于陕西省东南部，县内地理、地域环境，为各种药材生长提供了良好条件，被誉为"天然药库"。

然而，当地经济一度以银矿、铁矿为主，这让欧珂药业有限公司蒋军辉十分不解：秦岭本是中药材的宝地，这样的资源为什么不好好利用？

干了一段时间，他发现不好干。起初他的公司是做中药生产、采购、加工、销售，处于生产链的中段到末端，但受几方面影响，发展举步维艰。一是资源匮乏，野生资源越来越少；二是年轻人更愿意去城里打工，劳务成本越来越高。此外，一些资本进入医药原材料领域，形成了垄断，导致原材料价格波动较大。

综合各方面因素考虑，蒋军辉认为，需要去寻找药材生产基地，保证药品品质以及价格稳定。他以中药饮片产业化项目为依托，发挥公司在中药材领域丰富的加工经验和人才技术优势，大力发展"公司+合作社+基地+贫困户"的药材种植模式，以期取得多赢：让公司获利，让百姓致富，也对当地经济做

图 87-1 柞水县委陈璇书记（左2）和蒋军辉总经理（左3）与建档立卡农户代表交流

出贡献。

从 2016 年开始，公司成立了由蒋军辉担任组长的中药饮片产业化管理办公室，根据市场决定种植药材的品种和产量，并负责中药材技术的引进、实施、协调和检查。同时到农村承包土地，作为示范基地，召集贫困户来种植药材。

谁料到，响应者寥寥无几。蒋军辉一打听，明白了。过去农户以种植玉米和土豆为主，哪怕卖不上价，起码自家还能吃；药材如果卖不掉，只能当柴火了，谁敢轻易种！

他又想了个办法，由公司组织成立合作社，跟种植农户签订《中药材种植帮扶协议书》三方协议，采取包村包组包户包技术包效益的"五包"方式，并落实专人负责技术指导。

同时，公司采取为农户垫付资金的方式，由公司统一建设规划、统一提供

图 87-2 欧珂公司技术人员指导农户种植中药材

苗、料和种植技术标准,统一收购加工,合作社具体实施帮扶种植,待回收产品时扣除种子、种苗费用,有效降低了农户的种植风险。同时,种植的药材实行保底价收购,当药材市场价高时采用市场价,当市场价格低时采取保底价,这样既保证了农户种植药材的利益,又调动了农户种植药材的积极性。

在多种举措保障下,越来越多农户加入进来。

为保证种植质量,公司出资邀请了陕西省中医药大学等单位的药材种植专家,下乡到现场分析土壤情况,确定适合种植的药材种类,跟农户面对面培训指导。同时抽调 6 名技术人员常年深入田间地头,手把手地将药材种植技术传授指点给农户,确保了种植的科学规范。此外,公司还组织农户种植代表外出实地考察,开阔视野,并组织农户去示范基地参观学习,互动交流,提高种植经验。

一年中,公司培训农户超过 50 人次、技术工人超过 20 人次、技术管理人员超过 10 人次,印发《中药材种植技术资料》500 余份。做到了每户都有 1 名技术明白人,指导农户基本掌握了每种中药材的生长习性、药理特性、深度(密度)、病虫防治等常识。

合作开展了一年,成效显著。蒋军辉说,根据所种药材的品种,一亩地的收成能从6000元到1万元不等,大多在8000元左右。大多数农户家里种5亩地,一年下来大约能有4万元收入。果然春节,不少青壮年表示不再外出打工,愿意留在家乡创业。

过去,该地区扶贫工作被形容为"大水漫灌",投入不少,效果却不明显。如今却堪称"精准滴灌"。欧珂公司通过科技扶贫一方面针对当地情况精准把脉,把当地适合种什么药材,市场需要什么药材结合起来;另一方面,与农户的对接精确到个人,根据农民的需要,可以从提供种苗到开展技术指导,及时予以帮助,如同找到了对症扶贫的"药方子"。

蒋军辉预测,中药饮片产业化项目建成后,可实现总产值2000万元,实现销售收入2000万元,实现净利润240万元,年上缴税收300万元。年可加工丹皮、柴胡200吨,其中丹皮亩收入达8400元、柴胡亩收入达9000元。可带动周边10个村、50户贫困户、110人稳定脱贫。

088 李保的"甜蜜"事业

是什么勇气,让村民敢于劈山造地来种植葡萄?是什么动力,让一个年收入不足900元的村子,如今日子过得红红火火?

"是科技特派员,是鼓起的钱袋子。"甘肃省武威市凉州区古城镇上河村村民张生柏给出了答案。

元宵佳节刚过,祁连山上雪棱未消,河西走廊春寒料峭。张生柏的日光温室里,一株株葡萄茎秆粗壮、一枝枝藤蔓枝头摇曳,分外惹人喜爱。科技特派员李保蹲在埂畔,现身说法预防病虫害的要领。"去年,每棚葡萄就卖了1万多元,以前观望的临乡村民,现在后悔的很哩。"张生柏满面喜悦。

苦口婆心为建棚

村民心中的"主心骨"李保,是甘肃省科技特派员、凉州区林业技术推广中心的高级工程师,也是名副其实的田秀才,几乎天天窝在田间棚内的他,难忘最初来到这里的窘境。

上河村地处祁连山沿山冷凉灌区、平均海拔高、日照时间长、昼夜温差大、有效积温多、无霜期较短。"是发展葡萄的黄金区域"。然而千百年来靠天吃饭的村民根本不相信小小的葡萄能致富。土地整合、水肥供给、销售渠道……犹如一个个拦路虎,要村民拿出4万元搭建日光温室,更是绝无可能,"宁可守着几亩小麦玉米,也不愿种没有见过的葡萄"是村民的普遍心态。

耳听为虚,眼见为实。在劝说无效的情况下,李保四处奔走,联系了十几户将信将疑的村民去省内天祝、永登等葡萄产地实地参观。"只要遵循种植标准,葡萄一定不愁销路",李保签字按手印作了保证。为解决资金问题,李保衔接区镇和推广中心共同筹措,帮助村民争取项目补助、担保贷款和分期支

图88-1 李保(左1)指导农户育葡萄苗

付。就这样,上河村的致富路在质疑声中艰难起步。"实际实效实施是农民接受新技术的关键,同吃同住同劳作是交流交心的秘诀,培养科技明白人是农村发展的捷径。"李保深有心得。

让农民土里淘金

"坑挖好、肥施好、水浇好、虫防好"是李保传授给村民的"十二字真经"。可偏偏有些固执的村民不相信科学,要么种植过于密集,导致葡萄架不散开不挂果;要么不注意预防,导致病虫害频发、果苗矮小。"那段日子真是状况百出",李保索性住在村里,像呵护孩子般照顾村民的葡萄苗,手把手辅导村民。第二年,看到张生柏这样"听话"的种植户小获丰收,2000多元的收入红了其他村民的眼,大家也自发地小心翼翼"伺候"起果苗来。第三年,葡萄进

图 88-2　李保(左3)指导村民搭葡萄架

入盛果期，一个大棚产量近3000斤。销路怎么办？由于上河村地处冷凉灌区，葡萄发芽晚，上市正值元旦春节。"一定能卖个好价钱"，李保只身跑到沿海企业，以不低于每斤7元的价格整村收购。就这样，一个棚的收入超过了2万元。看见村民们拿上钱，过了个好年，李保心中也甜甜的。

上河村八组最靠近山脚，人均耕地1.1亩，大多分布在斜坡上。即使在如此艰难的条件下，一亩红提葡萄的收入也是以往的十几倍，尝到葡萄的甜头之后，"削山平地建温室"，一辈子淳朴的村民们做出了让李保十分感动的举动。他知道，村民们穷怕了。测绘、种苗、沟渠、熟土，李保投身到这股平田整地的热潮中，仅仅一个半月，上河村就开辟出近60亩地。新的温室建起的那天，村民们炖起肉、喝起酒，醉了很多人。"昔日穷山沟，旧貌换新颜，古有愚公志，而今上河越。"醉酒的李保写下了他的感言。

用科技激扬梦想

"现如今，村里人的日子都过得美着哩。依托武威保税物流中心，将上河的葡萄贴上标签，走出国门，远销海外。"上河村主任王忠介绍，已建成日光温室205座，113座进入盛果期，每座日光温室年收入达2.4万元左右，葡萄收入占贫困户家庭总收入的60%以上，红提葡萄已经成为名副其实的首位产业。"是保哥让俺们第一次看到了规模生产的前景"。

"心中有百姓、手里有技术、头脑有担当、身板能吃苦"是李保对科技特派员的理解。1993年大学毕业到区林业技术推广中心以来，24个春秋，他几乎跑遍武威各县各村，编写的红提葡萄病虫害综合防治培训讲义和生产技术规程成了村民的"炕头书"。"每天来回奔波近70公里，这个扎根于家乡泥土中的科技特派员，用汗水把个人价值融化在葡萄架这个甜蜜的事业里。"镇政府这样评价这位农民贴心人。

089
山塬百姓的呼唤

"解放区呀么嗬嗨，大生产呀么嗬嗨……"这首脍炙人口的《军民大生产》歌曲诞生于75年前的甘肃庆阳。在那个年代，陕甘边苏维埃政府主席习仲勋带领庆阳群众开展军民大生产运动，支援前方。在抗大七分校、在子午岭山区、在南梁政府驻地，将士们垦荒种粮挖窑洞、练兵习武学文化。"只要闹红成了事，把心摘下也舍得"，根据地的百姓这样唱着"花儿"。

今天的庆阳老区，传承老一辈革命家精神的科技工作者们，开始新一轮精准脱贫的"大生产"。正如甘肃省庆阳市科技局局长张和先所说，把山塬百姓的呼唤转换为"大生产"的动力。

走出国门的"新巧儿"

卡通明星、神话人物和剑客隐士香包，是不是和传统印象的香包大相径庭？小小香包能申请十几项专利、带动上万人就业、走出国门去"卖萌"，成为非物质文化遗产的衣钵传人。这是一个"巧儿"故乡"新巧儿"创造的奇迹。

图 89-1 庆阳非物质文化遗产传承人刘兰芳（左 1）在埃及讲述香包故事

"香包是有温度、有文化、有科技的。"庆阳岐黄文化传播有限公司董事长刘兰芳说。20 世纪 60 年代，刘兰芳出生于香包艺术气息浓郁的家庭，她一直醉心于制作既有地方特色而又实用的香包，一件件精美别致的香包成为她的精神寄托，更成就了她的创业道路。

"西池借得麻姑爪，三丝五色夺天巧。"2014 夏天，受文化部之邀，刘兰芳作为甘肃唯一的民俗代表，带着精心准备的庆阳香包远赴美国，参加中美两国合作举办的"史密森民俗生活艺术节"。散发着浓浓民族气息的庆阳香包，吸引了大洋彼岸民众的眼球。为推动香包产业的发展，庆阳市相继组建了香包领域的工程技术研究中心和中小企业公共服务示范平台，带动了近千个香包专业户。"小香包大学问，技术创新不可少。"刘兰芳看着公司产品研发中心的 500 多件作品，一脸的自豪。2016 年，仅刘兰芳的公司就解决了 2 万多名农村妇女的就业。

贫瘠旱塬的探路人

"真没想到，我们环县也能种出这么好的苹果。"吃着自家的苹果，王宏昌难掩兴奋。

环县地处毛乌素沙漠边缘沟壑区，土地干旱贫瘠，种植的苹果入口酸涩，环县人从没想过靠苹果致富。而科技特派员冯鹏翔却当了一次成功的探路人。"特派员有技术，还有一颗仁义心。"王宏昌忘不了2014年的一场倒春寒，快要发芽的果树面临冰点冻害。天刚亮，村民们的忧心换成了"定心丸"，冯鹏翔已经在果园里帮助农户用烟雾增温。"难的不是做课题研究，而是让群众接

图 89-2　庆阳市科技局组织现场冬小麦病虫害防治培训

受科技，村民对新技术越质疑，就越要向他们证明，环县是可以种出好苹果的。"冯鹏翔语气坚定。

就这样，"一年成活、二年开花、三年结果、四年丰产"的苹果树，竟然在第二年开花，并零星挂果。"这比盛夏看见下雪还惊奇。"王宏昌和村民们兴奋了好几天。西北农林科技大学赵政阳教授连连称赞，"改写庆阳北部寒旱区不能栽植矮化苹果的历史，庆阳苹果的疆域向北推进了110公里。"

"政府已经规划推广我的成果，这一切离不开庆阳市科技局的支持。"已经担任市科技开发中心主任的冯鹏翔说，他主持的"庆阳苹果提质增效"省科技重大专项，攻克了旱地高效矮化栽培和郁闭低效果园改造两个关键技术，已经建成科技示范园92处，推广种植13万亩，新增果品和经济效益分别达到50多万吨、2亿元。

精准脱贫的先行者

"紫苏痴"段宗科、"羊妈妈"窦晓利、科技功臣吴健君……与刘兰芳、冯鹏翔一样，得益于庆阳科技富民行动的科技人员和致富带头人还有很多。"投入科技经费1200万元，帮助3万余户贫困户脱贫。"张和先介绍，按照"一村一品一产业一组织"目标，整体带动、整村推进、整乡脱贫，科技支撑"大生产"取得阶段成效。

庆阳位于六盘山集中连片特殊困难地区的核心地带，脱贫意义重大，经验弥足珍贵。庆阳科技局将精准扶贫的思路锁定在技术扶贫、产业扶贫、示范扶贫三个方面。练好精确到户、精选人才、精细服务的"精"字诀，下好选准课题、找准产业、定准目标的"准"字诀，用好扶民心、扶理念、扶典型的"扶"字诀，长流水、不断线，搭建起了科技人才与贫困户的"谐心桥"。"十二五"以来，科技局派遣科技特派员和三区人才4898人次，创建经济利益共同体35个，实现贫困村适用技术全覆盖，通过科技扶贫使全市贫困对象人均纯收入由1212元增加到3215元，贫困面下降25个百分点，八县区整体跨入全国科技进步县行列。

在庆阳市科技局，一封封技术需求信、一册册电话记录簿、一幅幅奖旗奖状，无不彰显着"最美科技人"的本色。对此，市科技局杨锦钊深有感触，在他看来，摘掉贫困的帽子，科技要做先行者，"金杯银杯不如百姓口碑，金奖银奖不如群众夸奖。"

090
"护花使者"韩富军其人其事

"如果5月来,这一片牡丹就开花了,非常漂亮。"春节刚过,河州牡丹培育有限公司经理何生宏已经在甘肃省临夏回族自治州积石山县的牡丹基地里忙活了。新年前,他刚把公司培育的紫斑牡丹苗"远嫁"河北,改良当地凤丹品种的质量。而催生这个思路的,正是"三区"科技人才、甘肃省农科院花卉研究所副研究员韩富军。

提起两人的结缘,何生宏用"瞌睡遇到了枕头"来形容。2015年6月,何生宏造访甘肃省农科院花卉研究所求教油用牡丹选种问题,作为"三区"科技人才的韩富军刚好结束永靖县的帮扶工作回到省城,两人一拍即合。"油用牡丹的种质提升是世界性的挑战,有研发的巨大潜力",作为花卉专业人员,已

图90-1 韩富军(站立者)在农业园区指导育苗技术

过不惑之年的韩富军难掩伸展才能的渴求。

牡丹随处有,胜绝是河州。除了源远流长的洮岷"花儿"山歌,临夏人栽花种草的历史悠久,河州牡丹堪称一绝。千百年来,国色天香止于观赏,用来榨油闻所未闻,"实际上,牡丹籽油中的 α-亚麻酸含量平均49%,堪称脑黄金之最",作为第一批培育油用牡丹的科技工作者,韩富军与何生宏意识到商机。韩富军说,没有过硬本领的"妙手生花",想让国花里流出"液体黄金"是不可能的。

曾获国家奖的"紫斑牡丹"是临夏当地的优良品种。"紫斑牡丹的优质种源和优质基因面临遗失的困境,油用牡丹开发是抢救资源的良好机遇。而建立资源苗圃,将是产业发展的后劲所在。"怀揣这个梦想,2014年8月,韩富军响应"三区"科技人才专项计划,来到临夏牡丹之乡,开始了他的"护花使者"之旅。"兴趣是最好的老师,好奇是成功基础。"韩富军说。

五芽枝、花果母枝、生理临界期、芍药草本化、网袋层积法……谈起专业，韩富军滔滔不绝。"很纯粹、很朴实、也很较劲，非常透明的大男孩"，曾经的大学老师徐琼戏称他"韩牡丹"。

油用紫斑牡丹的生长，不是想象中的"撒下一把籽，育出一批苗，栽下一大片"，而是长一尺、退八寸，3年花蕾期不结籽是无法分辨油用品种的。选种、育苗、嫁接各个环节都要精耕细作。"其产业化之路绝非一蹴而就。"韩富军说。

以往的育苗，都是沙子与种子混在一起，利用沙子的保温保湿功能帮助脆弱的种子越冬，来年出芽后，又要将沙子刨除，给种子生长空间。"不小心就把幼苗碰断了"，即使是熟练工也有感慨。韩富军教会大家一个好办法，将尼龙袋铺在种子上面，上面搁上沙子，当幼苗长出来的时候，将尼龙袋取出，既不会影响幼苗生长，又简便易操作。如今，韩富军的网袋层积育苗法在临夏遍地开花。

解决了种子的问题，下一个"拦路虎"就是培育。"紫斑牡丹具备抗寒的优

图 90-2　韩富军（左1）向农户传授技术

势，但是花蕾期长、出苗率低、回报期长，让很多企业望而却步，也让甘肃的油用牡丹产业慢人一步"，韩富军只能不断寻找优良品种。从此，走村串户，上山下乡成了他的日常生活。有一次，他在永靖大山里偶然发现极珍贵的大花黄牡丹，如获至宝，不厌其烦地说服老乡，一定要照顾好这些花。几乎隔几天就去"望闻问切"一番，采集一些花粉和花枝，回来就一头钻进花圃。经他培育出的茄皮紫、枣园1号、瑞华1号等油用牡丹新品种，稳定的性状为临夏牡丹产业带来了新希望。"一棵嫁接苗能卖到2.5元，三年的苗差不多9元。更为可观的是牡丹油，α-亚麻酸含量高达56%，一斤市场价800元左右。"在临夏牡丹基地，韩富军为记者算起了经济账。

新年刚过，何生宏带着几个牡丹专业户来到甘肃省农科院报喜，他的公司又扩建了440亩的种植基地，发展集教学、生产、科研、观赏为一体的示范园区。到兰州却得知，作为"三区"人才的韩富军已经被组织派往通渭县丁店村培训苹果种植技术了。大家纷纷掏出电话给韩富军拜年，希望他常回临夏赏花做客。"赢得一丝牵挂，收获一份信任，知足了！"此时的韩富军感慨万千。

091

樊永宏：勇谋创业"鸡头儿"

6年多过去了，养鸡户由最初的30户，发展到目前的186户；蛋鸡从原来的2.05万只，扩大到目前的17.6万只，辐射带动周边6个乡镇30多个村的农户养殖蛋鸡50多万只。

这是"三区"科技人才、宁夏回族自治区固原市原州区彭堡镇宏科养鸡专业合作社理事长樊永宏交出的扶贫"成绩单"。

在原州区彭堡镇这地界，养鸡是个老传统了。

"彭堡镇人均土地面积相对较多，离原州区县城只有15公里左右，对于饲养蛋鸡，一是饲料不成问题，二是鸡蛋不愁卖不掉。在当地老百姓养鸡数量不大的情况下，只要鸡开始产蛋，就意味着不缺零花钱了，有了比较稳定的收入了，于是老百姓就把鸡当成了济困脱贫的宝贝了。"樊永宏说。

2009年，随着养鸡规模的扩大，资金周转、饲料供应以及销售、疫病防控等问题越来越多，樊永宏与李正奇、王怀武等10多个养殖户经过一段时间的谋划，原州区彭堡镇宏科养鸡专业合作社于2009年10月应运而生，樊永宏被选为合作社理事长。

图 91-1　樊永宏（站立者）在做合作社养鸡技术培训

上任伊始的樊永宏面临的第一个难题：如何解决众多养殖户资金短缺的问题。

经过多次与银行接触，农行答应由合作社统一为社员提供贷款担保，风险由合作社承担。资金终于有了着落，从 2009 年至 2015 年，合作社累计为 696 户（次）社员提供担保，贷款 6102 万元。

"当时，数百万元资金对于我来说如同天文数字。但我坚信养鸡前景良好，坚信朝夕相处的合作社社员、乡亲们会有丰厚的收入，也坚信他们都是讲诚信的人。"樊永宏说。

几年下来，数千万元的贷款没有发生一笔逾期未还的，合作社也因此在 2014 年被农行宁夏回族自治区分行授予"授信合作社"。

2012 年 4 月，原州区头营镇范围出现了禽流感疫情，12 万只蛋鸡被杀。彭堡镇距头营镇仅10公里,形势严峻。

樊永宏带领理事会一班人连续3个月,带着消毒器械和药品到各养殖户家进行免费消毒,做到社不漏村、村不漏户、户不漏鸡,强化免疫,严格消毒。疫情过后,合作社养殖区域没有死1只鸡。

"通过这次疫情,我深深地认识到,科学防疫就是养鸡的生命线!不但自己要懂得科学防控疫情,还要让养殖户树立起科学防控疫情的意识和自觉行动。"樊永宏说。

从此,樊永宏每年邀请西北农林科技大学教授王金玉、高级兽医师李云甫,为合作社举办2期培训班。

与此同时,樊永宏对所有社员实行统一贷款、提供鸡苗、防疫、技术指导、培训、产品销售等"六统一"服务。

图91-2 樊永宏指导惠德村圈棚建设

通过"六统一"，3年来合作社共为社员统一组织鸡苗47万只，每只鸡苗节本0.2元；提供饲料3000余吨，每吨降低成本250元；鸡的产蛋率也由原来的90%提高到97.8%。

因为"六统一"，合作社的鸡质量一下子提高了，养殖户王庆武说："因为'六统一'，我的鸡蛋质量一下子提高了，鸡蛋的色泽光亮一致，口感鲜润、没有腥味。"

2013年合作社先后获得了宁夏回族自治区、国家无公害鸡蛋、鸡肉产品产地认证；2015年，合作社根据生产鸡蛋的独特口味，注册了"六盘梅"和"三河湾"两个鸡蛋商标。

2013年，樊永宏赴外地考察学习，这让他大开了眼界。

"我要把所学到的现代养殖技术应用于生产。"樊永宏说干就干，他带领合作社新建2万只准自动化蛋鸡养殖场，实现智能控制温度、湿度、光照，机械自动送料、添料、清粪、自动清洗、消毒等。

"自动化养殖改善了养鸡环境，延长产蛋高峰期2个月，提高产蛋率10%，节省饲料8%，每只鸡增收8元。通过技术改进，引领了本社23户养鸡户向标准化生产方向发展。"养殖户卢小军感叹道。

樊永宏的能力被更多人认可。2015年10月，他被宁夏回族自治区科技厅选派为"三区"人才，服务原州区彭堡镇惠德移民村。

移民村的单兴民、马启云说："没有老樊的帮忙，在惠德村这么大养鸡场，要养十几万只鸡，还要赚钱，这对于一没见过世面、二不懂技术的移民来说，那简直是天方夜谭。"

几年的科技扶贫实践，樊永宏感受到，搞好"六统一"服务尽管有一定难度，但最关键的还是要让移民转变观念，树立三种意识，一是创业意识，二是集体意识，三是科学意识。

未来，樊永宏说，还要坚定地走下去，坚信科技创业的明天一定会更好。

092
马克成：号脉开良方 上访村变上进村

在宁夏固原市原州区中河乡曹河村，科技特派员马克成是无人不知、无人不晓。

谈到马克成，曹河村的村民都是这么认为的："马克成是我们村的常客。在我们村，随处都可见到他的身影，总见到他为农民、养殖户讲解技术。他不怕苦，不怕累、不怕脏，他把我们老百姓的事当作自己的事，是我们脱贫致富的领路人。"

马克成是来自宁夏农林科学院固原分院的一名畜牧师，2012年进驻该村任科技扶贫指导员。

原州区中河乡曹河村是一个回民居住村。由于干旱少雨，自然灾害频发，农民增收非常困难，2011年人均收入2200元，是中河乡贫困村之一，也是有名的上访村、闹事村。

092
马克成：号脉开良方　上访村变上进村

图 92-1　马克成（右 2）给群众现场指导讲解养牛技术

当年，谈及到该村的情况，连村干部都一筹莫展。

马克成没有退缩。"我认为要想扶贫，首先要找准该村具有发展前景的特色支柱产业。我发现该村村民对养殖业积极性非常高，并有丰富的养殖经验和经商之道。我决定在曹河村开展种草养畜产业。"他说。

"要开展好扶贫工作，首先要热爱这份工作，更要热爱扶贫的这块土地上的老百姓。我是农民的儿子，能够深刻感受老百姓的不易。"马克成说。

说干就干，马克成放弃了所有节假日，开始了进村扶贫指导，如今，他已记不清了有多少个日夜在该村度过了。

然而，万事开头难。农民认为不种地就会饿肚子，搞养殖的抵触心理特别强烈。马克成逐家挨户的去说服、去解释，并带养殖户、群众外出观摩养殖企业及养殖合作社，使大家消除了顾虑。

在扶贫工作中，腰痛病时常折磨着马克成，有时痛得他坐卧不安，更无法开车，医院要求他住院治疗。但是，一想起村子里老百姓期盼脱贫的眼神他就坐不住了，再疼他也开着车到扶贫村去。

5年过去了，曹河村村民尝到了做养殖业的甜头，也看到了马克成为他们的付出。他们彼此都当成了朋友和亲人，电话中能解决的问题马克成电话解决，电话中解决不了的问题，他随时奔赴现场及时解决。

5年过去了，"上访村"变成了"上进村"。

"这里的百姓文化素质较低，接受新技术新方法能力不强，更需要我们反反复复手把手地去教、去指导，这样才能够使他们熟练掌握他们所需的新技术、新方法。"马克成说。

一年又一年，马克成终于建立示范户90户、培养脱贫致富带头人93人；建设标准化牛棚、羊舍390栋；引进良种牛121头、羊420只；集中培训农民21场次，现场指导102场次，培训农民2009人次。

"在马克成的精心指导下，全村绝大多数养殖户掌握了优质牧草栽培技术和肉牛、肉羊的饲养管理技术。"杨志斌支书说，除了养殖业扶贫，马克成还

图92-2　马克成在进行种草养畜科技培训

引进扶贫资金 1000 余万元，帮助村民建设完成人畜饮水工程，硬化乡村道路 12 公里，并争取 800 棵松树美化了乡村环境。

如今，通过新品种、新技术、新设备的引进，曹河村牛羊出栏率提高了 35%，肉牛存栏数由 850 头增加到 3007 头，肉羊存栏数由 2000 只发展到 4850 只，养殖户由原来不到 60% 发展到 95%，全村人均收入从 2011 年的 2100 元增加到 2016 年的 8500 元。

农民们富裕了，最感谢的还是马克成。曹河村村民王忠林说："没有马老师的帮助就没有我的今天。我上有 80 岁老父亲，下有 5 个孩子需要上学，家里负担重，生活困难。正在我一筹莫展的时候，马老师把我确定为养牛示范户，并给予我支持与指导。"

通过几年的养牛，王忠林的生活富裕起来了，从一个困难户变成了拥有 17 头牛的富裕户。

村民安登成以前就是一个养牛户，但养牛多而不赚钱，有时甚至赔钱，正当他准备放弃时，马克成鼓励他，指导他，引进了新品种，使安登成经济收入年年增加，2015 年也盖起了 200 多平方米的小洋楼，日子过得蒸蒸日上。

"通过培训及现场指导，提高农民的文化素质及接受新技术的能力，是由'输血型'向'造血型'转变的关键举措，培养一批懂技术、会经营、能管理的新型农民，扶持和建立一些科技示范户、养殖合作社，让老百姓真正懂得拥有新技术、方法比给予其物质帮扶更重要。"马克成说，这就是"授之以鱼，不如授之以渔"。未来，他将一如既往，从生产中来，到生产中去，当好农民的贴心人，做好养殖户的知心人。

093

赵顺山：庭院"金果"红透移民村

九月的天气，迎水桥镇鸣沙生态移民村的苹果红了，红的透亮，红的喜庆，这是村民们的金疙瘩，是他们移民到此的新希望。

这些红宝贝争先恐后讲述着科技特派员赵顺山和它们的不解之缘。

"如果没有赵老师，我们的庭院果树肯定长的没有这么棒，赵老师真是我们的贴心人。" 66岁的回族老人罗永林说。

2013年1月，宁夏中卫市沙坡头区林业技术服务中心技术员赵顺山被分配到迎水桥镇鸣沙生态移民村，他一头扎进基层，一干就是三年多。

根据市政府规划，生态移民村600亩土地，全部种植枸杞。赵顺山作为果树专家，负责栽培技术方面的工作。

从此，赵顺山的生活里，没有了节假日，没有了休息日，被工作占的满满当当。

赵顺山：庭院"金果"红透移民村

"赵老师在规划设计、苗木调运、验收、假植及栽植后的管理等方面做了很多的工作，苗木栽植当年成活率达到95%以上，并且当年挂果，项目顺利地通过了六个部门的验收。"村书记乔世有说。

项目验收后，赵顺山本可以回单位交差。"但看到生态移民生活困难，庭院种植的果树无人管理，品种混杂，成活率极低，特别需要科技人员进行服务，我十分不忍心。"赵顺山便主动留下来为移民服务。

图93-1　赵顺山指导生态移民嫁接苹果树

就这样，赵顺山和鸣沙生态移民村的缘分更深了。

在赵顺山看来，不被当地移民理解是最令他头痛的事情。为生态移民栽树，有些人不理解甚至反对，对于种活的树管护也不积极。

针对这种情况，他在搞好技术工作的同时，走村串户向生态移民宣传党的移民政策，耐心地传授果树栽培技术，关心他们的生活，尽力解决他们存在的问题，让老百姓打心眼里认可他的工作。

2013年，赵顺山对全村果树进行了修剪及病虫害防治。

2014年，他自掏腰包购买苹果苗、桃子苗3000多株，对生态移民的庭院果树进行了补植，成活率达到95%以上。5月份，他带领妻子对移民的劣质品种果树进行了嫁接，8月份进行了夏季整形修剪。

2015年他和乔世有对全村的果树进行了病虫害防治。

"在为移民提供无偿技术服务的同时，赵老师还对我们移民开展技术培训活动。"村民马德说。

针对生态移民打工难的问题，赵顺山联系周边果园吸收他们到果园打工。

"在果园中，赵老师手把手指导我们操作，他技术高超，是技术权威，消除我们的排外思想，使大批的生态移民到果园打工。"村民寇富才说。

回族妇女田会兰有一个智障儿子，男人有病不能干重活，她没有文化，技术活不会干，许多果园不要她。

"赵老师就主动为我安排了工作，让我在果园拾树枝，并且答应给我的智障儿子补助，联系村书记乔世有落实了我家的低保问题。"田会兰感激地说。

图93-2　赵顺山为生态移民村做果树技术培训

2015年，为了解决生态移民的就业问题，赵顺山应宁夏红集团的聘请，担任了技术经理，负责1000亩酿酒葡萄园、600亩枸杞园的技术指导工作，果园需要大量的农村劳动力。

"我建议宁夏红大量雇用生态移民，让生态移民边学边干，使他们在实干中学习，为企业培养了一大批技术熟练工，既有效增加了移民收入，又解决了企业用工难的问题。"赵顺山欣慰地说。

2015年4月，赵顺山被中卫市科特办推荐为"三区"科技人才，他更是把全部精力投入到为生态移民的服务中。

"'造血'式扶贫的关键是根据当地的实际情况发展产业，培育示范户，带动当地经济发展。"赵顺山说。

几年来，他引进苹果、桃、李子、葡萄等新品种，嫁接劣质品种400多棵，补栽果树3000多株，保证每户8棵苹果、2棵桃树、2棵李子树，举办各种形式的学习班15期，培训生态移民500多人次，发放技术资料100多份。

"通过他辛勤工作，生态移民的果树生产技术大大提高，全村庭院果树生长良好，预计2020年，全村庭院果树实现产值200多万元。"乔世有说。

如今，移民村已经实现了生态移民"搬得来、稳得住、逐步能致富"的目标。

"通过几年的扶贫工作，我深深地感受到生态移民不容易，背井离乡到一个陌生的地方开始新的生活，多么需要帮助。事实证明，光靠政府补贴是不够的，作为一名科技特派员是有责任的，我将尽可能利用自身的专业特长为生态移民站好岗、服好务、履好职。"赵顺山说。

094

郑建宗：用心为牧民服务 把专业技术变成草地生产的利器

54岁的郑建宗是青海省海西蒙古族藏族自治州草原站的一名科技人员。1983年，郑建宗毕业于青海省湟源牧校，也就是现在的青海畜牧兽医职业技术学院，分配至海西州天峻县草原站后，自己在外闯荡了几年。1992年，郑建宗重新返回草原站，1997年在中国农业大学进修几年，从此与牧区、牧民、牧草结下机缘，转眼便是20多年。

"郑老师今年都50多岁了，如果可以，我们村上的牧民群众还是希望郑老师能多来我们这里指导生产。"牧民朝格吉力是那棱格勒村的村长，说起郑建宗，不善汉语表达的朝格吉力说得最多的就是一个"好"字。那么这个"好"字又因何而来呢？

094
郑建宗：用心为牧民服务　把专业技术变成草地生产的利器

图 94-1　郑建宗（右）给那棱格勒村村民做平地示范

2015 年，郑建宗申请加入了"三区"科技服务队伍，2016 年被分配到格尔木市，负责乌图美仁乡那棱格勒村指导紫花苜蓿人工草地刈割草场生产示范地。

那棱格勒村距离格尔木 200 多公里，全村牧户 57 户，拥有天然草场 323 亩，牛羊资产 2.4 万多只。和海西州其他牧区情形差不多，那棱格勒村地处偏远，舍饲育肥不现实，只能依靠天然草场实行自由放牧。

近年来海西州枸杞生产空前壮大，现有耕地面积内枸杞生产效益远远高于牧草生产效益，因此牧草供给，特别是冬春季节防灾储备的饲草料问题，始终是件令当地牧民既感头疼又无法彻底解决的大事。

"在海西州,对畜牧业发展危害最大的一个是雪灾,一个是干旱。海西州降雨量少蒸发量大,草短缺。一旦遇到雪灾,雪化不了,牲畜没有草可采食,只能等着饿死。"对郑建宗而言,这是他在牧区最不忍睹却也不得不目睹的现实。

为了应对可能面临的风险,从远在千里之外的湟源、西宁调草是当地牧民解困的惯常做法。但其成本可想而知。以那棱格勒村为例,1公斤青干草成本价3.5元左右,牧户家庭羊群数量基本都在500只至1000只,平均每户牧民每年仅用于储备饲草的开支动辄几千甚至上万。问题在于,雪灾不是年年都有。储备饲草,开销很大,但如果不做储备,一旦遭受雪灾,损失就会更大,牧民

图94-2 郑建宗(左1)在那棱格勒村草场建设地头培训牧民

郑建宗：用心为牧民服务　把专业技术变成草地生产的利器

常常陷于两难之中。

近几年，青海牧区牧草种植技术推广已经非常成熟，远在那棱格勒村的村民也有所耳闻，为了彻底摆脱受制于草的境地，当地牧民也在积极做尝试。但此地并非彼地，别说和技术成熟的青海南部牧区比较，就算在海西州境内，土质条件也存在千差万别。就在郑建宗到任那棱格勒科技帮扶的前一年，村民刚刚经历了一次失败，集资几万元种植苜蓿，转眼钱却打了水漂。种了，不出苗。不种，又不甘心。

依据郑建宗多年积累的经验，他断定，那棱格勒村地区属沙滩地，盐碱度大是核心问题。种出牧草不难，技术介入才是关键。因此他指导村民灌溉排碱，播种前进行集中培训，建立操作规范，重塑种草信心。结合实际情况，郑建宗利用燕麦作为保护种，采用燕麦—苜蓿混播技术，结果8天后，牧草顶土出苗了。

"土质盐碱度大，一旦板结，苜蓿出苗会很困难，但是燕麦发芽快，出苗快。这样能创造条件让苜蓿顺利出苗。"牧民不明白为什么自己种牧草不出苗，专家来了，它就乖乖出苗了。郑建宗常跟牧民详细解释其中的道理，海西州蒸发量大，风沙也大，种子种浅了出不了苗，种深了，营养耗尽了，也出不了苗。按照郑建宗总结的经验，种植深度在2.5～3.5厘米是最保险的。

"苜蓿长得非常好，100%试验成功了。郑老师帮了我们一个大忙。"朝格吉力喜不自禁。但是想到今后可能无法继续和郑建宗合作，朝格吉力还是有些不舍。

"三区"科技服务有时间期限，而那棱格勒村距离郑建宗所在单位相距600多公里也是摆在眼前的现实，频繁往返毕竟不可行，郑建宗便利用网络，对村民遇到的问题予以解答。眼下，郑建宗又在积极协调运作，利用当地芦苇、枸杞枝叶等原材料加工颗粒饲料的项目。这事儿要办成了，牧民就更要乐得合不拢嘴了。

095

他是县里的"第三宝":记喀什地区畜牧工作站推广研究员王军

"疆岳驴、多浪羊是我们当地的宝贝,王研究员也是我们这的一个宝。他业务能力强,干活踏实,乐于助人,谁喊他,只要有时间,他就去耐心指导,从不拿架子。有了成绩还经常让给别人,我们都喜欢跟他一起干!"新疆岳普湖县畜牧兽医站站长阿不力孜·热合曼说。

一个人被列为县里的第三宝,是何许人也。此人乃喀什地区畜牧工作站推广研究员王军也。

1984年,王军从塔里木农垦大学毕业后就分到了喀什地区畜牧工作站,这一干就是32年。

在喀什地区岳普湖县,农民几乎每家都养驴,该县也一直都致力于疆岳驴

095
他是县里的"第三宝":记喀什地区畜牧工作站推广研究员王军

图 95-1　王军团队在进行科技培训

的发展。但由于养殖户比较分散,一直都无法形成规模性的养殖。作为地区畜牧工作站的工作人员,王军在乡镇服务时就认为要利用疆岳驴这一地域优势品种资源,再加上当地也有养驴的传统,发展特色养殖业应当是一条能让农民脱贫致富的好路子。

认准了就干。2009年开始,他带领服务团队一起对疆岳驴特色养殖进行调研、分析及规划,撰写了《喀什地区疆岳驴产业工程建设方案》《关于喀什地区特色养殖疆岳驴发展的情况报告》等,全面规划了疆岳驴产业发展方向,计划五年时间打造疆岳驴技术支撑体系、良种繁育体系、产业营销体系,培育建设疆岳驴种畜场6个,专业养殖大户100个,养殖规模达1万余头等。如今这些目标都已实现。

一年四季，哪里需要哪里跑。给养殖户一点一点讲道理，算经济账，手把手在气味冲天的棚圈里指导怎么去管理才能让驴高产，是他做得最多的事。

岳普湖县岳普湖乡一村养殖大户阿不都克依木·阿巴索家里养了70多头驴，提起王军，他竖起了大拇指："我是从2014年开始养驴的，王研究员当初一直给我介绍这个品种，我嘛，听他的，养上了！才发现这个驴是个大宝贝！长得快，好养，还挣钱多。它可以耕地，也可以做运输，奶和皮又都是宝，能做药和保健品。现在嘛，我主要是卖驴奶，一天能挤50公斤奶，一公斤奶28块钱奶站收的呢，你说我能挣多少钱，一天一千多块钱呢！我现在把这些驴都当宝贝疙瘩疼的呢！王研究员能得很！"他一说起驴来就满心感谢，滔滔不绝。

在王军和他的服务团队的指导带动下，不但是养殖大户被带动起来，就是当地小的农户也对疆岳驴开始青睐有加，如今养殖疆岳驴已成为当地农民的首选。如今，全县疆岳驴养殖规模已达到8万头，年出栏商品驴2万头以上。

图95-2　王军（左2）与村民交流

特色养殖发展有了好势头,如何提高养殖户对疆岳驴的饲养管理水平又成为王军和他的团队的当务之急。2015年,他针对解决养殖生产中存在的突出问题,先是举办了一期培训班,培训达到了170人。后来他发现这种集中培训的效果不是很好,场面大但针对性不强,便又开始以走家入户面对面培训为重点,或者几家养殖户一起培训。看谁家养得好、防疫得好便在他家驴棚里开课堂,给其他养殖户作示范。

推广疆岳驴的同时,他还一直在致力于多浪羊的开发和推广。

多浪羊是喀什地区的一个地方优良品种,耐粗饲,生长速度快,而且抗逆性强。最好的是它有多胎性,一次能够产两羔至三羔,是当地另一个可以帮农民脱贫致富的好品种。

为了让农民能接受这个品种,他来到了岳普湖县丰牧养殖农民专业合作社做示范。他帮助合作社农户开展多浪羊二元经济杂交。吃在农户家里,有时就住在棚圈里,亲手示范给养殖户。在他的指导下,该合作社里的多浪羊双胎率一直控制在2.5羔。他推广应用人工授精技术,提高了多浪羊的繁殖率、良种率,使该合作社大大地提高了养殖效益。

结合当地的实际,他和服务团队在2015年、2016年还申请、获得了国家三项新型实用技术专利的授权:可调温母猪分娩床、可调温沼气发酵装置、自动清粪高床羊舍。

"基层的畜牧工作站人员,就是具体动手做实事的。少说多做,脚踏实地是我科技扶贫的工作原则。保护开发好当地畜牧品种资源,帮助农民依靠畜牧科技脱贫走上富裕路就是我的期望。"他非常质朴地说。

096 阿布力孜·吾斯曼："羊博士"亚克西！

"阿博士，我家一只母羊产了两只羔子，出生后小羔子站不起来，吃不上母羊的奶，我也没有办法，两只羔羊都饿死了。"

"用湿的热毛巾把母羊的乳头擦干净，挤出两三滴奶水，这样奶水就可以流出来了，把奶水抹在羔羊嘴上，羔羊和母羊就能相互认准了。"

……

这样的对话和场景在新疆农业大学动物科学学院博士——阿布力孜·吾斯曼教授主讲的培训会上时常出现。在墨玉县、洛浦县、阿瓦提县这三地他科技扶贫过的乡村，凡是由他主讲的技术培训肯定会聚集很多村民，大家都争相提问。他用大白话耐心细致的回答，总是能让村民受益颇多，频频点头。

为了让更多的村民了解养殖技术，他将生涩难懂的畜牧养殖操作技术，自导自演录制成"时髦"的微视频，发送到村民的手机上，让村民随时都能学习。

村民把他当成最受欢迎的"红人"，亲切地称他为"羊博士"。

尽管科技服务已过去了两年多的时间，但现在有的村民还直接打电话或发QQ找他进行指导。

阿布力孜·吾斯曼："羊博士" 亚克西！

图96-1　阿布力孜·吾斯曼（左4）在农村开展绵羊人工授精技术

墨玉县喀尔赛镇哈曼艾日克村老人乃吉米丁·阿布都热合曼不会发QQ，便让儿子用QQ发来询问羊饲料配方有关问题。几分钟，他便发去准备好的视频资料，很快搞定。

乃吉米丁·阿布都热合曼现在是村里有名的养殖大户，提起"羊博士"赞不绝口。

2014年春天，当时乃吉米丁·阿布都热合曼养了150多只羊。由于按照老办法养羊，产羔率低，品种杂，效益却不高。参加完培训后，他急切地拉着阿布力孜·吾斯曼的手说："阿博士，在我家的羊上做人工授精吧！"

在乃吉米丁·阿布都热合曼家的羊圈里，对肉羊进行同期发情及人工授精示范指导的他，从未叫过一声苦和累。通过技术指导，乃吉米丁·阿布都热合曼家的羊由过去1年产1胎转变为2年产3胎，产羔率达95%以上。望着新出生的羊羔子，乃吉米丁·阿布都热合曼笑得合不拢嘴。

2016年3月12日，连续两年参加"访惠聚"活动的他，再一次来到玉斯屯克库木艾日克村考察。听说"羊博士"回来了，驻足、停车、握手、拥抱，从住村工作组住地到村委会大门，不时有村民向他问候并请教养殖技术问题。

村民吐尼牙孜·肉孜高兴地说："阿博士，你给我们家配的羊，不但生双羔，而且吃同样多的饲料，比我邻居家的羊羔子长得快，谢谢你呀，今年你还要给我家的羊做人工授精啊！"

阿瓦提县拜什艾日克镇玉斯屯克库木艾日克村人均耕地仅有3.5亩，人均收入低。但几乎家家都养有羊、牛等家畜，养殖收入成为村民增收的一个主渠道。

由于传统养殖，牛羊受孕低，羔羊病死率高，养殖效益低成为普遍现象。

南疆长大的他，深知养殖收入对南疆农民增收是多么的重要。为改变这一

图96-2　阿布力孜·吾斯曼博士（左3）回答养殖户现场提问

状况，在住村工作的两年间，他除了给本村农民讲授、指导养殖技术外，他还办了许多培训班，让附近村的农民也来听讲。阿布力孜·吾斯曼说："我们就是要发挥自身优势，让村民的牛羊优生多胎，快快增加村民收入。"

2014年春季他首次在村里挑选了8家示范户的70只母羊，推广绵羊同期发情及人工授精技术，对当地肉羊品种进行改良。到了9月产羔期，平均产羔数1.4只，羔羊成活率从原来的50%左右提高到92%。母羊由1年1产提高到2年3产，而且双羔率也提高了。

示范户吐尼牙孜·肉孜曾经在电视上看过人工授精羊的介绍，起初对这一新生事物有疑虑，心里没谱。阿布力孜·吾斯曼便在他家的羊圈里，对他家的9只羊进行人工授精，亲自操作示范，进行传帮带。

从3月中旬，吐尼牙孜·肉孜精心呵护这9只授精的羊。5个月后，8只怀孕的母羊产出12只羔羊。这一看来令他惊奇的结果，彻底打消了他的疑虑。"人工授精羊在我家变成了现实，我像新婚娶老婆一样高兴！"吐尼牙孜·肉孜兴奋地说。

村民伊明尼牙孜·肉孜家有头两岁多的西门塔尔牛，因为怀不上牛娃，就按肉牛价格把牛卖给了别人。当他知道工作组来了个大博士时，他又出高价把这头牛买回来了。

"有这么好的大博士来帮助我们，我就不信这头牛怀不上牛娃！"

阿布力孜·吾斯曼对这头母牛仔细检查，诊断出是母牛进行人工授精时没找到最佳排卵期。找到症结，他对牛使用激素，使牛再一次发情，用人工授精技术终于使牛怀胎。"我家两年没怀孕的牛怀上了！"伊明尼牙孜·肉孜逢人便说。

2017年2月13日上午，伊明尼牙孜·肉孜在电话中说："阿博士，我家那头母牛产下了小母牛，现在小母牛可能又怀上了！你抽空来瞧瞧怀上没"。

097

张得丽：村民离不开的"张台合尼克"

"我还要一些苗子，老板在不在？" 2月14日晚上7点半，新疆疏附县吾库萨克镇吾吉拉村的大棚种植户艾山·卡斯穆，匆匆赶到站敏乡站敏村张得丽家购买蔬菜苗。

妻子樊雪燕有些为难，丈夫在外忙碌了一整天，刚吃上口热饭，于是自己走出来招呼客人。

"不行，我要找张台合尼克。"艾山不放心，一再要求见科技特派员张得丽。

张得丽无奈，只能放下碗筷，来到育苗棚。原来艾山想在购买蔬菜苗的同时，顺便向他讨教种植技术。这样的事情不是一两次了，张得丽早就习惯了。

不管在10多年前还是现在，张得丽在疏附县都是"炙手可热"的农业技术员，当地村民亲切地称他"张台合尼克"（维吾尔语，意为张技术员）。

2003年，张得丽夫妇刚到站敏乡落脚时，除了两间土坯房，一床破棉被

097
张得丽：村民离不开的"张台合尼克"

外，家中什么也没有。当时，疏附县在站敏村建设了一批温室大棚，由于当地农民没有种植经验，也缺乏技术员，温室大棚一直没有被使用。到新疆来总得有个营生，考虑再三，张得丽和县里签订了5个大棚的租赁合同。为了更好地管理好大棚，张得丽把两口子的家就安置在了站敏村大棚边上的一个土房子里，用省下来的钱买了一些生产工具，开始了他的大棚种植"生涯"。在站敏村，他们也是惟一一户汉族。

张得丽夫妻上学时学的是农学专业，但落实到实际生产中，差距很大。那时候，南疆地区的设施农业刚刚起步，整个站敏乡都找不到一个精通设施农业的技术员。张得丽只能边学习边实践。慢慢地，生产有了起色，温室大棚里结

图97-1 张得丽（左）向种植户传授人参果种植技术

出了黄瓜、辣椒、西红柿……

爱看热闹的村民有时间就来大棚附近转悠，看着张得丽夫妻耕作。随着生产规模的扩大，他又雇用了几名维吾尔族农民，但沟通成了大问题。为此，张得丽买了一本《维汉字典》，晚上在灯光下，逐字逐句的学维吾尔语，白天跟着农民学。慢慢地，一些简单的对话他会了，再后来，他还学会了一些农业生产上的专业用语，和农民交流、指导农民干活更加方便。

2006年，张得丽成了站敏村的种植大户，也带动了不少同村的农民种植。这一年，他被疏附县聘为科技特派员，并主动提出把每年的科技特派员补贴用来育种和购买化肥、农药，免费提供给家庭收入过低的家庭。

推广520亩双膜瓜是张得丽当上科技特派员后接到的一个硬任务。站敏乡木苏玛阿恰皮拉勒村麦麦提·达吾提老人带着一群人找到了乡政府，明确提出不同意在自家的地里种植双膜瓜。听闻消息的张得丽第一时间赶到乡政府，主动给农民算起了收入账，"麦麦提阿卡，双膜瓜种植时间短，成熟时间早、产量高，收入多。有了钱，天天吃羊肉都行呢。"就这样，经过张得丽和乡干部、村干部挨家挨户给农民做工作，农民最终才勉强答应下来。

疏附的风总是说来就来。双膜瓜刚种下没几天，一场大风在半夜里光顾了试验田。麦麦提老人听着外面呼呼作响的风声，心里难受的睡不着，"完了、完了，这么大的风，我的双膜瓜肯定全完蛋了。"天刚蒙蒙亮，麦麦提迫不接待地冲到了自家的地里，但远远就看到有人已经在忙碌。原来，张得丽和乡里的几个干部天还没亮就到了地里，帮着农民收拾被大风破坏的薄膜，对破损的进行更换。麦麦提老人放下心了，原来，这个汉族小伙子不光是嘴上说说，还是个实在人。功夫不负有心人，当年麦麦提老人家的12亩地纯利润就达到了1万元，尝到甜头的麦麦提老人也成了新技术的推广员。

几年来，为找到更适宜站敏乡乡情，又具有发展潜力的西甜瓜品种，他试验种植覆膜西瓜、双膜甜瓜、"超早丰"甜瓜、"西洲蜜25号"等16个新技术和品种，带动周边1476户群众种植西甜瓜2800亩，涌现种植大户100户，人

097
张得丽：村民离不开的"张台合尼克"

图 97-2　张得丽（右）与温室种植户查看甜瓜生长情况

均纯收入最低达到 1.45 万元。

2006 年至 2013 年，他拿出积蓄，先后成立了疏附县站敏乡农副产品种植销售协会、裕民农民专业合作社和裕民农业科技有限公司，推广"科技特派员＋示范基地＋协会＋农户"的发展模式。2016 年，合作社发展社员 100 余人，温室大棚 85 座，主要种植蔬菜、瓜果和苗木，其中瓜果已经远销到广州、上海。

现在的张得丽，早已把户口迁到了站敏村。来新疆的 14 年，他没有回甘肃老家过一个春节，他已经把这个维吾尔族小村庄当成自己的家。

098

祁成年：南疆农牧民的"祁连心"

他是大学教授，更是南疆农牧民的兄弟。

1987年，祁成年从塔里木农垦大学畜牧专业毕业，留校担任动物科学学院试验站站长，负责畜牧养殖管理和技术指导。

"品种改良、人工授精、畜牧兽医、分季转场、草场保护、牧草种类……对这些畜牧养殖专业知识，祁教授都懂，还会说维吾尔语，他的专业知识太强了，这些让我很敬佩。"47团原党委书记、政委王永华说。

098
祁成年：南疆农牧民的"祁连心"

图 98-1　祁成年（右1）在养殖户家现场讲授养羊技术

2001年6月，祁成年教授被选派到十四师47团挂职科技副团长，47团位于塔克拉玛干沙漠南缘、和田墨玉县境内，是新疆生产建设兵团级贫困团场，职工人均收入不足3000元，除了维持基本生活开支，没有多少结余。

47团在昆仑山上有一片80万亩的天然草场，每年对外单位进山放牧收取草场费，还养有数百头牦牛，但还是连年亏损。除了牧民，已经10多年没有干部上过山区草场了，为了把问题和原因调查核实清楚，祁成年决定亲自上山走一遍。

2002年4月，祁成年骑着毛驴从团部到牧场整整走了3天。饿了吃馕，走到有水的地方喝几口，到了晚上就住在少数民族牧民家里。最后一天经过无人区，所带的馕吃完了，但工作还没有完成，只好杀了一头牦牛充饥。在昆仑山上肉煮两三个小时还不熟，只能用刀子割成片吞下，他就是在这样的环境下继续坚持着……

走家入户访民情,寻求脱贫金钥匙。经过深入调查,祁成年了解到草场面积大,规划不到位,监管不力,牧民缺乏养殖技术。他向团党委汇报了这些情况,提出了"牦牛买断经营,草场租赁承包,团场宏观管理"的对策和建议,当年就使山区草场扭亏为盈。

他的技术服务,为47团农牧民生产提供了科技支撑。2002年底,47团畜禽存栏数同比增长12.8%,羊繁殖率达134%,双羔率20%以上,畜牧业增加值在农业中的比重达25%,畜牧养殖收入达到职工总收入的30%,畜牧业户人均增收2300元。

2003年10月,祁成年再次被选派到47团当科技特派员。"牧民文化层次低,养殖技术欠缺,养殖效益不高,要带领养殖户脱贫致富,最有效的办法就是强化技能培训。"他发挥自己的专业和双语优势,开展多形式、多途径的技术培训,培养技术骨干和牧民,推广畜牧养殖实用技术。

2003年春,47团周边发生了"W"病。按照农业部和兵团部署,要对每家

图98-2 祁成年在新疆麦盖提县讲授多浪羊养殖技术

畜禽逐一免疫注射，佩戴免疫标识，有些职工有抵触情绪，工作难度大、阻力大。他就亲自带队上门说服教育，逐个登记造册落实到户、发放免疫卡，为后续预防工作打开了局面。

由于工作及时，措施得力，47团在这场疫病预防中无病例发生，避免了损失，得到上级部门的肯定。在"非典疫情"和"W"病流行时期，为了确保人畜安全，祁成年建议设卡封锁、检查疫苗注射情况、防止疫病传染蔓延。

没有大学教师的架子，祁成年走到哪儿，牧民就跟到哪儿，为了参加培训，牧民们七点多就起床，骑着马或毛驴，纷纷从各个山村向团部赶来。山村没有培训场地，把羊圈、牛棚、猪圈、鸡舍当教学场地，把牛、羊、鸡群当教学道具，满地都是湿滑的粪便、刺鼻的臭味，这些对祁教授来说早已习以为常了。到了秋冬天变冷了，连队干部劝他到屋里讲。

牧民图如普·麦苏木说："就是羊圈好，到了房子里，没有羊怎么上课嘛"。祁成年笑着说："对，这样讲才更生动、更形象、更直观。"遇到下雪天，就在羊圈里点一堆柴火，篝火在旁边噼里啪啦地烧着，他讲得津津有味，牧民们个个听得入神。

"你这是去哪儿了？身上又是羊粪味儿，又有柴火味儿，怎么烟熏火燎的。"每次回到团部，同事们都不解地问他。周末回到家，家人和孩子都捂着鼻子，催他赶快洗澡。面对身边人的不理解，他总是笑着说："我自己脏一点，累一点没关系，关键是我所教的就是牧民们最想学的"。

"我就是农民的儿子，愿意跟农民在一起，看着他们渴望的眼神，我没有理由不帮他们，我现在最得意的事，就是越来越多的牧民已经变成了'我'。"祁成年说。

099

王献礼：用青春和汗水浇灌"棉之花"

"你们免费帮助了我们，我们很感激，这是我们的一点心意。"看着少数民族兄弟送到办公室的桑葚，王献礼的内心笑开了花。

作为新疆生产建设兵团一师农科所副研究员，王献礼觉得自己的付出没有白费，"这是民族兄弟对我工作的认可。"

1991年，王献礼毕业于新疆塔里木大学农学院农学专业。从刚工作时的技术员，到如今的副研究员，她的人生轨迹始终与农业科技工作紧紧联系在一起。

2013年，她通过调研发现托喀依乡少数民族聚居地区农民文化低，新技术接受能力差。她主动协调农科所科技特派员团队，与托喀依乡、阿瓦提、四团签订技术服务协议，开展农业技术调研及服务工作。在科技服务中她总是随叫随到，为少数民族兄弟提出合理办法。

托喀依乡三队人均耕地少，主要农作物为棉花，受传统种植观念等多因素王献礼：用青春和汗水浇灌"棉之花"

图 99-1　王献礼（左 1）在托喀依乡棉田为农民培训指导

的影响，很多村民接受新技术的能力不足，棉花种植效益不高。为了帮助农民把棉花产量提高上去，她给农民推荐优良的棉花种子，但种子买了之后，怎样能够高产呢？

良种要有良法，每个月王献礼都要到棉花地里去两次，给农民传授科学种植技术，每个阶段包括需要用什么样的肥料、应该用多少的量、什么时候打药、田间需要怎样管理，事无巨细她都关心着。除了实地调查给建议，在忙的时候，她就用微信、QQ 和队里的干部联系，让他们发图片，或是打电话，然后给他们建议，在她和团队的精心指导下，农民最终取得了很好的效益。

托喀依乡三队村民艾麦尔·苏拉依曼既不懂技术，也不懂管理。2016 年 4 月，因为冬灌水没有放好，盐碱浓度太高，播种墒度差，他的棉花出苗只有

50%~60%，看着稀疏的棉田他很着急。

得知这个情况，王献礼立即带着科技特派员团队调查想办法，让他每亩补10方水，滴施3~5公斤肥，棉花长势逐渐好转，年底获得了丰收。"当时我都想放弃了，是专家的指导，让我彻底改变了对科技的认识，我的地比去年的产量高多了。"艾麦尔高兴地说。

看到这种情况，王献礼也深有感触："这个科技服务，我还要坚持做下去，带动更多人做，让更多人受惠，让科技惠民深入人心。"

为让更多人受益，王献礼还狠抓培训。为使少数民族农民听得懂，看得会，愿意用，她组织团队成员加班加点自编1万余字培训教材，与广告文印公司联系翻译，还找来当地懂汉语的维吾尔族同胞，一起仔细判别农业专业术语对不对，能不能看懂。维汉双语宣传册简便、易懂、好操作，每次农民都抢着要。

图99-2　王献礼（左3）在托喀依乡与村干部分析指导棉花管理措施

编写《棉花高产栽培技术》和《农药安全使用技术》等培训课件 5 万余字数，印发维汉双语科技资料 2500 份。对找上门来要求技术服务、技术咨询的农民，她总是热情、细致，有难必解，有问必答，帮助解决农业生产中遇到的疑难问题。利用农闲时间，组织进行室内培训 2 次，栽培技术现场指导会 30 多次，培训人员达 1260 人次，得到农民认可。

三年来，她与托喀依乡的少数民族群众结下了深厚友谊，2016 年 11 月 4 日，三队一个名字叫买尔比亚·艾麦尔的 14 岁女孩，被确诊患有多发性淋巴细胞白血病，在自治区医院接受治疗，其父母均是农民，家里还有一个 7 岁的小妹妹。

正值花季的乖巧少女，却遭遇病魔缠身，面对高昂的医疗费用，家庭根本无力承担，全家焦急万分。得知此事后，她立即与所党委汇报，筹集了 2000 元爱心捐款送到托喀依乡三队村干部手中，托其代为转交给买尔比亚·艾麦尔的父母，尽一份绵薄之力。

托喀依乡三队书记达尼说："他们常来开展活动，给我们指导棉花种植技术，帮助我们解决了生产难题。这次，知道我们队上的小姑娘生大病了，他们快快地就给我们送来了爱心捐款，真的是太感谢他们了，他们就是我们的亲人，一辈子的好亲戚。"

没有豪言壮语，没有惊天动地的事迹，作为兵团及师市科技特派员，她始终心系少数民族农民，把情和爱撒播在少数民族群众的心中。而她自己，总是说："我没做什么，只是尽力做了自己能做的。"

100 木塔里甫：为农民办实事是我最大的快乐

"教会群众科学的管理和种植技术，帮助群众致富是我最大的心愿。"这是木塔里甫·艾海提常说的一句话。

作为塔里木大学植物科学学院教师，木塔里甫·艾海提的另一身份是科技特派员，拿着剪刀，走进红枣地里，给村民示范和讲解枣树嫁接、修枝等技术。对他来讲，可谓家常便饭。为了让村民真正学会、实际运用科学的技术，木塔里甫·艾海提在讲解时还采用问答、实际操作等方式，测试村民的掌握程度。

1993年，木塔里甫·艾海提从塔里木大学毕业后就留校参加工作，2003年12月，他加入了中国共产党。为了使所学的知识和掌握的技术更好地为群众服务，2012年，木塔里甫·艾海提加入了兵团科技特派员服务团队，在兵团团场和地方乡镇开展技术推广、科技培训和高产田示范工作。

前往提供科技服务的地区往往路途遥远，但木塔里甫·艾海提每次出行都选择自己驾车，尽量节省开支。在提供科技服务期间，木塔里甫·艾海提还自

100
木塔里甫：为农民办实事是我最大的快乐

图 100-1　木塔里甫·艾海提在喀什岳普湖县阿洪鲁库木乡讲授红枣休眠期修剪技术

己解决住宿、吃饭问题，每当群众为答谢他，请他去家里做客时，他总是摇摇手说："不能麻烦你们，你们需要了解管理果树哪些方面的内容我给你们培训，这是我应该做的。"

每一次现场教学后，木塔里甫·艾海提还会把自己编写的维吾尔文版《红枣、核桃高产栽培技术》手册发放给每一位种植户，为了方便种植户随时都能联系到他，在每本手册的最后一页，他都会留下自己的电话号码。

"我的家人有时候也会开玩笑跟我说，不知道你是种地的还是教书的，一出差回到家就满身的土，回来后每天电话还接不停。"木塔里甫·艾海提笑着说。

自从木塔里甫·艾海提开通了"免费服务热线"后,到了果农忙碌的季节,他每天都会接到 30 多个电话,每次都会仔细分析种植户遇到的问题,耐心地讲解解决办法和注意事项。"如果农民们遇到了什么困难,我不在现场,我希望通过电话帮助他们解决难题。"木塔里甫·艾海提说。

成为科技特派员一年多后,木塔里甫·艾海提就在乡镇和团场为群众开展现场教学 50 余场次,6000 多位种植户从原来每亩地收入 500 余元提高到了 800 余元。由于工作成绩突出,木塔里甫·艾海提 2013 年被新疆兵团科技局授予"兵团优秀科技特派员"称号。

2010 年 3 月至 2012 年 3 月,经组织安排,木塔里甫·艾海提在喀什地区岳普湖县担任科技副县长,负责协助县长协管科技、农业和农村及林果业工作。那时的喀什岳普湖县的农田还是一片荒芜,农户们没有种植果树,管理果园的意识,他们认为这没有经济效益,并不能让他们本就困难的生活好过一点。

农户们并不欢迎木塔里甫的到来,农户们的排斥心理让他犯难起来。要想

图 100-2 木塔里甫·艾海提赴库车县玉奇吾斯塘乡达吾孜亚村做红枣剪枝技术培训

将荒地利用起来，提高经济效益，就必须先解放农户们的思想，这是一个艰难的开始，而让他坚持下去的原因只有一个："喜欢自己的专业，喜欢这个工作，让农民过上好日子，把社会稳定了，我们也放心多了。"

经过他的努力，后来再不管去县里什么地方，农民就会过来说："木县长，木老师，你又过来了，感谢感谢，当时我们没有听你的话，现在我们后悔了"。对此他总是满怀信心地说："现在也来得及，一定要把思想解放起来"。

作为科技副县长，木塔里甫老师一年要去岳普湖县十余次，每次去培训200～300个农民，一年最起码培养2000～3500个农民，最多的时候5000个农民。

几年间，只要去做科技服务，他都自己解决住宿、交通、吃饭的问题。政府也可以替他解决这些问题，但他总是用项目上的钱解决这些基本问题。交通安全一度成为他工作上的困难，他考虑到学校的车子忙，费用有限，也都自己开车去。到农村后从不讲究吃穿，由于果园远离住所，有时就住在农民家，一个馕一碗凉水就是一顿饭。

"只有体会理解了农民的辛苦，科技人员才能发自内心地为农民致富奉献自己的才智，为农民办实事是我最大的快乐。"木塔里甫·艾海提说。